MODÈLES SYSTÉMIQUES ET PSYCHOLOGIE

 *PSYCHOLOGIE ET SCIENCES HUMAINES*

Jean-Pierre Minary

modèles systémiques et psychologie

Approche systémique et idéologie dans l'Analyse Transactionnelle et dans le courant de Palo-Alto

MARDAGA

© 1992, Pierre Mardaga, éditeur
Rue Saint-Vincent 12 - 4020 Liège
D. 1992-0024-7

Avant-propos

Le présent travail fut au départ motivé par un questionnement sur la fonction et la portée véritable des théories et des pratiques de l'Analyse Transactionnelle dans le champ de l'intervention clinique, que ce soit en psychologie pathologique ou en psycho-sociologie. Par la suite, l'émergence progressive d'un «discours systémique» prétendant balayer tout à la fois les acquis les plus fondamentaux de l'héritage freudien et les avancées que nous pressentions pourtant originales de l'Analyse Transactionnelle, nous amena à ouvrir davantage notre champ de recherche.

En 1928, Politzer défendait avec vigueur l'intérêt des découvertes psychanalytiques pour la psychologie et pour le métier des psychologues. Ce qu'il écrivait alors rend bien compte du formidable espoir qu'on plaça dans la psychanalyse; mais à le relire aujourd'hui, on prend la bonne mesure des bouleversements opérés dans le champ de la clinique par le développement des perspectives systémiques. Le long extrait de l'ouvrage de Politzer permettra d'éclairer ce dont il s'agit.

> «Je ne crois pas que l'on puisse porter à l'édifice central de la psychologie un autre intérêt que celui qui anime généralement ces études où l'intérêt tient simplement au fait qu'avançant en érudition, on suit avec sympathie le sort d'une idée ou d'une notion. D'ailleurs, on peut s'en rendre compte par l'histoire de la psychologie. Elle ne nous relate aucune découverte : elle est entièrement constituée par les fluctuations d'un travail notionnel appliqué à un tissu identique de problèmes, et c'est là un très mauvais risque pour une discipline ayant des prétentions scientifiques. On n'a vu changer au cours de l'histoire de la psychologie que le langage employé et le déplacement de

l'accent mis sur les différentes questions. Mais le psychologue se comporte aussi bêtement devant un homme que le dernier des ignorants et, chose curieuse, sa science ne lui sert pas quand il se trouve avec l'objet de sa science, mais exclusivement quand il se trouve avec des «confrères». Il est donc exactement dans le même cas que le physicien scolastique : sa science n'est qu'une science de discussion, une éristique.

«La première chose qui me frappe dans la psychanalyse, c'est que le psychologue peut acquérir par elle une sagesse réelle. Oh, je ne parle que de ce savoir professionnel, mais j'emploie le terme pour désigner que c'est pour la première fois que la psychologie dépasse le plan du langage pour saisir quelque chose du mystère que renferme l'objet de son étude. C'est pour la première fois que le psychologue *sait*, c'est pour la première fois qu'il apparaît, j'ose risquer le terme, puisqu'il signifie quelque chose d'«essentiellement» positif, comme un magicien.

«Le physicien a du prestige devant le public, car son savoir efficace le fait apparaître comme le légitime successeur du magicien, qui n'apparaît d'ailleurs auprès de lui que comme un précurseur timide. Et le psychanalyste s'acquiert du prestige auprès du public pour des raisons analogues. Car il apparaît comme le successeur légitime des onéirantes, des liseurs de pensée et des pythonisses qui, tous, auprès de lui, ne sont que des comédiens. Et la possibilité de les mettre en parallèle, tous les deux, le physicien et le psychanalyste, à cause des raisons sur lesquelles repose leur prestige, marque dans toute l'histoire de la psychologie, une étape autrement «positive» que l'emploi de tous les appareils qui ont émigré des laboratoires de physiologie pour peupler ceux des psychologues.

Car de même que dans le cas du physicien, l'efficacité pratique du *savoir* du psychanalyste est révélatrice du fait que nous sommes en présence de *découvertes véritables*»[1].

Moins d'un demi-siècle plus tard, si ce texte reste complètement d'actualité, ce pourrait n'être plus du tout pour les mêmes raisons qu'il y a quelques décennies. Assurément, la plupart des systémiciens le reprendrait en effet mot pour mot, mais les quelques modifications qu'ils y apporteraient seraient néanmoins essentielles. Les critiques acerbes faites par Politzer à la psychologie, les systémiciens les adresseraient tout particulièrement à la psychanalyse, et les attributions élogieuses que le philosophe émet à l'égard de cette dernière se verraient plutôt réservées aux récentes découvertes de l'approche systémique[2]. C'est bien en effet en se prévalant de la nouveauté révolutionnaire de leur épistémologie, comme de l'efficacité pratique de leur savoirs que les systémiciens se plaisent à apparaître comme de véritables «magiciens sans magie»[3]. Et ceci avec d'autant plus de conviction que, selon eux, la psychanlayse n'est déjà plus qu'une sorte de «curiosité historique» (Haley), une scolastique aussi prétentieuse dans ses discours que vaine et inefficace dans ses pratiques.

En même temps qu'ils invoquent l'existence d'un «paradigme systémique» dont la portée révolutionnaire mettrait à l'écart toute autre mode de conceptualisation, certains courants systémiques jettent le doute et la controverse dans le champ des pratiques cliniques : les conflits dans les institutions de soin se nourrissent de ces débats et s'amplifient dans l'incompatibilité affirmée (et plus ou moins ressentie) de ces «visions du monde», de ces conceptions tant de la pathologie que de son traitement.

Mais, plus spécifiquement encore, c'est le malaise du psychologue qui s'accroît, dans la difficulté encore plus grande de discerner l'originalité de son identité professionnelle.

Jusqu'ici, comme l'a dit Guillaumin[4], on trouve deux «sources» au savoir psychologique : d'une part la «recherche objectivante» de Binet, d'autre part la recherche «subjectivante» de Freud. D'une certaine façon, la clinique s'est fondée sur une ambition déterminée de parvenir à concilier ces deux attitudes différentes, à réunir en une même voie ces deux volontés, ces deux projets pourtant assez distants l'un de l'autre : expliquer de manière rigoureuse la nature des grandes fonctions psychologiques de l'individu en s'affiliant à l'esprit, sinon à la démarche d'une psychologie expérimentale de laboratoire, comprendre le sujet humain de manière plus intime en s'attachant à saisir le sens de ses conduites plutôt que la mesure de ses comportements. *Grosso modo*, nous voyons là se profiler derrière ces deux démarches, ces deux visées, un projet bien différent : celui du positivisme ou celui de l'herméneutique.

La nécessité d'une conciliation entre les deux n'évite pas qu'on aboutisse à d'intenses controverses qui partagent les cliniciens selon la propre idée qu'ils ont de ce qui constitue le fondement de leur identité professionnelle et la finalité de leurs pratiques. Néanmoins, Guillaumin le souligne avec raison, ces deux voies du savoir psychologiques «partagent les cliniciens au dedans d'eux-mêmes plus encore qu'entre eux».

Le «métier» du psychologue tient en fait de la science, du «bricolage» (au sens noble du terme) et de l'art : il nécessite qu'on se méfie de sa sensibilité, de son intuition mais qu'on accepte en même temps de concevoir son espace de travail comme avant tout relationnel, c'est-à-dire fondé justement sur ce dont en tant que scientifique on a appris à se méfier... L'intervention psychologique mobilise en effet, même dans les situations les plus «cadrées» (comme la passation des tests psychologiques), l'ensemble des dimensions de la personne du praticien, engendrant un rapport au savoir psychologique d'un type particulier puisque, comme le disait Winnicott, si les théories sont les meilleures amies du clinicien, ce sont ses patients qui l'enseignent...

En soutenant aujourd'hui que le véritable travail du psychologue consiste à devenir un «véritable spécialiste des relations humaines et de la communication», les systémiciens contribuent-ils à clarifier l'épistémologie et la pratique clinique? Certes non. Le développement actuel des idées systémiques, dont on ne saurait réduire le sens à de purs effets de mode, rend encore plus compliquée et pénible la situation du psychologue clinicien et de la psychologie clinique et, en conséquence, la question de l'identité professionnelle des cliniciens eux-mêmes. La thèse qui sera celle de cet ouvrage est la suivante : en faisant du psychologue un «communicologue», on en rapproche le travail, et peut-être la fonction, (et peu importe que ce soit explicitement ou non, volontairement ou non) de celui des spécialistes de la communication, voire même des spécialistes de la publicité et du marketing. En le constituant dans le champ d'une «ingénierie relationnelle», on s'éloigne certainement tout autant de Freud que de Binet.

Les tensions existantes se renforcent alors davantage encore tant au niveau de la communauté des cliniciens qui risque de se scinder en deux factions de spécialistes qui s'accusent les uns les autres des pires ignominies conceptuelles ou pratiques qu'au niveau de chacun, partagé dès lors entre sa référence à Freud, à Binet ou à Watzlawick. Certes, il ne s'agit pas là de l'émergence d'une troisième voie à côté de l'esprit expérimental et de l'herméneutique, mais de l'irruption d'une problématique qui recadre complètement le sens de l'un et de l'autre. En soulevant les voiles pudiques de leur commune épistémologie commune, l'approche systémique prétend les replacer face aux contradictions que partageraient leurs perspectives «sottement» individualistes et individualisantes.

On pourrait certes envisager que les théories systémiques, qui font du pragmatisme et de l'efficacité pratique le bel emblème de leur mouvement, s'affichent de plein droit à l'intérieur de la perspective objectivante : nombre de cliniciens (psychanalystes, humanistes, existentialistes, etc...) s'accorde à les qualifier non seulement d'«objectivantes» mais de «scientistes» et de «behavioristes». Pourtant, se satisfaire d'un tel jugement est impossible; ce serait là négliger en effet le fait que ces théories interrogent radicalement non pas seulement le socle sur lequel ces spécialistes ont établi leur démarche méthodologique mais celui là aussi sur lequel ils ont fondé leurs conceptions de la pathologie mentale et de son traitement.

Jusqu'à ces dernières années, la psychanalyse ne trouvait guère en effet de concurrence à son développement hégémonique. Même si tous, parmi les cliniciens, n'étaient pas des psychanalystes, les plus nombreux d'entre eux se référaient dans leur pratique comme dans l'analyse de leur pratique aux conceptions développées par la psychanalyse. Seuls, quelques partisans des approches comportementalistes, ou quelques partisans des thérapies «post-analytiques» tentaient de faire surgir, çà et là, un autre regard... Mais pour l'essentiel, tous ces courants restaient marqués par les limites de leur conceptualisation et de leur filiation : Le behaviorisme, qui ne doit rien à la psychanalyse, ne peut rivaliser avec elle sur le plan conceptuel et théorique. Si ce n'est pas toujours le cas en ce qui concerne les approches humanistes, celles ci ne se sont constituées que *par rapport à* l'analyse; leur dette à l'égard de Freud est souvent si grande qu'elles ne peuvent à bon droit s'instituer en son encontre comme des rivales véritables.

Mais, aujourd'hui, c'est bien l'hégémonie de la psychanalyse que vise l'émergence de cette «systémie», qui prétend en réfuter la pertinence et qui n'a, pour ce faire, aucun besoin de s'appuyer ni sur les concepts, ni sur la démarche, ni sur aucune des découvertes géniales de Freud.

Pour mener à bien ce travail, il a d'abord fallu prendre en compte la difficulté de situer ce qu'est à proprement parler l'«approche systémique»; comme elle n'a pas eu le «privilège» d'avoir été promue, défendue et encadrée par un seul homme, fût-il aidé et soutenu par quelques fidèles, elle ne peut guère être présentée à partir de quelques définitions dûment référencées. Il faudra donc, avant tout autre chose, clarifier d'abord cette question des contours de ce qu'on appelle la «systémique»[5]; et c'est là un point essentiel et complexe tant ce qualificatif résonne comme un «label de qualité», promu par certains, refusé par d'autres, etc.. Pour éclairer dès le départ nos analyses, nous avons choisi de resituer d'une part l'approche systémique dans le cadre plus général qui l'a vu se développer, et d'en pointer d'emblée d'autre part les ambitions et les ambiguïtés.

Pour autant que nous évoquions par la suite des théories systémiques particulières, il s'agit de le faire sans pour autant présenter les unes et les autres dans le détail. Outre son impossibilité pratique dans le cadre d'un ouvrage comme celui ci, cette présentation exhaustive aurait conduit à mésestimer que notre travail n'a d'intérêt qu'à travers, au delà ou par delà les discours officiels que tiennent différents courants sur eux-mêmes et sur leurs concurrents. Cela signifie aussi que cet ouvrage n'a pas pour objectif de «présenter» au lecteur des approches systémiques qui lui seraient autrement inconnues; partant, il nécessite de la part du lecteur un certain nombre de connaissances, au moins rudimentaires, sur ce que sont les théories envisagées, tout au moins en tout cas sur l'approche de Palo-Alto et sur l'Analyse Transactionnelle.

De fait, si l'objectif n'est pas de présenter ces approches, il a fallu pourtant expliciter ce sur quoi elles s'établissent, ce contre quoi elles s'élèvent. Ce qui dépend évidemment de l'approche envisagée d'une part, et de la manière dont on l'envisage..

Un point important à signaler au lecteur concerne la difficulté d'évoquer des discours qui se réfèrent à des pratiques, des théories et des épistémologies en concurrence à l'heure actuelle sans repérer l'entrecroisement de leurs points d'appui (pratique, théorique, épistémologique). De là dépend en grande partie la compréhension de la logique de ce travail, de ses ambitions et de ses limites.

Pour y voir plus clair, il est nécessaire, en tout cas c'est là le postulat qui a guidé notre travail, de différencier les niveaux de discours en jeu dans tout dispositif clinique, qui est toujours théorico-pratique. On distinguera donc le discours proprement dit qu'on référera soit au niveau de la théorie soit à celui du modèle, le discours en tant que commentaire ou analyse de la pratique, et la pratique elle-même.

Schématiquement donc : théorie
modèle
discours/pratique
pratique

A un premier niveau, la théorie telle qu'on la trouve exprimée dans les ouvrages, articles et discours des «savants» eux-mêmes. Par définition, cette théorie, dont les principes épistémologiques (type de scientificité envisagée, méthodologie, philosophie de l'homme, etc...) sont plus ou moins explicités en son cadre même, reste ouverte : on ne sait exactement d'où elle procède, en quoi elle nous limite dans notre perception du réel et quelles promesses elle tient en son sein. Malgré les travaux historiques, l'«archéologie de son savoir» laisse toujours une foule de points d'interrogation... En tant que constructions de l'esprit humain, les théories dépassent toujours dans leur contenu ce qu'on peut y trouver, ce qu'on peut en dire, et ce à quoi on peut s'en servir à un moment donné. Semblable au «paradigme scientifique» évoqué par Kuhn, la théorie est toujours ouverte sur l'extérieur, jamais totalement supprimée par l'irruption d'une théorie nouvelle qui ne fait que reprendre un certain nombre des faits expliqués par l'ancienne théorie, en en délaissant d'autres et en redéfinissant ceux qu'elle lui a repris de manière à ce qu'ils puissent s'ajuster à sa propre cohérence[6].

A un deuxième niveau, le modèle boucle la théorie en des énoncés et des postulats qui ont le mérite de retenir non pas la quintessence du niveau précédent, mais seulement ce qui en constitue une « réduction opératoire ». Le modèle se conçoit alors comme intermédiaire entre la théorie et le réel : sa fonction est à la fois pédagogique, pragmatique et heuristique. Néanmoins, le modèle peut, selon l'usage qu'on en fait, faire office de théorie et, en ce sens, il conduit à figer le chercheur dans son rapport aux concepts ; en fin de compte, il mobilise autour de lui des attitudes plus proches de la croyance et de la foi que du savoir.

A un troisième niveau, le discours produit par le savant, praticien ou chercheur, sur sa propre pratique renvoie tant à cette dernière qu'à l'image qu'il s'en fait. Sa conception de la pratique, de ses modalités concrètes comme de son éthique et de ses finalités ont éminemment à voir avec la manière dont le savant entre en rapport avec les niveaux précédents, avec sa façon personnelle de les articuler les uns aux autres.

Enfin au dernier niveau on trouve la pratique telle non pas que la décrit le praticien mais telle qu'elle s'offre à l'analyse effectuée par un tiers. Ce dernier peut l'observer en effet directement sur le terrain et confronter le discours du praticien à ce qu'il voit ; il peut aussi, à partir d'un corpus de ses discours, effectuer des analyses spécifiques du contenu selon des modalités prédéterminées, révélant ainsi d'autres « significations », d'autres « réalités » que celles qui étaient explicites.

Bien évidemment, il s'agit là d'un repérage qui correspond plus à un découpage de notre part qu'à la réalité elle-même ; concrètement, ces niveaux s'entremêlent autant qu'ils s'excluent les uns les autres. Inutile de souligner que les écarts sont parfois grands entre ce que le praticien croit faire, dit qu'il fait et pratique effectivement. C'est là un point important. Le « savant » sait reconnaître par exemple (il en ressent souvent de désagréables impressions) la « trahison » du sens profond de ses idées lorsqu'une fois vulgarisées, elles lui reviennent plus ou moins déformées. Mais en même temps, il est difficile pour lui de savoir toujours où il en est au regard des modèles qu'il construit non pour avancer son travail, mais pour le faire comprendre. On sait qu'après bien des efforts pour faire comprendre notre pensée à certains qui semblent rester perplexes, on en arrive parfois à... comprendre soi-même ce qu'on essayait avec peine de faire apprendre aux autres !

De la même manière, on a parfois condamné certaines pratiques au nom même du discours tenus par ceux qui les exerçaient (les thérapeutes behavioristes qui prétendent se désintéresser de tout ce que d'autres appellent la « dignité humaine » ont souvent été considérés comme de véritables « terroristes ») : on en a légitimé d'autres selon le même principe, en écoutant comme vérité le discours des praticiens (les psychanalystes disent ne pas user d'influence, les «humanistes» «acceptent inconditionnellement» leur client, etc...). Il faut en cette matière plus de précautions et de méthodes. Les behavioristes s'attachaient à exclure de leurs discours tout terme pouvant désigner une certaine attitude empathique, une certaine chaleur humaine dans leur contact avec leur clients : on a eu trop vite fait de considérer, à partir du sens de leurs discours qui rejoignaient certains «délires» dans les «utopies» et les pratiques de leur orientation, que tous les behavioristes étaient d'odieux personnages froids et plus ou moins sadiques. On a conclu trop tôt au contraire que ceux qui se référaient aux approches non-directives étaient par nature pétris d'humanisme et de respect; et que dire de la psychanalyse, débarrassée trop aisément de toute activité de persuasion et de contrôle? Ces problèmes traversent évidemment encore plus directement notre travail. Les systémiciens ont souvent pour habitude de disqualifier la psychanalyse, et ceci parfois d'autant plus qu'ils ont été auparavant en mesure de travailler avec cette approche. Mais leurs pratiques, extrêmement variées, ne «collent» pas forcément avec leurs discours. Nous sommes personnellement d'accord avec l'analyse suivante de J.C.Rouchy : «La grande variété des formations des thérapeutes systémistes, dont certaines ont une expérience analytique, rend les pratiques non moins variées, et il est d'autant plus difficile d'en parler globalement qu'il semblerait que certains de ceux qui se démarqent le plus de l'approche psychanalytique dans leurs écrits continuent de travailler dans le transfert lorsqu'ils sont en situation»[7].

Est-ce à dire alors qu'on ne peut plus alors rien analyser, dans l'incertitude régnant alors du fait de ces écarts entre discours (de la théorie, du modèle, du praticien sur sa pratique) et la réalité? Non, bien sûr. Mais cela signifie néanmoins que notre objectif, dans les analyses menées ici, est de contribuer à éclairer davantage une problématique générale du soin et de la thérapie, non à stigmatiser telle ou telle pratique et son auteur. On prendra ainsi soin dans ce travail de ne pas entretenir la vanité de certains de ces débats qui agitent le public en présentant les rapports entre approche systémique et psychanalyse en termes de concurrences de paradigmes dont l'un effacerait complètement l'autre. Il s'agit en effet dans bon nombre de ces controverses d'une perpétuation de la lutte pour l'hégémonie de l'une et de l'autre de ces approches. Les références à la «structure des révolutions scientifiques» pour légitimer une nouvelle épistémologie contre une plus ancienne sont dans leur fondement comme dans leurs visées, douteuses : utilisant sans précaution des recherches de l'histoire des sciences pour les appliquer aux conditions actuelles de rivalité entre différents points de vue, elles cherchent, en postulant une « loi historique », à fonder de manière purement rhétorique la victoire d'un paradigme contre l'autre[8].

Par ailleurs, de la même manière qu'on ne peut prendre tel quel le discours des praticiens sur ce qu'ils font, on ne peut accepter telle quelle l'analyse qu'ils font du sens et des enjeux de leur travail théorico-pratique, tant au niveau de ses affiliations non dites aux idéologies sociales que dans ses répercussions sur la socio-culture contemporaine. On ne peut négliger encore le fait que le glissement du modèle vers quelque chose qu'on appelera une vulgate (des schémas de pensée, des images, des certitudes, etc.) ne dépende évidemment pas du chercheur lui-même, en tout cas pas de lui seul; parler de psychanalyse à la télévision, ou dans les journaux grands publics a certes une influence sur la socio-culture, mais pas nécessairement dans le sens où l'estime celui qui parle, quels que soient son talent et sa bonne volonté.

On sait qu'un certain nombre de règles sont nécessaires à la délimitation d'un cadre thérapeutique, différenciant ainsi l'espace social et ses normes de l'espace de la « cure », différenciant les divers dispositifs les uns des autres selon la manière dont ils mettent en forme le temps, l'espace et la tâche thérapeutiques (nombre de séances, durée, objectifs, modalités pratiques du travail, etc.). Mais tout travail clinique, et au sein de quelque dispositif que ce soit, s'inscrit dans un contexte social, culturel et politique : ils répondent à des besoins et à des attentes que celui ci en grande partie façonne.

Aussi proposerons nous de figurer ceci par le schéma suivant, qui replace les différents niveaux à partir desquels peut s'entendre et

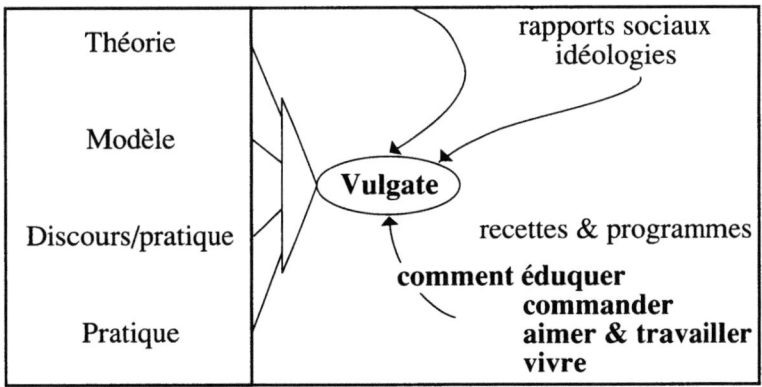

s'analyser le dispositif thérapeutique dans le contexte dont il s'origine et qu'il contribue à transformer.

Le postulat de ce travail tient pour assuré que c'est surtout la vulgate qui diffuse dans le corps social une certaine idée des théories et des concepts produits en d'autres lieux. Mais on ne fera pas ici l'analyse de ce processus de vulgarisation lui-même; ce n'est pas l'objet de notre recherche.

Disons simplement que la vulgate, qui dans sa nature renvoie à la compréhension par le sens commun de ce que d'autres (les «savants», les «vulgarisateurs» et, plus globalement ceux qu'on peut regrouper sous le terme d'«animateurs socio-culturels») ont essayé de leur transmettre, s'ancre et s'origine dans chacun des quatre niveaux que nous avons précédemment repérés et dans leur entremêlement. Mais elle se constitue surtout à partir des modèles. Aussi, quand nous évoquons ceux ci, nous voulons signifier que ce sont là des niveaux discursifs qui, même s'ils sont opératoires et pertinents selon certaines limites, portent toujours avec eux les risques de leur éventuel glissement vers la vulgate.

Et si la vulgate perd l'essentiel de tout travail théorique, en ce qu'elle simplifie, durcie, rend hermétique ce qui dans une théorie reste incertain et toujours transitoire, elle débouche toujours, et sans pour autant y porter une attention suffisante, sur des visées de modification du réel.

Ce livre porte, comme son titre l'indique, sur les «approches» et les «modèles» systémiques; c'est déjà indiquer au lecteur la certitude de son auteur qu'on ne peut comprendre les controverses actuelles qu'en acceptant de différencier la problématique systémique au sens large des modèles par lesquelles elle se laisse appréhender concrètement... Mais on considèrera que c'est sur la procédure de modèlisation, — ou sur ses résultats, c'est-à-dire les modèles — qui par eux-mêmes sont des outils d'une certaine pratique scientifique, que se différencieront, selon l'usage qu'elles en font, les idéologies et les problématiques systémiques; si le modèle possède un certain champ de pertinence et de légitimité scientifique, il porte en lui de multiples risques de glissements idéologiques. En employant ce terme, on signifiera donc, selon les cas, soit une construction valide et légitime quoiqu'instable et transitoire, parce que portant en elle les risques de son illégitimité, soit le résultat d'un glissement opéré déjà d'une problématique à une idéologie systémique.

Répétons-le : Ce n'est pas seulement l'identité professionnelle des différents acteurs de la psychologie qui est remise en cause par le développement de ces théories/idéologies systémiques qui confrontent violemment parfois les habitudes de travail. A l'intérieur de certaines institutions soignantes, les équipes peuvent en arriver à s'«entre-déchirer», se défaisant au fur et à mesure que s'affirment les points de vue divergents, et ressentis le plus souvent comme inconciliables : que deviennent alors les patients eux-mêmes? On aboutit alors à ce que décrit bien l'approche systémique en évoquant les «prises d'otage» par lesquelles on use des autres pour régler les conflits.

Après avoir présenté le contexte d'élaboration de la «pensée systémique», puis le sens que prend celle ci dans l'histoire de la psychologie, on se centrera plus particulièrement sur deux orientations systémiques : celle de l'Ecole de Palo-Alto et celle menée à partir des travaux d'E.Berne. Ceci demande dès maintenant une précision : c'est en effet par pur abus que la première fait figure de «véritable» systémique, se constituant dès lors comme référence ultime qui dénie le plus souvent à la seconde le droit de prétendre à une telle «qualité».

En fait, l'une et l'autre engagent des aspects particuliers des controverses actuelles : l'épistémologie palo-altiste supprime l'intérêt de la psychanalyse, tandis que l'Analyse Transactionnelle se donne, au moins en ses fondements, comme une continuation des travaux freudiens. Il est vrai que si la première se situe d'emblée au niveau du «système interpersonnel», la seconde reste centrée sur l'individu. Pourtant, en les mettant côte à côte, on s'aperçoit que, si elles conceptualisent de manière différente les problèmes fondamentaux des rapports entre l'individu et le collectif, le psychologique et le social, les parties et le Tout, elles se rejoignent pour autant qu'elles en viennent à trouver négligeables certaines précautions dans l'emploi des modèles.

Aussi, après avoir présenté l'ancrage socio-historique de l'idée systémique et analysé les modalités de son «irruption» dans le champ de la psychologie clinique (chapitre 1 et 2), on montrera comment l'approche de Palo-Alto (chapitre 3 et 4) et l'Analyse Transactionnelle (chapitre 5 et 6) se rejoignent paradoxalement dans une même méconnaissance tant du social que du psychologique (chapitre 7).

NOTES

[1] POLITZER G., *Critique des fondements de la psychologie*, Paris, PUF, 1968, pp. 29-30. les italiques sont de G. Politzer.

[2] Il est d'ailleurs aisé de procéder au «remaniement» du texte de Politzer, de manière à obtenir, condensé, le discours le plus répandu à l'heure actuelle des systémiciens à l'égard de la psychanalyse. En effet, il suffit de lire au lieu de «psychologie» «psychologie et psychanalyse», et de remplacer «psychanalyse» par «approche systémique».

[3] C'est d'ailleurs là le titre de l'ouvrage d'une équipe de systémiciens réunis autour de M. Selvini PALAZZOLI : *Le magicien sans magie. Comment changer la situation paradoxale du psychologue dans l'école?* Paris, ESF, 1980

[4] GUILLAUMIN J. «L'avenir d'une illusion. Propos sur les contradictions internes de la psychologie clinique et sur les deux sources du savoir psychologique» in *Connexions*, n° 40, 1983, pp. 57-64.

[5] On entend aujourd'hui plusieurs termes pour désigner les approches qui se réfèrent à l'idée du «système» et parfois les discussions vont bon train sur la légitimité des uns et des autres. Nous n'avons pas, dans ce travail, juger utile de les différencier, et nous utiliserons en conséquence avec la même signification les termes suivants : approche-système, approche systémique, systémique, systémie.

[6] Cf. à ce propos de P. FEYERABEND in *Contre la méthode. Pour une théorie anarchiste de la connaissance*, Paris, Seuil, 1979, p. 194 et sq.

[7] ROUCHY J.-C., *Connexions*, n° 44, pp. 188-189.

[8] Cf. chapitres 1 & 2. Ce sont le plus souvent les analyses de T. KUHN sur *La structure des révolutions scientifiques*, Paris, Flammarion, 1972 qui sont utilisées. On oublie que Kuhn peut, avec le recul de l'historien, statuer sur lequel des paradigmes en concurrence a fini par sombrer dans l'oubli; on fait comme si le caractère nouveau d'une théorie prouvait sa validité et signait son hégémonie future. Bel effet rhétorique qui, évidemment comme toute «prophétie auto-réalisatrice» (Merton), porte en lui-même les chances de sa réalisation.

Chapitre 1
L'approche systémique : prétentions et ambiguïtés.

Ce chapitre n'a pas pour ambition de développer une analyse approfondie de ce que représentent la notion et l'idée de «système»; ce n'est pas là en effet l'objectif de ce travail qui porte plus directement sur certains de ses usages dans le champ des pratiques psychologiques. Il est par contre important de souligner dès à présent les ambiguïtés fondamentales sur lesquelles repose la perspective systémique, et qui en surdéterminent les usages spécialisés dans tel ou tel domaine. Au delà du rappel nécessaire de quelques généralités à propos du «système», on cherchera dans les lignes suivantes à rendre compte de ses ambitions à constituer une véritable révolution tant culturelle que scientifique, et de ses prétentions à le faire en usant et/ou abusant des procédures de la modélisation. C'est bien en effet selon les modalités d'un usage plus ou moins légitime des modèles que les élaborations théoriques glissent ou non d'une problématique systémique à une idéologie systémique.

L'approche systémique peut être, en première analyse, appréhendée à partir du repérage et de l'explicitation des différentes «strates» qui la forment. La première d'entre elles correspond à la nécessité des chercheurs (philosophes ou scientifiques) d'avoir à leur disposition des «catégories» qui leur servent à penser le monde; l'idée du système fonde ainsi en fait une nouvelle catégorie d'intelligibilité du réel. La deuxième strate est en rapport direct avec la nécessité pour l'activité scientifique de ne pas émietter à l'infini les connaissances; dans une perspective néo-rationaliste, elle poursuit l'effort continu de la science pour réunir et unifier des connaissances disciplinaires, fragmentaires et éparses. La troisième strate est formaliste; elle a pour ambition de constituer les mathématiques comme devant formaliser toutes les connaissances qu'apportent les différentes sciences positives. Enfin, la dernière strate, plus directement en rapport avec les pratiques spécifiquement cliniques, soulève la question des déterminants sociaux dans la genèse des maladies mentales.

En se limitant pour le moment aux trois premiers niveaux, on tentera de dégager les bases épistémologiques, sur lesquelles repose la thèse qu'il y aurait aujourd'hui une véritable «révolution systémique» dans le champ scientifique. Mais on ne comprendrait rien au sens et aux enjeux que représente l'irruption de l'approche systémique dans le champ des sciences spécifiquement cliniques si on ne voyait pas qu'au delà des problèmes d'ordre épistémologique qu'elle soulève, la référence systémique se nourrit et propage des aspirations d'ordre idéologique, qui relèvent plus du «socio-culturel» et du «politique» que de la science.

L'IDÉE DU SYSTÈME : PRÉTENTIONS ET LIMITES

Expliquer le réel présuppose l'usage de catégories qui «nous donnent le sentiment de comprendre», de catégories d'intelligibilité; le développement des sciences s'effectue justement par l'abandon progressif de certaines de ces catégories au profit de certaines autres. La notion de «système» désigne d'abord en fait une nouvelle catégorie dont l'usage permet de dépasser les limites révélées par des catégories plus anciennes, aujourd'hui insuffisantes : ainsi celles de «cause», de «loi» ou de «structure».

Une nouvelle catégorie d'intelligibilité

Qu'est-ce qu'un «système»? Les définitions abondent : Au sens large, le mot désigne tout type d'agencements entre les parties d'un même ensemble. Pour De Rosnay, «la définition la plus complète est la suivante : un système est un ensemble d'éléments en interaction dynamique, organisés en fonction d'un but»[1]. On peut dire en effet que l'interdépendance des parties par rapport au tout est le fondement même de la notion de système.

Retenons néanmoins une définition plus explicite et plus précise, celle que donne par exemple Walliser en soulignant qu'un système, «c'est :

1) un ensemble en rapport réciproque avec un environnement, ces échanges lui assurant une certaine autonomie.

2) cet ensemble est formé de systèmes en interaction, cette interdépendance lui assurant un certain degré de cohérence.

3) il subit des modifications plus ou moins profondes dans le temps tout en lui conservant une certaine permanence»[2].

Pourtant on ne saurait définir ce que représente véritablement le «système» (tout à la fois simple notion, concept, catégorie d'intelligibilité du réel...) sans revenir préalablement aux conditions de son émergence dans le champ des sciences contemporaines.

Le concept de système n'est pas nouveau. Bertalanffy cite quelques uns des précurseurs de l'approche-système; certains sont lointains comme Leibnitz, Da Cusa, Paracelse, Hegel, Marx, d'autres beaucoup plus proches de nous, comme Köhler (1924) ou Lotka (1925). Néanmoins, on peut considérer que c'est Bertalanffy lui-même qui développa vraiment les bases de cette «ré-orientation» progressive de la science, que permit l'émergence de l'approche systémique. Ce fut lui, en effet, qui chercha le premier à établir un «essai d'interprétation scientifique, en un endroit où il n'y en avait jamais eu, d'une théorie plus générale que celle des sciences spécialisées»[3]. Il le fit dès le début des années vingt, même s'il fallut attendre les années d'après-guerre (1948-1950) pour que l'intérêt et la légitimité d'une telle approche soient véritablement entrevus par la communauté scientifique.

Si les scientifiques acceptèrent cette notion, pour l'établir peu à peu comme catégorie d'intelligibilité du réel, c'est parce qu'elle répondait aux exigences épistémologiques des différentes sciences, mais aussi parce qu'elle s'appuyait sur d'autres catégories déjà tenues pour pertinentes, celles de fonction et de structure par exemple.

Aristote, on le sait, dénombrait en son temps quatre types de causes pouvant expliquer le mouvement et le changement : les causes matérielles, les causes formelles, les causes efficientes et les causes finales. Au fur et à mesure de l'avancée des sciences, l'usage des unes et des autres fut remis en question. Dès la Renaissance, les scientifiques rejetèrent ainsi l'usage des causes finales parce qu'elles supposaient une «intention» de la nature et parce qu'elles débouchaient forcément sur de l'invérifiable. A partir du XVIIe et surtout du XVIIIe siècle, ils refusèrent toute référence à des causes efficientes dont l'usage, en fin de compte, les acculaient à reconnaître pour explication première la Volonté Divine. Au XIXe siècle, «la notion de loi, qui est évidemment une sorte de cause formelle, a représenté pour les sciences (...) l'idéal d'intelligibilité»[4]; mais ce sont justement les limites d'une telle catégorie qu'on découvrit au début de notre siècle. En même temps que s'affirme comme définitivement illusoire l'espoir jusque là entretenu de parvenir un jour à l'unification totale des sciences, on s'aperçoit alors, comme l'écrit Parain-Vial, que «les relations qu'établissent les lois, en effet, impliquent des découpages que le progrès fait apparaître comme grossiers. Les phénomènes que l'on a bien été obligé d'isoler pour les étudier et les mesurer sont, on s'en aperçoit par la suite, en interaction, non seulement avec ceux auxquels les reliait une loi, mais avec tout ce dont on les avait arbitrairement séparés». Les savants vont en conséquence reporter leurs espoirs déçus sur d'autres catégories, tendant «à utiliser de préférence aux catégories de loi et de cause, celles de structure et de système»[5].

Les théories systémiques ont pour habitude de se définir comme de nouvelles façons de «faire la science». Tout objet, en ce sens, constitue un système pourvu qu'on le considère comme tel; un bateau, une théorie, un astre, une société ou un organe du corps sont des systèmes pour autant que le point de vue à partir duquel on les envisage soit celui de l'approche systémique[6]. Ce n'est pas l'«objet réel» tel qu'il existe, mais la manière de le «construire» qui a de l'importance. Comme le disait Claude Bernard dès 1865 «les systèmes ne sont pas dans la nature, mais dans l'esprit des hommes»[7]. Pour sa part, Morin souligne que «le système a pris la place de l'objet simple et substantiel, et il est rebelle à la réduction en ses éléments; l'enchaînement de systèmes de systèmes brise l'idée d'objets clos et auto-suffisants. On a toujours traité les systèmes comme des objets; il s'agit désormais de concevoir les objets comme des systèmes»[8].

Le développement récent des théories systémiques répond donc de fait à une intention scientifique, elle même liée à une double nécessité: réagir à l'émiettement inexorable du savoir scientifique dû à l'accroissement continu des connaissances mais surtout à la profusion des disciplines, «réexaminer les modalités et les conditions de validité» de la méthode habituelle qui procède «par dissection analytique et reconstruction synthétique»[9].

Système et structure

Il n'y a guère à s'étonner de la quasi-simultanéïté du développement de certaines orientations mettant au centre même de leurs préoccupations, la question de la «complexité», de la «totalité» ou de l'«interaction» et ceci tant aux Etats-Unis à travers le développement de la pensée systémique qu'en Europe à travers le courant structuraliste. D'un pays et d'une approche à l'autre, les mêmes termes se trouvent être utilisés : système, structure, totalité, sous-système et sous-structure, opposition système et structure à agrégat, hiérarchie et emboîtement, etc.[10]

Il n'est évidemment pas question ici de présenter, même de manière grossière, ce qu'ont représenté les approches structurales et systémiques dans le champ des sciences contemporaines. Nous nous limiterons donc à présenter succinctement quelques points de rappels à propos des unes et des autres... Piaget, dans un ouvrage consacré à l'épistémologie des sciences de l'homme[11] montre clairement de quelle façon se substituèrent aux explications de type atomistique des explications de type globaliste, qu'on peut aussi nommer structuralistes.

L'approche analytique, dont la visée d'étude primordiale consistait à rechercher les lois déterminant les liaisons entre les parties d'un ensemble, aboutissait malheureusement à négliger la totalité en tant que telle. En cherchant à expliquer le complexe à partir du plus simple, elle aboutit en effet à réduire «les phénomènes à des éléments atomistiques, dont la somme des propriétés rendrait compte du total à interpréter».

L'approche de type globaliste peut se décomposer en deux options. La première, qu'on peut qualifier d'holiste, se définit surtout par sa volonté antiréductionniste. Elle cherche en effet à saisir les phénomènes en recherchant les lois qui s'imposent d'emblée à l'ensemble. Les auteurs qui s'y inscrivent (Köhler, Wertheimer, Lewin, Durkheim,...) considèrent alors «la totalité comme s'expliquant d'elle-même du seul fait de la description». La seconde option, celle que défend Piaget, est encore celle du structuralisme, mais «en tant que posant à titre de réalité première les systèmes d'interaction ou de transformations; subordonnant donc dès le départ les éléments à des relations qui les englobent, et concevant réciproquement le tout comme le produit de la composition de ces interactions formatrices». Ainsi, à ce qu'on pourrait appeler un «génétisme sans structure» se serait, selon Piaget, substitué un «structuralisme sans genèse», lui-même dépassé par le développement d'un «structuralisme génétique».

Pour présenter l'approche systémique, nous suivrons, pour l'instant et pour l'effectuer elle aussi de manière concise, les indications de Rosnay à propos de l'évolution des travaux réalisés au Massassuchetts Institute of Technology (M.I.T), centre de recherches américain autour duquel se constitua en grande partie l'approche par les systèmes.[12] A partir des années 40, écrit Rosnay, «en trois bonds, d'environ dix ans chacun, le MIT va nous conduire de la naissance de la cybernétique à l'actualité la plus brûlante : les débats sur les limites de la croissance. Chacun de ces trois bonds est marqué par des aller-et-retour typiques de l'approche systémique entre machine, organisme, société». Ces va-et-vient permettent la circulation des idées mais aussi le transfert des méthodes et des concepts des domaines des sciences de l'ingénieur à celui des sciences biologiques, humaines et sociales.

Durant la première décennie, le mathématicien Wiener et l'ingénieur Bigelow assurent le transfert de la notion de feed-back négatif (jusque là utilisée exclusivement pour désigner des opérations spécifiques aux systèmes techniques, c'est-à-dire aux servo-mécanismes) vers le domaine des organismes vivants. Aux séminaires de la *Josiah Macy Foundation* participeront des scientifiques (biologistes, mathématiciens, sociologues, économistes, etc.) de formation et de centres d'intérêt bien différents, tout au moins au départ.

Durant les dix années suivantes, on essaiera d'appliquer aux machines des concepts jusque là réservés pour désigner des fonctions spécifiquement humaines ou animales : On évoquera dès lors la mémoire, l'apprentissage, la reconnaissance des formes, comme autant de fonctions possibles des machines artificielles. Les développements de l'informatique et de l'automatisme, de la bionique, de l'intelligence artificielle et de la robotique, les progrès réalisés en neurologie, dans les théories de la perception, etc. donnent des signes tangibles de l'intérêt que représente ce transfert des méthodes et des concepts. C'est dans un tel espace de travail que se constitua progressivement la cybernétique. A peu près au même moment, une équipe tout aussi pluridisciplinaire, créée en 1954 et animée par le biologiste Bertalanffy, cherche à étudier les systèmes, au sein de la *General Systems Society*, en développant des concepts spécifiques ancrés dans une vision plus biologique et organique qu'industrielle et machinique. A la théorie générale des systèmes produite par l'équipe de Bertalanffy, à la cybernétique dont Wiener synthétise le programme, il faut adjoindre la théorie de l'information que développe Shannon. Ancien élève de Wiener, cet ingénieur en télécommunications constituera de fait une théorie applicable à la transmission de tous les signaux, qu'ils soient téléphoniques ou télégraphiques, qu'ils relèvent du système nerveux, du système linguistique ou du système gestuel, etc.

Enfin, en 1961, après les applications des théories cybernétiques à la mise en place d'un système d'alerte et de défense commandé par l'U.S Air Force, Forrester crée la «dynamique industrielle» qui, concevant l'entreprise comme une machine cybernétique, tente d'en simuler et prédire les comportements. Généralisant ces travaux dans la «dynamique des systèmes», il offrira alors un support aux analyses de Meadows, financées par le Club de Rome, sur les limites de la croissance. D'une réflexion sur la machine, on est parvenu ainsi à une réflexion sur le vivant, sur son monde et sur le devenir de l'un et de l'autre.

Il est dès lors important de noter que l'approche systémique «apparaît essentiellement comme une amorce de rapprochement des langages et des méthodologies des sciences physiques et des sciences humaines, en passant par les sciences biologiques et technologiques»[13].Ce mouvement s'effectue sous l'égide de la formalisation et de la mathématisation. C'est en éliminant tout ce qui spécifie les «objets vus comme des systèmes», en les réduisant à un système de relations mathématiques, que l'approche en termes de système peut ainsi formuler et «dériver» des principes généraux s'appliquant aux systèmes en général.

En fin de compte, mouvement structuraliste et systémique se rejoignent sur un commun usage de concepts, de théories et sur une certaine manière de considérer comme un appui aussi inévitable que nécessaire dans le travail scientifique les disciplines logico-mathématiques.

Il convient pourtant de souligner les divergences entre ces deux orientations. Même si c'est un peu caricatural, on peut dire que le courant structuraliste développe des recherches aussi gratuites que fondamentales, alors que l'approche systémique inscrit d'emblée les siennes à l'intérieur de programmes d'études aussi appliquées que finalisées (commandes d'Etat, de l'industrie, etc.). Cette différence a plus de signification, nous le verrons ultérieurement, que de laisser seulement transparaître la divergence d'habitudes d'esprit qui porteraient les américains au pragmatisme et les européens vers la métaphysique. L'idée systémique est pressentie d'ailleurs par beaucoup comme dépassant tout à la fois l'intérêt de la démarche structurale et les limites qui lui sont inhérentes : elle serait, à proprement parler, «révolutionnaire».

Un paradigme scientifique et une nouvelle culture

L'approche systémique veut intégrer les acquis essentiels des mouvements scientifiques antérieurs et constituer de surcroît un dépassement de leurs limites respectives. Plus qu'une simple évolution conceptuelle et théorique, elle se donne comme une *révolution épistémologique*. Plus encore, comme une révolution qui non seulement bouleverse les domaines scientifiques, mais également fait émerger une véritable *culture* nouvelle.

Une (r)évolution épistémologique

A côté d'un discours classiquement tenu depuis Descartes « sur la méthode pour conduire la raison », s'en développerait aujourd'hui un autre. Le Moigne affirme que « la succession des discours de la méthode qu'écrit l'histoire de la pensée humaine engendre une succession parallèle de révolutions scientifiques »[14]. Il repère ensuite les quatre paradigmes fondamentaux sur lesquels se serait, selon lui, constituée la démarche scientifique : après celui de la mécanique rationnelle, celui de la mécanique statistique, puis après le paradigme structuraliste, le paradigme systémique. Chacun d'entre eux délaisse ou manipule, et ce de manière très spécifique, les concepts de fonction, de structure, de genèse, etc.

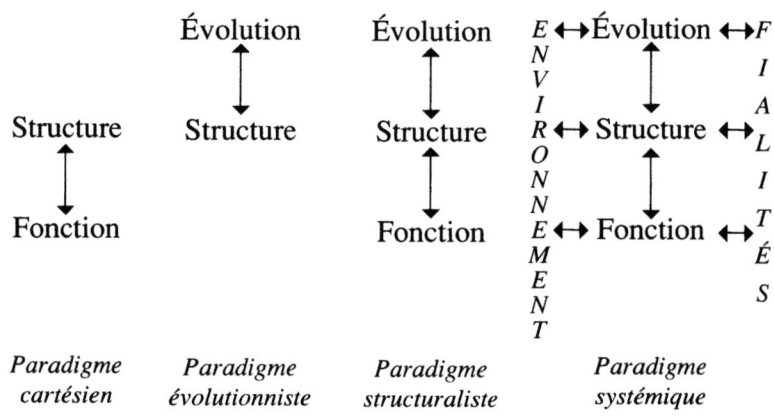

Le paradigme de la mécanique rationnelle prônera en son temps que « tout objet est susceptible d'être *expliqué* plutôt que décrit. Cette explication se fondera sur l'identification de la structure de l'objet, dont il est certain qu'elle existe, et qu'elle est unique et invariante ». Le discours cartésien n'a fait, somme toute, qu'expliciter rigoureusement les fondements de cette épistémologie et il fut si exceptionnellement fécond durant l'histoire qu'il finit par incarner la « perfection de l'ordre de la connaissance... en Occident et au XXe siècle ».

Le paradigme de la mécanique statistique (ou encore « évolutionniste »), développé en particulier par Boltzmann, émergera des interrogations posées par le développement de la thermodynamique. Il « va impliquer un changement drastique de perspective, et presque de priorité. Le fonctionnement, l'activité de l'objet deviennent contingents...»; on ne s'intéresse plus alors en effet qu'à «l'évolution, la séquence des transformations internes de l'objet». A la dialectique structure-fonction du paradigme cartésien se substituera ainsi la dialectique structure-évolution, première épistémologie non-cartésienne.

Le paradigme structuraliste, dont Piaget constitue l'un des représentants les plus éminents, échouera finalement, selon Le Moigne, dans son projet de décrire «en même temps l'objet dans sa totalité, fonctionnant et évoluant». En définissant la structure comme «un système de transformations qui comporte des lois en tant que système (par opposition aux propriétés des éléments) et qui se conserve ou s'enrichit par le jeu même de ses transformations sans que celles-ci aboutissent en dehors des frontières ou fassent appel à des éléments extérieurs»[15], Piaget porta sans nul doute un coup terrible à la tendance réductionniste. Pourtant, souligne Le Moigne, «en s'annexant la cybernétique, le structuralisme se fourvoyait dans l'impasse de la modélisation des systèmes fermés»[16].

Aussi, tandis que le plus développé des structuralismes s'enfermait sur lui même en évoquant un «auto-réglage des structures», le paradigme systémique s'affirmait en soutenant que «représenter les objets dans leur substrat, c'est les représenter ouverts sur leur environnement, même si cet environnement ne peut être exhaustivement descriptible».

Il y a bien à la fois une évolution épistémologique continue et un ensemble de révolutions épistémologiques. L'idée d'un enrichissement progressif des catégories d'intelligibilité va d'ailleurs de pair, en un sens, avec la découverte d'une «troisième dimension universelle»; après la «matière» qui prévaut jusqu'au XVIIe, l'«énergie» jusqu'au XIXe, c'est en effet l'«information» qui «apparaît comme la notion maîtresse du monde contemporain». Selon Le Moigne, le paradigme systémique constitue plutôt un «dépassement» qu'un «reniement» : Il intègre et dépasse les autres discours de toute l'histoire de la pensée occidentale. Bien plus, il renoue avec d'autres, oubliés depuis bien longtemps en nos cultures, celui de la pensée héraclitéenne par exemple, ou celui de la pensée chinoise...[17]

Malgré la confusion engendrée par l'extension considérable des termes, et par les sens différents qu'ils prennent chez tel ou tel auteur, il semble possible de tenir, en fin de compte, le terme de «système» comme d'une généralité plus grande que celui de «structure». Pour être rigoureux, il faudrait parler de la structure d'un système pour évoquer uniquement les inter-relations formelles en les pensant de manière relativement statique, alors que le terme de système désignerait la réalité elle-même dans son fonctionnement dynamique et avec ces éléments spécifiés [18].

La notion de système semble ainsi échapper à quelques unes des plus violentes critiques faites à celle de structure.

En particulier l'idée de système refuse une conception de l'objet fondée sur :

– l'idée d'une fermeture des structures. Pour l'approche en termes de système, l'objet se structure dans les échanges qu'il gère avec son environnement; Piaget par contre définit les structures comme des systèmes de transformations refermés sur eux-mêmes, la « structure étant dès lors un « système » qui se conserve et s'enrichit par le jeu même de ses transformations, sans que celles-ci aboutissent en dehors de ses frontières ou fassent appel à des éléments extérieurs » (Piaget).

– l'idée d'un « fonctionnement à vide » des structures. Ouvert sur l'environnement, le système gère en effet de l'information, mais aussi de la matière et de l'énergie. « En définitive, souligne Lerbet, on peut penser que la structure diffère du système en ce que celle ci ne prend pas en compte l'énergie. Ainsi peut-on définir un système comme une structure qui gère de l'énergie » [19].

– l'idée d'un sujet abstrait, « épistémique ». Conçue comme « organisation fonctionnant à vide dès le début », la structure conduit à une exclusion de la « dimension du sujet d'en face, du sujet vivant qui gère de l'énergie » [20]. Les structuralismes ont d'ailleurs été très fortement critiqués pour l'évacuation qu'ils opéraient de tout sensible, de tout « vécu ».

– l'idée de l'intemporalité et du non-conflit, de la nécessité et de la règle. « L'idée d'organisation a émergé dans les sciences sous le nom de structure, écrit Morin. Mais la structure est un concept atrophié, qui renvoie plus à l'idée d'ordre (idée d'invariance) qu'à celle d'organisation » [21]. Les critiques marxistes se révélèrent à ce propos particulièrement féroces! [22]

Vers une nouvelle culture

Pour ses partisans, il s'agit avec le développement de l'approche-système plus d'une révolution que d'une simple évolution épistémologique, car c'est toute la démarche rationaliste classique qui se trouve avec lui bouleversée. Aux différents préceptes dégagés par Descartes pour bien conduire la raison s'opposent ceux que dégage la visée systémique. Ainsi Durand propose, dans son ouvrage sur la systémique [23] un « schéma simplifié » qui rend compte de ces différents préceptes mis en parallèle :

Approche rationaliste classique	Approche systémique
Préceptes	Préceptes
— d'évidence	— de pertinence (par rapport au chercheur)
— réductionniste (priorité à l'analyse)	— de globalisme (par rapport à l'environnement du système)
— causaliste (raisonnement linéaire)	— téléologique (receche du comportement du système)
— exhaustivité	— d'agrégativité (en vue d'une représentation simplificatrice)

Les préceptes de l'approche systémique viennent-ils compléter, s'opposer ou annuler ceux qu'a énoncés antérieurement l'approche rationaliste? Il convient de les considérer comme tout à la fois opposés et complémentaires, les deux approches étant nécessaires à l'activité scientifique et bénéfiques dans la tension que leur cœxistence instaure. Le Moigne les évoque en termes de «contraires complémentaires» et Rosnay souligne que, «quoiqu'irréductibles l'une à l'autre», «l'approche analytique et l'approche systémique sont plus complémentaires qu'opposées»[24]. Quant à Bertalanffy, sans ni les confondre ni les opposer, il évoque «deux types d'esprit»: l'un serait «analytique» et, fonctionnant sur le principe du réductionnisme méthodologique, s'attacherait à des interprétations «moléculaires» tandis que l'autre, sur la base du globalisme méthodologique, se préoccuperait d'interprétations «molaires»[25].

Il s'agit là finalement d'une conception assez classique de l'esprit scientifique, d'une reprise en quelque sorte de l'idée de Pascal d'un «esprit de finesse» et d'un «esprit de géométrie». On comprend bien alors qu'Edgar Morin puisse dire que c'est «l'idée même d'un paradigme systémique qui devrait être présente dans toutes les théories quels que soient leurs champs d'application sur les phénomènes»[26]. Pascal ne tenait-il pas déjà «pour impossible de connaître les parties sans le tout, non plus que de connaître le tout sans connaître particulièrement les parties»? La problématique que soutient l'approche systémique a, en ce sens, un long passé; ce qu'elle développe aujourd'hui était déjà peut-être le souci d'un Descartes ou d'un Laplace, avant qu'un positivisme par trop étroit ne fasse trop de ravages.

En définitive, opposer les deux types d'orientation pose d'importants problèmes. «Beaucoup de mal a été fait à la science, écrit Bertalanffy, en opposant ces deux aspects, et par exemple dans l'approche élémentariste, en négligeant et en rejetant des caractéristiques évidentes et très importantes; ou dans l'approche synthétique, en rejetant l'importance et la nécessité de l'analyse». En tant que présentes toutes deux dans l'activité de l'homme de science, elles correspondent à deux exigences et objectifs particuliers : le désir d'expliquer et l'économie de la description. C'est alors à un piètre résultat qu'aboutissent tous ceux qui, prenant le rationalisme de certains pour de l'étroitesse d'esprit en viennent à le déconsidérer purement et simplement.

Mais, pour bon nombre de gens, l'approche en termes de systèmes traduit aussi par ailleurs l'émergence non seulement d'une nouvelle façon de considérer l'activité scientifique, mais d'une manière de «voir» le monde et les rapports de l'homme au monde. L'approche systémique se promeut alors comme représentant une nouvelle «mentalité», invitant l'homme à cheminer «vers une vision globale»[27]. Ce n'est plus seulement dans le cadre de son laboratoire que le scientifique doit changer de repères, mais c'est dans sa vie entière : L'approche systémique, approche de la complexité et de la globalité, est une «nouvelle façon de voir le monde et de le juger», en un mot une «nouvelle culture». En ce sens, c'est l'homme, au delà du scientifique, qu'elle prétend interpeller.

La philosophie des systèmes permettrait ainsi la réconciliation des savoirs intuitifs et des connaissances scientifiques, de la culture ésotérique des savants et des savoirs exotériques de nos ancêtres. Système culturel, l'approche systémique ouvre la pensée vers l'intérieur (vers les profondeurs de la spiritualité) et vers l'extérieur (vers celles de l'éco-système et du cosmos). Nouvelle gnose, elle permet une synthèse révolutionnaire de la science, de la religion et de la philosophie, de l'Orient et de l'Occident, de l'âme et du corps[28].

En tout cas, la tâche qu'elle poursuit ne se veut guère modeste; en effet, si l'on en croit Rosnay, elle cherche à «trouver une réponse à la question de savoir quel est le sens de la vie». Ce qui est assez éloigné de tout le programme que se fixait la science, du moins dans l'acception classique de ce terme.

Ce n'est pas sans doute l'approche systémique, à elle seule, qui diffuse ce genre d'aspirations métaphysiques; elle ne fait vraisemblablement que rejoindre le mouvement d'émergence des nouvelles sensibilités dans un monde post-industrialisé que dominent les problèmes de contrôle de l'information, de gestion et de manipulation de la communication. Mais parce qu'elle se veut scientifique, l'approche systémique offre naturellement une apparente logique, une architecture conceptuelle et surtout méthodologique à un mouvement d'idées, d'aspirations métaphysiques et spirituelles, qui reste au fond aussi confus que prétentieux.

De fait, si on dit d'un côté que l'esprit systémique ne se pose qu'en complémentarité face à l'esprit analytique, on ne se cache pas d'un autre côté de proclamer le caractère profondément réducteur et archaïque du second. Et si on évoque une «nouvelle culture», ou une «nouvelle mentalité», c'est exactement en partant du même principe.

Rosnay en donne un bon exemple : il explicite en effet la divergence (et la complémentarité?) des attitudes de l'homme face à l'autorité, au travail, à la raison, au projet de société, selon qu'elles relèvent de la tradition ou de cette modernité influencée par l'idée systémique. Nous ne reprendrons ici que l'essentiel, en nous limitant aux quelques premières lignes qu'il évoque en chacune des catégories [29].

Attitude traditionnelle	Attitude émergente
autorité fondée sur le pouvoir, la puissance le savoir non-partagé (secret)	autorité fondée sur le rayonnement, l'influence, la transparence des motifs, la compétence
importance des diplômes, responsabilité fondée sur l'âge, l'acquis théorique, le rang social	importance de l'expérience vécue, responsabilité fondée sur l'aptitude à résoudre des problèmes et à motiver les hommes
logique d'exclusion (manichéisme) unidirectionnelle, causaliste, séquentielle	logique d'association (écosystémique) mutualiste, globale
sectarisme, intransigeance, agressivité, cynisme, scepticisme	tolérance, ouverture, naïveté, enthousiasme, sentiment d'utilité

Une question viendra sans doute à l'esprit du lecteur, dans sa surprise de voir ainsi opposés sans grand détour le Mal au Bien, les Ténèbres de la tradition à la Lumière des temps nouveaux : s'agit-il là d'un nouvel Evangile?

Nous ne répondrons pas pour l'instant à la question [30]. Mais, puisqu'il s'agit ici de réfléchir sur des théories et des pratiques scientifiques, et non d'adhérer à des discours et à des attitudes métaphysiques et religieux, il convient naturellement de révéler sans plus attendre ce qui rend possible de telles aspirations tant culturelles qu'épistémologiques.

LES AMBIGUÏTÉS CONSTITUTIVES

On trouve au sein de l'approche systémique différents niveaux d'ambiguïté, et ils sont loin d'être inessentiels ou secondaires, comme pourraient l'être les défauts dans une pièce par ailleurs solide. C'est en effet sur les ambiguïtés qui la fondent, qui lui sont «constitutives», que repose l'aptitude de l'approche systémique à prétendre à la fois dépasser toutes les limitations de l'esprit scientifique, réunifier les multiples connaissances construites par les différentes sciences et réconcilier ce qui jusqu'ici apparaissait inconciliable; l'approche systémique reconnaît elle-même ces ambiguïtés, mais elle les conserve sans rechigner, pour davantage les exploiter et en tirer profit.

La propension conciliatoire

En un sens, tout est déjà inscrit dans cette définition que donne Bertalanffy de la théorie générale des systèmes. Selon lui, elle «doit développer des concepts, modèles et lois englobant des aspects longtemps négligés de la réalité, et cela implique :

1) une élaboration mathématique pour formuler le concept de «système» et en déduire les traits caractéristiques des systèmes généraux ou des sous-systèmes particuliers;

2) l'application des considérations systémiques à des entités empiriques et à la découverte de leurs lois;

3) la recherche du moyen d'ouvrir à l'investigation scientifique des phénomènes qui sont au delà de la compréhension scientifique»[31].

Premier niveau d'ambiguïté : la difficulté énorme pour l'approche systémique d'expliciter ce qui est de son ressort et ce qui lui est d'emblée extérieur va de pair avec sa capacité d'intégration démesurée. En effet, si les éléments qu'elle reconnaît en son sein témoignent déjà d'une hétérogénéité formidable, (presque) tout ce qui lui est aujourd'hui étranger peut, et à peu de frais, devenir une de ses composantes.

Bertalanffy notait déjà l'aspect incertain de ce qui s'y trouve rassemblé : «C'est intentionnellement, écrivait-il, que nous utilisons le terme vague d'«approche», car ce sont des démarches hétérogènes du point de vue logique, qui représentent des modèles conceptuels différents, des techniques mathématiques diverses, des points de vue généraux, etc.»[32]. Plus récemment, Bernbaum a soutenu la thèse selon laquelle «à condition qu'il y ait recherche des fonctions et des composants, mise en évidence des liaisons entre des éléments, prise en compte de l'évolution, on peut dire qu'il y a démarche systémique»[33]. Ne soyons donc pas surpris que, toujours selon cet auteur, les travaux sociologiques de Bourdieu et de Passeron puissent pouvoir «contribuer à expliciter la démarche systémique»! Toute théorie, toute démarche et orientation préoccupées par le concept de «totalité», lui-même longtemps considéré comme «vague, brumeux et semi-métaphysique» (Bertalanffy) relèvent donc de l'approche systémique.

On voit bien non seulement ce qui rend possible, mais même ce qui incite à une systémisation des théories, selon les besoins ou selon les envies. D'abord l'extension considérable du label «systémique»: En fin de compte, en effet, les «problèmes de systèmes», ce sont les problèmes posés par un grand nombre de «variables en interaction»[34]. Ensuite des jugements de valeur qui alimentent d'incessantes discussions sur la linéarité de la pensée causale opposée à la circularité de la pensée systémique: l'étroitesse de la première se trouverait ainsi dénoncée par l'aptitude de la seconde à rendre mieux compte de la complexité du réel!

Les théories les plus variées, sinon les plus divergentes peuvent en effet être qualifiées de «systémiques», et ceci de deux façons quelque peu différentes: soit on «importe» à l'intérieur du paradigme systémique des théories développées ailleurs, soit on repère la démarche systémique (auparavant extrêmement banalisée) dans des théories qui n'ont rien de «systémiques». Dans le premier cas, on systémise des approches, c'est-à-dire qu'on rebaptise en fait d'anciennes théories remises au goût du jour; c'est cette opération que souligne Walliser à propos de disciplines anciennes comme la recherche opérationnelle, la rationalisation des choix, la prospective, etc.[35]. Dans le second cas, profitant de l'extension infinie du sens de «système», on dilue tant la démarche systémique qu'on peut, vraisemblablement, la déceler en toutes recherches de qualité; «tout corps de connaissances et de techniques, écrit justement Palmade, est «en attente d'être dit systémique»[36].

Le deuxième niveau d'ambiguïté tient au fait que l'idéal systémique demeure, en fin de compte, le modèle mathématique. Même si elle accepte d'accueillir en son sein les «modèles en langage courant», puisque, comme le dit Bertalanffy, l'idée de système est une «idée directrice» plutôt qu'une construction mathématique, l'approche système constitue bien pourtant, «dans sa forme élaborée», «une discipline logico-mathématique, en elle-même purement formelle, mais s'appliquant aux différentes sciences empiriques[37]». D'ailleurs, Bertalanffy cite comme relevant de cette approche tout un ensemble de théories et de modèles extrêmement spécifiques: la cybernétique, la simulation, l'informatique, la théorie des graphes, la théorie des automates, la théorie de l'information et celle des ensembles, celle des compartiments et celle des réseaux, celle de la décision, etc. Toutes les théories citées partagent, malgré leur diversité, un point commun: elles relèvent toutes, peu ou prou, d'un savoir de type formel.

Une fois débarrassées de la spécificité humaine, ce qui reste en effet des connaissances scientifiques, c'est «un système de relations mathématiques». On peut alors se demander si les théories des systèmes ne constituent pas un «simple réseau d'application des mathématiques à différents objets»[38], ce que certains leur reprochaient dès les années 30? La question la plus essentielle, (sur laquelle nous reviendrons) fut, elle aussi, bien posée par Bertalanffy : Quand doit-on considérer les informations suffisantes pour «clore le modèle» et travailler ensuite à son éventuelle formalisation?

Troisième niveau d'ambiguïté : Si les théories regroupées sous l'appellation d'approche-système sont extrêmement variées et dissemblables, elles engagent de ce fait des méthodologies et des visions de la science différentes. Bertalanffy le dit avec netteté, «il y a à l'intérieur des «approches systèmes» des tendances et des modèles mécanistes et organiques; ils essaient de maîtriser les systèmes soit par l'«analyse», la «causalité linéaire» et «circulaire», les «automates», ou alors par la «totalité», les «interactions», la «dynamique».[39]»

Deux (au moins) lignes méthodologiques travaillent au sein de cette approche : l'une, empirico-intuitive, part du réel, en examine les différents systèmes, établit des énoncés sur les régularités ainsi observées, l'autre, déductive, prend l'«ensemble des systèmes concevables» et «tente de le réduire à une taille raisonnable»[40]. Organique, la première met en avant la problématique des relations du Tout et des Parties; la seconde, cybernétique, cherche à développer une axiomatisation. On pourrait dire qu'en un sens la première est une théorie générale des systèmes alors que la seconde se veut une théorie du système général[41]. Alors que l'une, «tout en mettant en évidence les isomorphismes structurels entre les différents niveaux» du réel, affirme simultanément leur autonomie, l'existence de lois spécifiques, l'autre tend à réduire le réel en en applatissant les nombreuses dimensions.

Alors surgit à chaque fois le risque de clore «trop tôt» le modèle. C'est que la «vérité» du concret n'est plus en lui-même, puisqu'elle se laisse déduire d'une généralité abstraite, d'une axiomatique. Prétendant poursuivre le chemin tracé par Bertalanffy, Le Moigne propose de réaliser «une conception de modèles isomorphes au système général», faisant de ce dernier en quelque sorte un référent ultime à partir duquel seront déduits les principes de modélisation du réel. Mais, comme l'a bien souligné Lerbet, «le piège est de taille» à postuler «cette sorte d'unicité d'un référent» car «absolu et science sont profondément incompatibles heuristiquement»[42]. En déclarant que derrière l'apparente diversité du réel règne une unité fondamentale, en postulant que les objets réels ne sont que de simples modes d'existence, de simples modalités du système général, on signifie du même coup qu'il n'est pas essentiel aux différents objets d'être spécifiquement eux-mêmes, «comme si leurs contenus contradictoires n'existaient pas ou n'offraient pas d'intérêt épistémologique majeur »[43]. Opération fortement idéologique et depuis longtemps dénoncée qui proclame que «ce qui est essentiel dans les choses, ce n'est pas leur existence réelle pour l'intuition sensible, mais l'essence que j'en ai abstraite et que je leur donne pour fondement, l'essence de ma représentation »[44].

Quatrième ambiguïté : il ne s'agit pas seulement de divergences méthodologiques et épistémologiques entre différentes théories qui relèvent de l'approche systémique, mais encore de visions de l'homme différentes, sinon exclusives les unes des autres. Rejeter la dimension apportée par une «philosophie des systèmes», c'est-à-dire toute préoccupation pour l'«ontologie», l'«épistémologie des systèmes», pour les «valeurs humaines engagées dans le rapport de l'homme au monde», en un mot, évacuer la problématique du rapport du Tout aux Parties, ce serait réduire l'homme, selon les mots de Walliser, «à n'être qu'un système intermédiaire entre les micro-systèmes qui le constituent et les macro-systèmes qui l'enserrent»[45]. Aussi Bertalanffy refuse-t-il à la pensée cybernétique toute validité et pertinence pour ce qui relève du vivant. La prétention de certains à penser l'organique, et *a fortiori* l'être humain en usant de catégories d'intelligibilité réservées au monde machinique lui paraît, à proprement parler, monstrueuse. Il insiste alors sur le «souci humaniste» de son approche des systèmes, qui la différencie radicalement de «la théorie mécaniste des systèmes qui ne parle qu'en termes de mathématiques, de rétroaction et de technologie, faisant ainsi naître la crainte que cette théorie des systèmes ne soit en fait la dernière étape «vers la mécanisation et la dégradation de l'homme, vers la société technocratique».

On comprendra mieux l'ambiguïté si on considère d'abord que, tout en critiquant la cybernétique, Bertalanffy n'a jamais pensé qu'elle pouvait ne pas appartenir à l'ensemble des approches systèmes. Et si on comprend qu'aujourd'hui comme hier, les cybernéticiens refusent catégoriquement le point de vue selon lequel leur science ne serait qu'un aspect, et de plus relativement étriqué parce que mécaniste, d'une théorie plus globale du système; car selon Couffignal, la cybernétique a su développer une conception générale selon laquelle «les phénomènes du vivant, psychologie comprise, peuvent être considérés comme des phénomènes physico-chimiques »[46]. Ce qui donne bonne mesure des visions antagonistes qui «collaborent» à l'intérieur du «paradigme systémique».

En fin de compte, les démarches sont hétérogènes, engagent des ambitions et des programmes de recherches, des visions de la science et de l'homme parfois opposées. Mais ce qui à notre sens constitue véritablement la force de l'approche systémique, c'est **l'intégration résolue de toutes ces divergences par réduction délibérée des contradictions qu'elles secrètent**. Que conclut en effet Bertalanffy après avoir récapitulé l'ensemble hétérogène des théories et modèles ressortissant de l'approche système ? Que, malgré leur hétérogénéité, « elles s'accordent néanmoins à être des théories des systèmes »[47]. Que conclut-il tout en soulignant les divergences énormes entre son approche biologique et l'approche cybernétique des systèmes ? Qu'« il n'y a pas à se disputer là dessus »[48]. On ne saurait voir là pure modestie ou grande ouverture d'esprit envers des modèles conceptuels différents de celui que Bertalanffy propose et défend.

Ce qui fait la force de l'approche systémique, aujourd'hui comme hier, c'est sa puissance à concilier des objectifs et des moyens autrement inconciliables. A quoi en effet aboutit la protestation humaniste du biologiste envers les prétentions de cette cybernétique, pour autant acceptée comme relevant des approches systèmes ? A rien, si ce n'est à diffuser cette idéologie humaniste qui tend à refuser tout en acceptant, à repérer les contradictions pour ensuite concilier l'inconciliable.

Ainsi l'approche systémique est à la fois pure et appliquée, purement contemplative et éminemment pragmatique, hautement aspirée par les exigences de la formalisation et attachée à la dimension ontologique de l'être humain, etc.

La stratégie modélisatrice

Ce qui permet à l'approche systémique de gérer non à un niveau épistémologique, mais à un niveau méthodologique, voire technique, ses ambiguïtés, c'est un usage particulier de la modélisation, procédé pourtant banal à l'heure actuelle dans la pratique scientifique. S'il n'y a évidemment pas lieu d'opposer une pensée qui utilise la notion de « système » à une autre qui la délaisserait, il faut néanmoins s'attacher à différencier une pensée véritablement scientifique d'une pensée marquée du sceau de l'idéologie. Et c'est bien dans la manière dont précisément on usera des modèles, dont on envisagera la modélisation que se différencieront justement les approches scientifiques recourant à la notion de système et celles qui l'utilisent de manière douteuse. D'une problématique systémique, on glissera alors vers ce qu'il convient de désigner comme une idéologie systémique.

Système et modèles

L'idée et l'usage du « modèle » vont de pair avec celle de système. Sans nécessairement accepter la thèse de Le Moigne qui fait de la théorie du système « la *théorie de la modélisation des objets* (naturels ou artificiels, compliqués ou complexes), de cet objet artificiel peu à peu façonné par la pensée humaine »[49], la plupart des auteurs soulignent combien la modélisation est le principe même du travail de toute approche système. Organisant les propriétés formelles de la réalité observée, le modèle permet au chercheur de la considérer et de l'étudier comme un système.

L'usage des modèles n'est pas nouveau. Son origine est très certainement technique ; il est avant tout une maquette, un modèle réduit et manipulable qui permet d'anticiper les propriétés fondamentales d'un objet de grande dimension et/ou complexité en l'épurant de tout ce qui n'est pas essentiel. C'est la réalisation concrète d'une construction qui n'est pas elle-même susceptible de donner lieu à des mesures et des calculs. « Image appauvrie — par oubli d'un tas de propriétés pertinentes — de l'être X modélisé »[40], le modèle est un outil qui possède une fonction explicative par la cohésion même de l'analyse qu'il permet et une fonction heuristique parce qu'il rend possible de nouvelles hypothèses et expérimentations.

Le modèle a par ailleurs une autre fonction, pédagogique cette fois : Le modèle est ce que réalise le chercheur pour faire comprendre aux autres ce qu'est le système. Le modèle opère alors comme un médiateur entre constructions théoriques et « données » du réel, entre « un champ théorique dont il est une interprétation et un champ empirique dont il est la synthèse »[51]. Aussi, ne doit-il représenter qu'un compromis éphémère, un outil toujours perpétuellement dépassé ; « la notion de modèle est associée à une idée de simplification systématique, d'ensemble organisé, de structuration des possibles. Dans une certaine mesure, le modèle semble s'opposer à l'objet comme le possible et le provisoire s'oppose au nécessaire et au permanent »[52]. C'est qu'en effet le modèle rappelle en permanence au scientifique qu'il n'y a pas identité entre le réel et la représentation scientifique qu'on en donne, ce que pouvait laisser supposer l'usage de notions comme celles de « causes » et de « lois ». Korzbyski le disait simplement, en une phrase (aujourd'hui fortement galvaudée), « la carte n'est pas le territoire ».

Mais le modèle devra remplir des conditions très précises pour avoir une véritable valeur scientifique. Delattre les explicite ainsi : ajustement aux données expérimentales, unicité (parce que des modèles différents peuvent représenter le même réel), minimalité (principe d'économie en épistémologie), réfutabilité (au sens de Popper) et valeur prédicative [53].

La modélisation est partie intégrante du travail scientifique, quel qu'il soit. Pourtant, si ni la notion, ni son usage ne sont nouveaux, c'est l'extension actuelle de son utilisation et surtout les conditions dans lesquelles celle ci s'effectue qui s'avèrent originales dans la perspective systémique. Et c'est dans la manière d'utiliser le modèle que se glisseront malheureusement les déviations fréquentes des recherches qui, délaissant la problématique systémique, sombreront dans l'idéologie.

De la problématique à l'idéologie systémique

La catégorie de «système» est aujourd'hui sollicitée et utilisée de la même manière que ne l'a été voici quelques années celle de «structure». L'approche systémique, qui prétend dépasser les limitations inhérentes aux discours en termes de structures, semble plutôt en reprendre les mêmes ambiguïtés et y soulever les mêmes enjeux. Il est donc particulièrement utile à notre analyse de tirer profit du travail d'élucidation déjà mené par d'autres à propos de l'usage de la catégorie de structure.

Parain-Vial aboutit, au terme d'une analyse de plusieurs approches faisant explicitement référence à la catégorie de structure, à différencier les «analyses structurales» des «idéologies structuralistes»; elle analyse pour cela les différentes acceptions que recouvre le terme même de structure et en éclaire les enjeux [54].

Selon elle, il convient de distinguer ce qu'elle appelle la «structure-schéma» (structure mathématique purement formelle, portant sur un réel n'existant que dans la pensée), la «structure-essence» (qui renvoie à l'essence même du réel, reconnue comme intelligible et pourtant ignorée) et la «structure-modèle» (qui tente de construire et de rendre compte par la pensée du réel lui-même). Ni la première, ni la deuxième ne constituent des modes de connaissance scientifique de la réalité : en effet, «la structure-schéma n'est à proprement parler qu'une forme mathématique vide qui, réduite à elle-même, ne nous apprend rien sur la réalité; la structure-essence désigne (...) un champ à explorer et devrait servir de «garde fou» au chercheur en lui rappelant sans cesse que la représentation qu'il a du réel n'est en aucun cas le réel lui-même».

Seules, souligne Parain-Vial, les différentes structures-modèles élaborées par les différentes sciences ont statut et valeur scientifique dans les sciences humaines. Par contre, «toute théorie qui, dans l'impossibilité de vérifier l'adéquation d'une structure-modèle, attribue à la structure-schéma qui symbolise l'interdépendance des relations de cette structure-modèle, les propriétés de cause formelle ou même de cause efficiente qui n'appartiennent qu'à une structure-essence dont précisément on nie l'existence»[55], pourra alors être qualifiée d'idéologique ; on ne parlera plus alors d'analyse structurale, mais d'idéologie structuraliste.

On peut dès lors se demander si ce qui permet à l'idéologie de s'immiscer à l'intérieur même des analyses structurales, ne va pas se retrouver, et avec un caractère peut être encore plus systématique, dans l'approche systémique, en en subvertissant toute la pertinence ? C'est bien là, en tout cas, notre conviction.

Soucieux de formalisation (ne l'oublions pas, dans sa forme achevée, la théorie des systèmes est théorie formelle !), certains auront tôt fait de réduire le modèle du système en un modèle logico-mathématique emprunté et transféré sans grandes précautions en de multiples domaines. L'emprunt des modèles s'effectue toujours en effet aux sciences les plus « élaborées », les plus « dures » et leurs transferts visent toujours unidirectionnellement les sciences humaines et sociales. Aussi, derrière la modélisation des « objets » humains et sociaux, se cache la thèse selon laquelle les sciences de l'homme sont condamnées à légitimer leurs pratiques, leurs techniques, en se référant ailleurs qu'à elles-mêmes. Que les processus socio-historiques qui permettent de « faire la science » soient tels que la légitimité scientifique apparaisse d'autant plus forte que les productions savantes relèvent d'un type de savoir formel et d'autant plus faible qu'elles touchent à l'empirico-formel ou à l'herméneutique, nul ne peut le contester ; mais cela ne fait que mettre en évidence l'hégémonie et l'impérialisme d'un secteur spécifique des sciences, celui des sciences de la nature. Pourtant, et c'est vrai depuis le siècle des Lumières, rien ne prouve que c'est d'une même logique (et donc d'une même logique d'explication) que relèvent les objets inertes et les objets vivants, en particulier lorsqu'il s'agit pour les derniers des sujets humains et sociaux.

Dans l'incapacité de vérifier concrètement la pertinence de leurs modélisations (les sciences humaines sont assez éloignées des contraintes, à ce niveau bénéfique, propres aux modèles technologiques ou biologiques), certains auront tôt fait de modéliser à tort et à travers, en pratiquant un transfert incontrôlé des modèles d'un lieu à l'autre ; délaissant les données du réel pour constituer leurs modèles, ils prendront en compte celles seulement que le modèle qu'ils invoquent leur permet de considérer. Parmi les conditions essentielles à la validité des modèles, certaines (ajustement aux données expérimentales, réfutabilité, capacité prédictive) peuvent assez aisément être perverties dans les recherches en sciences humaines. Voici par exemple ce qu'écrit à ce propos un auteur soviétique : « les anges scholastiques modernes sont appelés des « modèles » : un modèle est une construction mentale artificielle qui est censée représenter la réalité, tout au moins dans ses aspects essentiels. La méthode consiste à choisir çà et là quelques données d'un ensemble expérimental compliqué et souvent incompréhensible et à en déduire pas à pas des conclusions qui étaient dès le départ préconçues »[56]. Le raisonnement analogique, permettant de mettre à jour et de « lire » les propriétés du réel, peut conduire en outre à passer par dessus les éventuels problèmes et contradictions épistémologiques et conceptuelles. Ainsi, « on peut mettre dans un modèle des propriétés technologiques négligées par la théorie », écrit Couffignal qui ajoute que « les éléments dont on constitue un modèle peuvent être pris dans des classifications différentes »[57]...

Le problème que pose la pratique du transfert généralisé des modèles d'un niveau de construction de l'« objet » à l'autre, d'une discipline à l'autre, tient à la non-explicitation des postulats permettant une telle procédure. En un certain sens, l'usage du modèle permet, tout en se cautionnant d'une apparence scientifique, de vérifier sans grands risques les présupposés implicites de son discours. Or, ce que dit Bourdieu du travail sociologique est valable pour toute élaboration scientifique : « refuser la formulation explicite d'un corps d'hypothèses fondé sur une théorie, c'est se condamner à engager des présupposés qui ne sont autres que les prénotions de la sociologie spontanée et de l'idéologie, c'est-à-dire les questions et les concepts que l'on a en tant que sujet social lorsqu'on ne veut pas en avoir en tant que sociologue »[58].

Aussi ne sera-t-on guère étonné de constater que, le plus souvent, ces emprunts et ces transferts généralisés de modèles participent plus du registre de la persuasion que de celui de la démonstration. En ce sens, la fonction médiatrice du modèle (entre théorie et données empiriques) est moins importante que sa fonction pédagogique (qui tire évidemment profit du caractère simplifié du « produit modélisé »).

Enfin, participant à cette révolution systémique qui rend toute sa valeur à la créativité et à l'imagination, et malgré l'affirmation de Bertalanffy qui soutenait que « la théorie générale des systèmes ne court pas après des analogies vagues et superficielles », certains réhabiliteront, en même temps que le raisonnement analogique, l'usage de la métaphore, de la figure, et de l'image comme outils de pensée du réel. C'est pourtant là oublier un peu vite les risques que revêtent de tels outils qui peuvent, loin d'aider la connaissance scientifique, s'y substituer comme autant d'« obstacles épistémologiques » (Bachelard). Malgré l'utilité qu'elles représentent comme outils d'invention et de recherche, les métaphores et autres images risquent d'infléchir considérablement la rigueur d'un travail conceptuel. Se substituant au concept, elles évitent en effet par là même tout travail d'explicitation et de critique épistémologique, l'évacuant comme inessentiel au travail scientifique. Or, comme le souligne bien Poitou, «le concept élaboré, pleinement développé, n'est pas susceptible de métaphore, parce qu'à sa place et fonction dans le dispositif théorique, il n'est pas remplaçable, étant solidaire du tout». L'usage délibéré, sans suspicion, d'images, d'analogies, de métaphores, ne peut qu'inciter à sérieusement les questionner, tant «dans leurs rapports au fantasme» que dans ceux qu'elles «entretiennent aux idéologies qui les déterminent»[59].

Intermédiaire entre une théorie qu'il spécifie et des données qu'il synthétise, le modèle a donc une véritable légitimité dans le champ de la recherche scientifique. Pourtant, son usage inconsidéré peut le réduire à n'exister qu'entaché des mêmes tares que celles qui touchent analogies, images et métaphores. Si «le modèle, moment technique ou figure idéale prend place, au mieux, dans les entours de la pratique scientifique, écrit Badiou, tout arrêt sur le modèle fait obstacle épistémologique»[60]. Son ancrage dans une pratique théorique ouverte est aussi nécessaire à sa tenue scientifique que son étroite dépendance au regard des données empiriques. «Si les modèles n'utilisent pas actuellement des connaissances véritablement constituées, ils ne peuvent pas plus apporter de connaissances qu'expliquer celles-ci»[61]. Par contre, ils traîneront d'emblée avec eux toute une idéologie *a priori* raffinée et rassurante. De toute façon, «l'histoire récente de la "modélisation" des problèmes sociaux, écrit Palmade, se révèle décevante dès qu'on l'examine avec soin, et en dehors de l'idéologie dont elle participe».

Si pertinence d'une approche en termes de système il y a, c'est bien en tant qu'elle peut constituer une exhortation à reprendre les questions fondamentales de toute philosophie des sciences. Par exemple, «quel genre de connaissances nous donne l'idée du tout dans lequel chaque science découpe son objet?». L'ordre que découvre chacune des sciences correspond-t-il à un ordre réel ou bien ne s'agit-il que de découpages conceptuels arbitraires et n'ayant de valeur que pragmatiques? (Parain-Vial).

Elle ne peut avancer dans la connaissance en contournant la question de l'articulation entre le Tout et les Parties. Car l'approche systémique évacuerait ainsi illusoirement les problèmes méthodologiques et épistémologiques que la catégorie de système pose, mais ne résout pas : ainsi en est-il du problème de la délimitation du système et de son environnement et celui de leurs rapports, ou du problème de la différenciation du système et du sous-système et celui de leurs rapports, ou encore du problème du développement temporel des systèmes[62].

Si l'approche systémique ne peut que tenter d'approfondir ces questions, une certaine orientation idéologique peut les considérer soit comme totalement dénuées d'intérêt, soit comme tout à fait pertinentes mais depuis longtemps dépassées. La première thèse considère qu'il y a là perte de temps puisque le modèle prouve sa légitimité au regard de son caractère pragmatique; on passera ainsi d'un système à l'autre sans scrupules épistémologiques. La seconde considère que l'emboîtement hiérarchique des systèmes, — le système étant (par nature, par définition?) toujours un méta-système par rapport aux systèmes qu'il comporte et un sous-système par rapport au système qui l'englobe — résout de manière fort limpide ce problème; on invoque ici la hiérarchisation des sciences et de leurs objets respectifs en constatant qu'à chacun des niveaux correspond un certain type de phénomènes et un certain nombre de régularités et de lois. Certains passent ainsi, «tout naturellement», du niveau infra-atomique au niveau inter-planétaire : de la cellule au tissu, de celui ci à l'organe, puis à la fonction, à l'organisme, au sujet, au groupe et à la société, on aboutit finalement aux éco-systèmes et au cosmos. La clarté et l'efficacité d'une telle démarche ne saurait pour autant masquer ses véritables enjeux : aboutir à une intégration forcenée des niveaux les uns dans les autres, évacuer les accomodements, les tensions, les conflits entre les différents niveaux.

Attraction du modèle mathématique, transfert non contrôlé des modèles, tentation de remplacer le concept par l'image et la métaphore, hiérarchisation sans complexe des sciences et des niveaux du réel allant de pair avec un dédain pour toute dialectisation, voilà bien en effet à quoi invite en permanence l'idée du système. D'une problématique systémique, on glisse ainsi insidieusement vers ce qui peut figurer comme son opposé diamétral : une modéle fermé à autre chose qu'à ses propres certitudes, se donnant pour référence absolue, inconciliable et normalisatrice.

Il existe, disait Piaget, une «triade de solutions possibles»[63] dans les sciences de la nature : réduire le supérieur à l'inférieur, tenir pour irréductible le niveau supérieur, chercher l'assimilation réciproque par réduction partielle du supérieur à l'inférieur et enrichissement de l'inférieur à partir du supérieur. L'affaire se complique pourtant en ce qui concerne les sciences de l'homme car la question de leur possible hiérarchisation demeure, semble-t-il, aussi ouverte qu'elle ne l'était tout aux débuts de leur histoire. C'est que, pour qu'on y voit clair, et que les niveaux puissent sinon s'emboîter les uns dans les autres, au moins se frotter et s'enrichir les uns les autres, il faudrait en effet que soit résolu justement le problème essentiel de la sociologie et des autres sciences humaines, «celui de la société considérée en sa totalité et des relations entre les sous-systèmes et le système d'ensemble»[64].

Néanmoins, les recherches ont abouti tout de même à accroître les connaissances.

Morin reprend quelques uns des «acquis» des sciences humaines; les énumérer permet de donner la juste mesure de cette problématique systémique[65].

– le Tout est plus que la somme des parties du fait des niveaux d'«émergence» de l'objet.

– le Tout est moins que la somme des parties : car sous l'effet des contraintes du Tout, les parties inhibent ou perdent certaines de leurs propriétés.

– le Tout est plus que le tout, «puisque le Tout en tant que tout rétroagit sur les parties qui à leur tour rétroagissent sur le tout»

– les parties sont à la fois moins et plus que les parties : ainsi pour l'humain les émergences peuvent se situer tout autant au niveau du tout (la société) qu'au niveau des parties (les individus, la «conscience de soi»)

– les parties sont éventuellement plus que le Tout. «La richesse de l'univers, écrit Morin, est non dans sa totalité dispersive, mais dans les petites unités réflexives déviantes et périphériques qui s'y sont constituées»

– le tout est moins que le Tout, il existe des zones d'ombre, d'ignorance au sein du Tout

– le tout est incertain; ainsi, «en ce qui concerne Homo, quel est le système, la société, l'espèce, l'individu?»

– le tout est conflictuel

Les rapports entre les Parties et le Tout restent donc complexes, les comprendre nécessite du travail expérimental, conceptuel, théorique et épistémologique, et surtout, beaucoup de modestie...

On ne peut cerner ce que représente les courants systémiques dans le champ des pratiques sociales qu'en restant attentifs à leurs prétentions à concilier des points de vue jusqu'ici ressentis pour la plupart comme relativement exclusifs : point de vue du sens commun et point de vue scientifique (cf Bachelard), point de vue du politique et point de vue du savant (cf Weber), point de vue idéaliste et point de vue matérialiste (cf Marx), etc.

On ne saurait pourtant accèder personnellement à une telle «vision du monde» dont la naïveté surgit d'autant plus qu'on l'analyse concrètement. Par delà la concilition des extrêmes, on soutiendra qu'à la prétention et à l'aveuglement devraient se substituer la modestie et le sens critique; et c'est bien là d'une certaine manière ce qui distingue, dans l'usage qu'ils font des modèles, ceux qui travaillent en se situant dans une problématique systémique et ceux qui consciemment ou non sont happés par l'idéologie systémique.

NOTES

[1] DE ROSNAY J. *Le macroscope*. Paris. Seuil. 1975. p. 91.
[2] WALLISER B. *Systèmes et modèles*. Paris. Seuil. 1967. p. 91.
[3] BERTALANFFY L. Von. *Théorie Générale des Systèmes*, Paris, Dunod, 1973. p. 13.
[4] PARAIN-VIAL J. *Philosophie des sciences de la nature*. Paris, Klincksieck, 1983. p. 129.
[5] *ibid.*, p. 133.
[6] BERTALANFFY L. Von, *Théorie Générale des systèmes*, préface p. VII.
[7] cité par J.-L. LE MOIGNE in *Théorie du Système Général*, Paris, PUF, 1977, p. 47.
[8] MORIN E., *La Méthode*, Tome 1, Paris. Seuil, 1977, p. 100.
[9] DELATTRE P., La théorie des systèmes : quelques questions philosophiques, in *Encyclopédia Universalis*.
[10] GANRY G, «Théorie de la communication, théorie des systèmes et structuralisme», in *Thérapie Familiale*, Genève, 1980, vol. 1, n° 1, pp. 29-42.
[11] PIAGET J., *Epistémologie des sciences de l'homme*, Paris, Idées Gallimard, 1970, pp. 278-286.
[12] ROSNAY J., *Le macroscope*, *op. cit.*, pp. 85-90.
[13] WALLISER B., *Systèmes et modèles*, *op. cit.*, p. 220.
[14] LE MOIGNE J.-L., *Théorie du Système Général*, pp. 10-36. Les schémas qui suivent sont tirés du même ouvrage p. 29 et p.34.
[15] PIAGET J., *Le structuralisme*, Paris, PUF, p. 6.
[16] LE MOIGNE J.-L., *Théorie du système général*, *op. cit.*, p. 33.
[17] LE MOIGNE, *Théorie du Système Général*, *op. cit.*, respectivement p. 12 et p. 34.
[18] PARAIN-VIAL J., *Philosophie des sciences de la nature*, *op. cit.*, p. 136.
[19] LERBET G., *Approche systémique et production du savoir*, Ed. Universitaires, UNM-FREO, 1984, p. 27.
[20] *ibid.*, p. 27.
[21] MORIN E., *Science sans conscience*, Paris, Fayard, 1982, p. 179.
[22] cf. en particulier l'ouvrage de H. LEFEBVRE *L'idéologie structuraliste*, Paris. Points 1975 et celui de P. FOUGEYROLLAS, *Contre Lévi-Strauss, Lacan et Althusser*, Ed. Savelli, 1976.
[23] DURAND P., *La systémique*, *op. cit.*, p. 8.
[24] ROSNAY J. de, *Le Macroscope*, *op. cit.*, p. 107.
[25] BERTALANFFY L. von, *Théorie générale des systèmes*, *op. cit.*, p. 242.
[26] MORIN E., *Science sans conscience*, *op. cit.*, p. 174.
[27] Il s'agit là du sous-titre de l'ouvrage de J. DE ROSNAY, Les citations suivantes se trouvent dans le même ouvrage pp. 243-280.
[28] On pourra à ce propos consulter l'ouvrage célèbre de R. RUYER, *La Gnose de Princeton. Des savants à la recherche d'une religion*, Paris, Fayard, 1977, ou les nombreuses publications de la revue *Troisième Millénaire*.
[29] ROSNAY J. de, *op. cit.*, pp. 1O8 & 257-258. (Nous avons synthétisé deux tableaux donnés séparément par l'auteur).
[30] Deux remarques cependant, qui donneront lieu à développement ultérieur :
1. aucun des débats passablement agités aujourd'hui entre les professionnels de la psychologie ne saurait se comprendre, dans leur intensité dramatique, sans évoquer ces odeurs de sainteté et de révolution que chacun prétend répandre autour de lui, quelle que soit par ailleurs sa chapelle théorique.
2. aucune excommunication des uns ou des autres, couramment effectuée au nom d'un certain «idéal systémique» ne se fera sans s'appuyer sur des stigmates repérés chez autrui : trop linéaire, trop peu systémique, etc.
[31] BERTALANFFY L. Von, *Des robots, des esprits et des hommes*, *op cit.*, p. 8O.
[32] BERTALANFFY L. Von, *Théorie Générale des Systèmes*, *op. cit.*, p. 32.

[33] Bernbaum J., *Etude systémique des actions de formation*, Paris, PUF, 1982, p. 123.
[34] Bertalanffy L. Von, *Théorie Générale des Systèmes*, *op. cit.*, préface de 1971, p. VII.
[35] Walliser B., *Systèmes et modèles*, *op. cit.*, p. 240.
[36] Palmade G., *Interdisciplinarités et idéologies*, Paris, Anthropos, 1977, p. 237.
[37] Bertalanffy L. Von, *Théorie Générale des Systèmes*, *op. cit.*, p. 36.
[38] *ibid.*, p. 23.
[39] *ibid.*, p. 23.
[40] *ibid.*, p. 103.
[41] On retrouve par exemple cette différenciation, lourde de sens et d'enjeux, dans les titres assez proches mais pourtant divergents des ouvrages de Bertalanffy et de Le Moigne.
[42] Lerbet G., *Approche systémique et production du savoir*, Ed. Universitaires, UNMFRO, 1984, p. 87.
[43] Fougeyrollas P., *Contre Lévi-Strauss, Lacan & Althusser*, *op. cit.*, p. 64.
[44] Marx K.; Engels F., *La Sainte Famille* (1845), Paris, Editions Sociales, 1969.
[45] Walliser B., *Systèmes et modèles*, *op. cit.*, p. 234.
[46] Couffignal L., *La cybernétique*, Paris, PUF, 1978,. p. 108.
[47] Bertalanffy L. Von., *Théorie Générale des Systèmes*, *op. cit.*, p. 18.
[48] *ibid.*, p. 103.
[49] Le Moigne J.-L, *Théorie du Système Général*, *op. cit.*, pp. 35-36.
[50] R. Thom cité par J. Parain-Vial, *Philosophie des sciences de la nature*, *op. cit.*, p. 138.
[51] Walliser B., *Systèmes et modèles*, *op. cit.*, p. 153.
[52] Tonnelat A.-M., «Le modèle en physique» in *Encyclopaedia Universalis*, *op. cit.*, Tome XI. p. 123.
[53] Delattre P., *Théorie des systèmes et épistémologie*, Paris, Maloine, 1979, p. 98.
[54] Parain-Vial J., *Analyses structurales et idéologies structuralistes*, Toulouse, Privat, 1969, pp. 205-220.
[55] Il est intéressant de noter qu'un autre auteur parvient à des conclusions fort voisines. H. Lefebvre, dans *L'idéologie structuraliste*. Paris, Anthropos, 1971 distingue ainsi trois acceptions du terme «structure» selon qu'il renvoie à la structure-essence (inacceptable pour l'auteur qui indique que la sructure essence est aujourd'hui saisie comme mathématique), la structure-modèle (acceptable malgré l'ambiguïté qui persiste dans la méthodologie dumodèle) et la structure au sens dialectique du terme.
[56] Cité par J. Parain-Vial, *Philosophie des sciences de la nature*, *op. cit.*
[57] Couffignal C., *La cybernétique*, *op. cit.*, p. 71.
[58] Bourdieu P.; Chamboredon J.-C. & Passeron J.-C, *Le métier de sociologue*, Mouton, 1968, p. 65.
[59] Poitou J.-P., *La dynamique des groupes. Une idéologie au travail*, Paris, Ed. CNRS, 1978, pp. 216-217.
[60] Badiou A., *Le concept de modèle*, Paris, Maspéro, p. 17.
[61] Palmade G., *Interdisciplinarités et idéologies*, *op.cit.*, p. 239.
[62] Cf. à ce propos J. Parain-Vial, *Philosophie des sciences de la nature*, *op. cit.*, p.147.
[63] Piaget J., *Epistémologie des sciences de l'homme*, *op. cit.*, p. 257. La thèse d'une hiérarchisation des sciences de la nature n'est pas pour autant partagée par tous. J.-M. Levy-Leblond note ainsi qu'elle a un caractère fortement idéologique, in Rose H. & Rose S, *L'idéologie de/dans la science*, Paris, Seuil, 1977, p. 118.
[64] Piaget J., *Epistémologie des sciences de l'homme*, *op. cit.*, p. 259.
[65] Morin E., *Science sans conscience*, *op. cit.*, pp. 174-177.

Chapitre 2
L'orientation systémique et la psychologie clinique

La thèse d'une « révolution » systémique se pose avec une acuité toute particulière dans l'espace de la théorie et de la pratique en psychologie clinique et psychopathologique : elle y soulève en effet la question des déterminants sociaux de la pathologie mentale, et par là même celle de la légitimité des différentes approches thérapeutiques.

L'approche systémique, pour certains de ses modèles en tout cas, prétend rejeter toute la psychanalyse aux oubliettes de l'histoire et au musée des fariboles pseudo-savantes. Guntern, thérapeute systémicien, évoque ainsi sans ambages l'existence d'une véritable « révolution copernicienne en psychothérapie » qui marque, précise-t-il, « le tournant du paradigme psychanalytique au paradigme systémique »[1]. Au delà des termes employés et de la référence à Copernic, on ne peut pas ne pas saisir l'allusion subtile ainsi faite à Freud[2]. Que cela soit volontaire ou non, il s'agit là en effet de ré-évoquer la psychanalyse (en particulier le fait qu'en un temps la psychanalyse se soit affirmée révolutionnaire, « pestilentielle »...) et sa révocation absolue (il n'y a même plus un « avant » et un « après Freud » !).

Quelle est la véritable extension du paradigme systémique dans le champ de la psychologie clinique (sur ce qu'il convient d'y appeler ou non systémique) ? Que dire sur la validité et la pertinence de son application en des domaines où jusqu'ici la psychanalyse freudienne régnait, quasiment seule, sans concurrence réelle à son hégémonie ? Répondre à ces questions présuppose de connaître comment l'orientation systémique a pénétré le champ de la psychologie clinique, en se situant de façon explicite par rapport à l'héritage freudien, soit pour le développer selon certaines exigences méthodologiques, soit (et toujours au nom de ces mêmes exigences) pour lui dénier tout intérêt.

Auparavant pourtant, il importe de comprendre les raisons d'un certain confusionnisme, qui prétend systémiser toute théorie, fût-elle psychanalytique ; la clarté de l'analyse dépend en effet en grande partie de la nécessité de ne pas considérer, dans le champ clinique, comme étant « systémique » n'importe quelle théorie.

L'ENTREPRISE DE SYSTÉMISATION

Comprendre la nature de l'approche systémique dans ses applications particulières au champ clinique relève en effet d'une véritable gageure. Différents courants, écoles et praticiens se disputent le qualificatif de « systémique », soit pour se l'attribuer en tant que label de qualité supérieure, soit pour le réserver à d'autres en tant que stigmate affligeant. Certains se prévalent d'être soit plus, soit moins « systémiques » que les autres, et quelques uns, qui ne revendiquent rien officiellement, pourraient être néanmoins tenus comme relevant de cette approche... Un travail de clarification préliminaire s'avère donc nécessaire.

L'approche systémique naît d'une interpénétration entre différentes sciences : Ancelin-Schützenberger la réfère à la cybernétique et à la théorie générale des systèmes, Durand évoque pour sa part le structuralisme, la cybernétique et la théorie de l'information[3]. Comme l'approche en termes de système est riche de diversité et d'hétérogénéité, chacun y reprend donc des éléments spécifiques pour établir le socle historique de la « sytémique » (ou systémie). Pourtant pour de nombreux systémiciens, c'est l'usage dans un premier temps de se référer à la théorie générale des systèmes de Bertalanffy, et « dans un second temps, (à) une application particulière (de celle ci), la théorie de la communication »[4]. D'autres, tout en reconnaissant l'importance essentielle de la théorie générale des systèmes, affirment que ce n'est pas vraiment à son auteur qu'on doit l'introduction du modèle systémique qui serait selon eux « intrinsèque aux théories de la communication »[5]. Finalement, chacun y trouve son compte... en tentant d'y préserver aussi son originalité. Ainsi, le systémicien Murray Bowen tient beaucoup pour sa part à ce qu'on reconnaisse le caractère original de sa « théorie des systèmes familiaux » et souligne avec insistance que la théorie de Bertalanffy n'a aucune application au développement émotif; cela étant, il accepte par ailleurs que son approche soit reconnue comme une branche particulière et spécialisée... de la théorie générale des systèmes [6].

Outre le caractère imprécis de l'extension du concept, il faut constater que cette difficulté à situer concrètement ce que signifie « systémique » a conduit à des préoccupations spécifiques à l'égard de la psychanalyse. Certains, appliquant à bon droit les « principes généraux » formulés par l'approche systémique à toute situation psychothérapeutique, débouchent sur une « lecture systémique » de la psychanalyse. Mais d'autres, ayant « élu » la pensée systémique comme pensée de la complexité, (opposée à la pensée étroitement cartésienne), en viennent, selon leurs groupes d'appartenance idéologico-théorique et selon leurs intentions, soit à tenter de « rebaptiser » la psychanalyse la présentant comme « plus systémique » encore que ne le sont les approches habituellement décrites sous ce qualificatif, soit à démêler en elle ce qui est systémique et ce qui ne l'est pas (ou plus). Pourtant, même si on peut comprendre la psychanalyse et d'autres dispositifs cliniques à partir d'une application des concepts systémiques, la thèse d'une psychanalyse systémique n'a pas de sens.

Vers une psychanalyse systémique ?

Etant donné, comme le dit Watzlawick, qu'« on peut considérer l'interaction comme un système et (que) la théorie générale des systèmes permet de comprendre la nature des systèmes en interaction » [7], on peut décrire et ainsi comprendre toute pratique psychothérapique, y comprise évidemment la cure analytique, à partir des principes généraux mis en avant par l'approche en termes de système.

Gilliéron, qui se situe dans le courant des psychothérapies « brèves » tente ainsi de décrire la situation thérapeutique selon les principes de totalité, d'homéostasie, d'adaptation, etc. Evoquant par exemple le « cadre » thérapeutique comme étant le « contexte » de la relation psychothérapique, et celle ci constituant elle-même le « contexte » où apparaîtront les « rejetons de la vie psychique individuelle », il souligne que se dessine alors « un emboîtement dont les différentes parties entretiennent une relation *hiérarchique* entre elles » [8].

De son côté, le systémicien Haley décrit la cure psychanalytique en en traduisant la dynamique de façon assez singulière à partir d'une définition de la relation thérapeutique en termes de position haute/position basse : « la psychanalyse est, selon lui, un processus psycho-dynamique à deux personnes — le patient et le psychanalyste — où le patient tient absolument à ce que son analyste soit en position haute tout en s'efforçant passionnément de le mettre en position basse. De son côté, l'analyste tient foncièrement à ce que son patient reste en position basse pour pouvoir lui enseigner l'accès à la position haute. Le but ultime de la cure est la séparation à l'amiable des deux protagonistes»[9].

Cosnier soutient, quant à lui, qu'«on pourrait dire que la psychanalyse a été le prototype des thérapies communicologiques»[10]. Ce qui rejoint d'ailleurs la tendance actuelle de certains spécialistes à définir la psychologie comme étant la science des communications (des «intra et des intercommunications», selon Cosnier) et le psychologue comme un spécialiste de celles-ci, un «communicologue».

Face à ceux qui, d'emblée, en viennent à rapprocher les unes des autres les différentes pratiques thérapeutiques, usant des mêmes concepts pour comprendre la psychothérapie analytique, la psychanalyse et la thérapie systémique, on trouve évidemment ceux qui les pensent comme exclusives et inconciliables. On a dit précédemment le danger existant à opposer tendance réductionniste et tendance systémique; c'est pourtant évidemment l'option la plus facile que d'en faire deux logiques incompatibles. Durand évoque ainsi, dans son ouvrage sur la systémique, le «véritable fossé» qui les sépare. Mais beaucoup d'autres donnent, en quelque sorte, «d'une main ce qu'ils retirent de l'autre» : tout en reconnaissant les rapports nécessaires de ces deux orientations de l'esprit humain, ils font de l'une le signe patent d'une étroitesse d'esprit et de l'autre la marque de sa vivacité.

Aucun étonnement dès lors que les dérives aillent bon train quil s'agit d'évoquer psychanalyse et systémique. Au réductionnisme linéaire de l'une correspondrait le raisonnement circulaire, intégratif de l'autre. A la superficialité de l'approche systémique, parfois identifiée à un pur behaviorisme par certains psychanalystes, corrrespondrait la profondeur de l'approche freudienne[11]; certains systémiciens réduisant pour leur part la psychanalyse à un magma d'élucubrations invérifiables et sans aucun fondement... A la centration exclusive et aisée de l'une sur l'intrapsychique correspondrait l'effort de décentration de l'autre pour se limiter au relationnel, à l'extra-psychique. Le «systémique», c'est le concret! semblent dire les plus nombreux. La psychanalyse aurait ainsi, selon Goutal, «précisément perdu son caractère systémique lorsqu'elle a négligé d'inclure la réalité («en tant que telle») dans la description qu'elle a voulu donner de la psychose»[12]. Mais on reviendra par la suite évidemment sur ces attributions et sur la logique qui les fait fonctionner.

Pourtant, s'il est vrai, comme le dit Bernbaum, qu'«à condition qu'il y ait recherche des fonctions et des composants, mise en évidence des liaisons entre ces éléments, prise en compte de l'évolution, on peut dire qu'il y a démarche systémique», on ne voit pas bien pourquoi la démarche freudienne ne pourrait être sans aucune précaution préliminaire qualifiée d'un tel label ? Que la démarche freudienne puisse être, elle-aussi, dite «circulaire», que certains puissent affirmer que ses concepts évoquent l'idée même du «système en tant qu'ensemble d'éléments en interaction», tout ceci n'est guère surprenant. Si on a fait au préalable de la «circularité» l'indice d'une pensée qui se refuse à sombrer d'emblée dans la simplification des explications purement causalistes, on comprend bien que tous aient envie de prouver que les théories auxquelles ils se réfèrent (ou se sont à un moment référés) ne sont ni étriquées, ni stupides !

En fait, nombre de systémiciens (le plus souvent il s'agit de ceux qui ont eu préalablement une expérience de la psychanalyse) sont prêts à reconnaître le caractère non simpliste de l'approche freudienne, ou en tout cas pas suffisamment «étriquée» pour pouvoir être sans aucune autre forme de procès taxée de «linéaire». Ainsi Goutal admet qu'il y a des «aspects systémiques» tant dans la première que dans la seconde topique : Dans cette dernière par exemple, la conception freudienne est telle que Goutal ne craint pas d'affirmer que «s'il est une notion "systémique" chez Freud (...) c'est bien celle du Moi ; non pas le Moi adaptatif et adapté qu'en a fait une certaine psychanalyse américaine, retombant dans un certain psychologisme primaire, mais un Moi vivant, multiforme, changeant, *liant* affects, représentations et *objets* (perçus et créés tout à la fois)»[13]. Ce que reconnaît Perron, qui n'est pas, lui, systémicien ; le Moi, écrit-il, est un «sous-système» structuré par les lois générales d'équilibration-adaptation, «il est en effet défini par sa double fonction, d'une part en tant qu'il contrôle les échanges avec l'extérieur (...) et d'autre part en tant qu'il s'efforce de maintenir l'équilibration interne»[14].

La simple évocation d'un développement psycho-dynamique irréversible ne suffit donc pas à étiqueter comme linéaire une pensée[15], tout comme il ne suffit pas de dire d'une autre qu'elle est «circulaire» pour la rendre acceptable. Chaltiel remarque à ce propos que si l'habitude règne d'évoquer dans la pratique et la recherche systémique la circularité, «c'est souvent en correctif de l'assertion linéaire que l'on vient d'énoncer, soit sous la forme : «bien entendu, ceci peut apparaître linéaire, en fait, il va sans dire que cela fonctionne dans les deux sens» et l'on est alors satisfait d'avoir ainsi démontré son allégeance à la cause systémique sans penser que dans la plupart des cas, cette correction invalide radicalement l'énoncé précédent» [16]...

Le linéaire, évidemment, c'est toujours l'autre! Certains s'efforcent d'ailleurs de montrer que la psychanalyse est encore plus «circulaire», encore «plus systémique» que ne peut l'être l'approche reconnue officiellement comme telle! Le psychanalyste Brodeur cherche à prouver que, si «systémique» il y a, c'est bien chez Freud qu'il faut la chercher et non dans la pensée «mécaniste» de cette «science du comportement d'inspiration fonctionnaliste» qu'est la systémique nord-américaine! Le raisonnement est aussi original que douteux, et mérite donc d'être cité. Selon l'auteur, en effet, l'abandon de la thèse de la séduction réelle des enfants par leurs parents au profit de celle d'une «construction mentale qui est le pur produit d'un désir inconscient» a conduit Freud à passer «de la causalité linéaire à la causalité circulaire ou systémique». En donnant forme au mythe œdipien, le psychanalyste viennois serait passé du réel au symbolique, «d'un événement familial réel et son inscription physique dans un organe au scénario mythique œdipien». Ce faisant, affirme Brodeur, Freud développe la caractéristique «la plus fondamentale d'un véritable système, lequel repose sur ce fait essentiel que «les personnes qui composent le mythe ne tiennent pas leur valeur de leur concrétude propre, mais d'une fonction abstraite dans un scénario qui les relie les unes aux autres dans un certain ordre» [17]!. Mais, outre le fait que ce raisonnement veuille se légitimer de ce que serait un «véritable» système, il n'est pas certain que cette vision du «scénario œdipien» épuré de toute chair réelle recueille l'accord des psychanalystes eux-mêmes.

En tout cas, si le fait que la psychanalyse opère par «réminiscence» du passé ne saurait suffire à la réduire à n'être qu'une approche causaliste et «linéaire», le fait qu'elle mette en rapport des éléments et des fonctions en rapport les uns aux autres (les dimensions de la réalité psychique, les instances psychiques, le Moi et l'Autre, etc.) ne saurait suffire à la qualifier de «systémique» (au sens restreint du terme). La pensée de Freud n'a pas grand chose à voir avec la cybernétique ou avec la systémique : la théorie psychanalytique ne cherche ni la formalisation, ni l'axiomatisation, même si elle s'attache à saisir la complexité de ce réel dont elle cherche à rendre compte.

Goutal note lui-même avec raison que, même si la pensée freudienne évoque des systèmes, ceux ci ont des «propriétés ou des lois assez différentes et plus complexes que celles décrites pour les systèmes de la théorie générale des systèmes» [18]. Car l'inconscient freudien n'a rien à voir dans ses modalités de fonctionnement avec une machine fermée sur elle-même ou avec un système ouvert traversé de flux provenant de l'environnement. Si elle évoque par exemple la différenciation progressive des instances psychiques, la psychanalyse se garde d'en penser une quelconque hiérarchisation, et *à fortiori* une éventuelle intégration des unes dans les autres. Né de conflits, l'appareil psychique se maintient au travers des conflits, des accommodements et des ruptures. Parlant en termes d'«ambivalence», de «couples d'opposés» (plaisir/douleur, haine/amour, pulsions de vie/pulsions de mort, etc...) l'épistémologie freudienne est sans aucun doute plus proche d'une logique de type dialectique que d'une logique systémique.

La façon dont Freud pose les problèmes, établit des hypothèses, transforme sa théorie au fur et à mesure de sa confrontation au réel donne un caractère très classique à sa démarche. Bien sûr, il est amené, et pas seulement de manière accidentelle, à user d'images, d'analogies ou de métaphores, mais c'est toujours avec une certaine gêne et suspicion, un peu par défaut de concepts et de connaissances appropriés. L'usage des figures, des analogies techniques a chez lui une visée heuristique ou pédagogique; il ne cherche pas ainsi à éluder le travail conceptuel, mais au contraire à le soutenir là où les concepts font encore défaut ou demeurent insatisfaisants. Sa position sur l'utilisation du raisonnement analogique est d'ailleurs tout à fait explicite : il faut, écrit-il, «ne pas oublier qu'il s'agit d'analogies, et qu'enfin non seulement les êtres humains, mais aussi les concepts, ne sauraient être arrachés sans danger de la sphère dans laquelle ils sont nés et se sont développés»[19]. Très proche en cela d'une conception de la science où le concept et l'image ne font pas bon ménage (conception que développera peu après Bachelard) il souligne que, «d'ailleurs, il ne faut pas céder à la fringale de dépister des analogies»[20].

En fin de compte, la psychanalyse n'est systémique ni dans son épistémologie, ni dans ses concepts et ses théories, ni dans l'usage qu'elle fait des «modèles» et des emprunts aux disciplines voisines. On n'a guère en effet l'impression que Freud, et les psychanalystes en général, s'entendraient à rechercher du côté, non de la biologie ou des sciences humaines, mais de la logique et des modèles mathématiques, un quelconque appui épistémologique!

L'attraction du formalisme logico-mathématique

On a dit l'ambition déclarée de l'approche systémique de réunifier les connaissances éparses tout en permettant d'étendre l'analyse scientifique au delà des «objets» familiers au chercheur. Par l'usage de la catégorie de système, sans prétendre à une connaissance substantielle de la réalité ni réduire le mental au physique, il serait possible, selon les dires de Bertalanffy, d'«avoir une science dans laquelle des modèles ou des constructions identiques, hautement abstraits, viendraient rendre compte du matériel et du mental, de l'inconscient et du conscient, du physique et du psychologique»[21]. C'est évidemment par le recours à la formalisation et à la mathématisation qu'est soutenue la possibilité d'une science d'autant plus neutre qu'elle s'applique à tout objet, quel qu'il soit. «C'est là la beauté de la théorie des systèmes, qui est *psycho-physiquement neutre*, c'est-à-dire que ses concepts et modèles peuvent s'appliquer aussi bien aux phénomènes matériels qu'immatériels»[22], écrit encore Bertalanffy. Il est utile de clarifier de quelle manière se posent concrètement ces problèmes dans le champ spécialisé de la clinique.

Un systémicien, thérapeute familial, s'adresse ainsi à ses collègues : «aucun des modèles les plus couramment utilisés à l'heure actuelle n'a été spécialement créé pour l'usage que nous en faisons. Il s'agit de modèles conçus par des théoriciens d'autres disciplines, mais qui, par le jeu de certains isomorphismes propres aux systèmes humains, semblent aussi être une contribution d'intérêt dans les domaines qui nous intéressent»[23]. Or, on s'en doute, tout est fort discutable dans cette opération qui prend pour légitimation le «jeu des isomorphismes» dans un secteur où justement c'est le défaut de connaissances stables qui motive le recours au modèle...

De quoi s'agit-il? D'attribuer les relations formelles dégagées d'un réel, parfois biologique, parfois machinique ou cybernétique, parfois mathématique — à un autre réel qui, quant à lui, est humain. Quant aux modèles empruntés au champ de la biologie, ils dérivent de toute façon, comme ceux mis en œuvre dans le domaine de l'Intelligence Artificielle, d'une logique de la formalisation, voire de la mathématisation.

L'examen de la littérature systémique laisse apparaître un certain besoin de penser les réalités humaines par le truchement de théories mathématiques, celles-ci étant appréhendées non seulement comme l'espace des «êtres mathématiques», mais comme le lieu véritable du savoir, et donc du pouvoir. De ce fait, les recherches et les pratiques psychologiques présentent un grave danger : non seulement elles cherchent à s'appuyer sur les sciences les plus «dures», sans trop s'interroger sur la légitimité d'une telle opération, mais elles en viennent de plus à dépendre directement du progrès de ces sciences. Le problème du changement en psychothérapie ne peut plus que s'éclairer qu'à la lumière des avancées scientifiques de la théorie des catastrophes du mathématicien Thom[24], ou des recherches en biologie théorique de Maturana ou de Varela. Ce n'est pas l'emprunt pour penser qui pose ici problème, mais c'est l'emprunt en guise de pensée... Même s'ils reconnaissent que le terme utilisé par Varela (celui d'«auto-poésis») devrait être réservé à un réseau d'interaction ressemblant très fort au réseau chimique, des systémiciens concluent étonnamment de la manière suivante : «en attendant, essayons quand même d'appliquer le cadre conceptuel donné aux systèmes familiaux»[25].

L'application, on s'en doute, reste malgré tout assez difficile. Les plus grands des cybernéticiens ont souvent pris des précautions quant à l'opportunité d'«appliquer» leurs découvertes; et certains systémiciens réfutent l'intérêt des grands modèles formels comme celui de Thom, «équations bourrées de petites lettres et de flèches»[26]. Qu'ils soient inapplicables dans le concret, comme le disent ces auteurs, n'empêche pourtant pas qu'on les applique régulièrement. Et là réside justement l'ambiguïté d'une certaine perspective systémique.

Tout ceci n'est évidemment pas qu'affaire d'épistémologie et de connaissance, mais a directement à voir avec les modalités selon lesquelles vont s'organiser et se réfléchir les pratiques psychologiques. Les problèmes épistémologiques se posent dès lors en termes de stratégies d'intervention et en termes d'éthique professionnelle.

Nombreux sont, parmi les concepts usités dans l'approche systémique, ceux qui souffrent de polysémie. Celui de «système» en premier lieu. Le Moigne se plaint pour sa part de la définition ensembliste du système; si elle est la plus classique, elle a entraîné, selon lui, bon nombre de fourvoiements chez les chercheurs. D'un autre côté, on est en droit de se demander si on dit la même chose lorsqu'on définit le «système» comme «un ensemble d'*éléments en interaction organisés* en fonction d'un but» ou lorsqu'on le pense comme étant «un *ensemble* d'élements en interaction, *organisé* en fonction d'un but»?

Quant à la question de l'ouverture ou de la fermeture du système, l'indécision règne aujourd'hui comme hier. Il y a pourtant des enjeux très concrets derrière le type d'option choisi : Bertalanffy refuse par exemple toute pertinence à la cybernétique qui chercherait à expliquer la réalité humaine à partir d'une modélisation en termes de système fermé.

Mais pourquoi non? De tout manière, des problèmes, tout aussi importants, se posent quant à la validité d'une modélisation en référence à un système qui serait, lui, «ouvert»! Ainsi, Stengers montre que l'on peut désigner trois modes de compréhension du fonctionnement d'un système en le constituant comme ouvert[27].

— le système est ouvert, le renouvellement est constant mais l'état final évolue peu; la stabilité prime.

— le système vit de son ouverture et n'existe qu'à cause de cela; il y a, à partir des flux qui le traversent, possibilité d'écarts de l'équilibre.

— le système ouvert privilégie en son sein une série d'interaction plutôt qu'une autre, un système d'interaction parmi la multiplicité possible.

Or, et c'est évidemment là le risque majeur, «le choix de faire telle ou telle modélisation devient décisif; on prend la responsabilité soit de confirmer l'importance d'un certain nombre d'interactions telles qu'elles se donnent, soit d'ouvrir de nouvelles possibilités et donc soit de confirmer les pressions de toutes sortes qui ont stabilisé la dominance de ces interactions là, soit d'aider à créer des degrés de liberté supplémentaires»[28].

En fin de compte, la pertinence du processus de modélisation reste étroitement liée au degré d'explicitation des postulats épistémologiques, méthodologiques qui le génèrent. Les modèles issus des nombreuses théories plus ou moins formelles de l'approche systémique (théorie des jeux, théorie des graphes, cybernétique, etc.) sont donc à apprécier différemment selon les «objets» qu'ils veulent modéliser et selon les constructions conceptuelles, explicitées ou non, qui accompagnent leur usage.

On pourrait sans doute prétendre qu'il vaut mieux travailler sur le terrain, conceptualiser les découvertes ainsi effectuées pour ensuite seulement tenter une formalisation de ces dernières. Mais, même à ce niveau, rien ne permet à l'heure actuelle d'affirmer que tout concept puisse et doive être formalisable, voire mathématisable[29]. Bien plus, on peut s'inquiéter que cette révérence obstinée devant le formalisé conduise à ne plus considérer du concret que ce qui est justement susceptible d'être formalisable...

Une fois établi le fait que la psychanalyse ne peut être considérée comme systémique, et clarifié comment l'attraction du formel ne résoud qu'en apparence la question de la légitimité d'une théorie, il reste à saisir le sens de l'édification progressive de ces théories systémiques diverses et variées qui revendiquent toutes, peu ou prou, le dépassement des limites à la fois du behaviorisme et de la psychanalyse.

LES APPROCHES SYSTÉMIQUES; PAR DELÀ PSYCHANALYSE ET BEHAVIORISME

On ne saurait masquer, on l'a dit, le fait que co-existent à l'intérieur même de l'approche systémique des divergences profondes, peut-être irréductibles, entre certains points de vue. Si c'est vrai en ce qui concerne la question de la légitimité des modèlisations ouvertes ou fermées, c'est tout aussi vrai en ce qui concerne les rapports entre approche systémique et psychanalyse.

On s'entend le plus souvent à résorber, voire à neutraliser les problèmes qui se posent à ce propos, en resserrant les rangs autour, ou derrière la figure de Bertalanffy.

Figure différente, sinon opposable à celle de Freud, celle du théoricien des systèmes se trouve promue à servir d'emblème apte à représenter l'idéal identitaire du groupe des systémiciens. «A la fois incarnation des principes permettant de tenir à distance les profanes et parmi les profanes les plus dangereux (ceux qui exercent des activités proches) et par ailleurs (jouant) le rôle d'intégration de bannières, rappelant aux membres les principes fondateurs d'une auto-présentation (dépassant leurs intérêts divergents éventuels)»[30], la figure de Bertalanffy permet aux systémiciens de se séparer tant des behavioristes que des psychanalystes. C'est malheureusement, selon nous, une opération tout aussi fausse que facile.

La réorientation bertalanffyenne de la psychologie

Si Bertalanffy défendit âprement la nécessité d'appréhender le réel en usant du concept et de la catégorie du «système», il fut surtout l'un des premiers à s'interroger sur la signification de la «nouvelle épistémologie» que développait l'approche système. Bien que spécialisé en biologie, il entreprit néanmoins de questionner la pertinence et la justesse de la psychanalyse et des différentes théories psychologiques; la place de ces sciences dans le monde moderne devenait, selon lui, «trop importante pour être laissée aux psychologues»[31].

Les reproches qu'il adresse à ces derniers sont en effet vigoureux; c'est qu'ils ont, pour la plupart, développé une conception inhumaine de l'homme en fondant leurs théories psychologiques sur une vision «positiviste, mécaniste et réductionniste». Citant Koestler, Bertalanffy affirme que «la psychologie américaine est passée d'une vue anthropormophique du rat à une vue ratomorphique de l'homme». Il accuse ainsi tous ceux qui véhiculent une «image de l'homme-robot», ou encore, pour le dire autrement, tous ceux dont les théories reposent sur le modèle Stimulus-Réponse. Pour Bertalanffy, ce modèle considère « la réponse à des stimuli, la réduction des tensions, le rétablissement de l'équilibre détruit par des facteurs extérieurs, l'adaptation à l'environnement et tout ce qui y ressemble, comme le schéma fondamental et universel du comportement ».

Si ce qui est visé ici, c'est en tout premier lieu bien évidemment le modèle behavioriste, il s'agit néanmoins aussi de tout autre chose. En effet, sous le terme de « modèle S-R », le théoricien des systèmes englobe des conceptions qui « par ailleurs s'opposent », comme il le reconnaît lui-même : le behaviorisme bien sûr, mais aussi l'existentialisme et même... la psychanalyse ! Car, « en dépit de leurs grandes différences, des théories telles que la psychanalyse, le behaviorisme et le néo-behaviorisme, la théorie de l'apprentissage, les « machines pensantes » et la simulation des comportements par ordinateurs reposent toutes sur une conception de base qui sert de cadre *a priori* à la recherche expérimentale et clinique, à la théorie, la psychopathologie, la psychologie, etc. » Bertalanffy en vient d'ailleurs, et à plusieurs reprises, à évoquer l'existence du « modèle S-R psychanalytique » dont les quatre « ingrédients » sont les suivants : doctrine de la réactivité primaire de l'organisme, principe d'environnementalisme, principe d'équilibre ou de réduction des tensions et principe d'économie[32] !

Inutile ici de nous interroger sur la validité des critiques bertalanffyennes ; il paraît assez évident que ce qu'il dénonce est souvent plus proche de la caricature que de ce que représente réellement la psychanalyse. Néanmoins, cet amalgame entre psychanalyse et behaviorisme va servir à situer dès lors l'approche systémique au delà des limites de l'un et de l'autre de ces courants.

S'il ne cesse de répéter que « *nous avons besoin d'une nouvelle conception de l'homme* », ou encore d'« une nouvelle définition de l'homme »[33], Bertalanffy précise aussitôt que « la théorie générale des systèmes peut fournir à la psychologie théorique *un cadre de référence nouveau* »[34].

L'approche par les systèmes, qui, à son sens, « prend ses racines dans la conception organique de la biologie », doit procéder à une réorientation de la psychologie en lui proposant une nouvelle conception de l'homme, déjà elle-même en germe dans certains développements psychologiques. « La théorie des systèmes appliquée à la psychologie et à la psychiatrie, n'est pas le dénouement dramatique d'une nouvelle découverte, et si le lecteur a une impression de *déjà vu* prévient Bertalanffy, nous ne le contredirons pas »³⁵. Ainsi la nouvelle conception de l'homme qu'il cherche à promouvoir n'est pas seulement en bourgeon, mais constitue véritablement une élaboration déjà bien avancée, voire, selon ses propres mots, « achevée ». Car s'il accuse psychanalyse et behaviorisme d'avoir ridiculisé l'image de l'homme, il reconnaît que d'autres courants ont su travailler avec un autre regard, cherchant à dépasser une approche mécaniciste du vivant. Parmi les différents courants contestataires, il affirme que « l'un des tout premiers fut l'approche de l'organisme en développement de Werner. D'autres noms et mouvements (lui) viennent facilement à l'esprit : Gordon Allport, les Bühler, Piaget, Goldstein, Maslow, Schachtel, J. Bruner, le « new look » de la perception, l'accent mis sur l'activité de recherche et sur la créativité, les néo-freudiens comme Rogers et les psychologues du « moi », Sorokin en sociologie, les approches phénoménologiques et existentialistes, etc. »³⁶.

En fait, souligne Bertalanffy, malgré leurs contenus différents, tous ces courants cherchent à développer une conception de l'organisme opposée à celle que véhicule le « modèle S-R ». : « L'organisme vivant, écrit-il, maintient un déséquilibre appelé l'état stable d'un système ouvert et se trouve ainsi capable de distribuer des potentiels existants ou « tensions », grâce à une activité spontanée ou en réponse à une émission de stimuli; il avance en outre vers plus d'ordre et d'organisation ».

Il s'agit donc pour cette nouvelle orientation de la psychologie de développer et conforter une conception de l'homme comme « système à personnalité active ». Cette conception est partagée de manière très explicite par le psychologue Allport qui souligne que les systèmes vivants sont conformes aux critères suivants :

– ils « admettent matière et énergie »

– ils « réalisent et maintiennent des états stables (homéostasiques) de sorte que l'intrusion d'énergie extérieure ne trouble pas sérieusement la forme et l'ordre intérieur »

– ils « produisent, en général, un accroissement d'ordre au cours du temps, dû à la complexité et à la différenciation accrues des parties »

– enfin, au niveau humain, ils comportent de vastes relations transactionnelles avec l'environnement »³⁷.

Selon Allport, ces différents critères correspondent « étroitement » à ce que la psychologue humaniste Charlotte Bühler a appelé les « tendances fondamentales de la vie ». C'est qu'avec l'idée du système, développée dans le contexte de la biologie, apparaît cette idée essentielle de la « croissance », de la « maturation », ou du « développement ».

L'idée du système amène ainsi un déplacement de la psychologie clinique vers une orientation en même temps sociale clinique (relationnelle) et humaniste. Mais l'approche systémique à cela ajoute une dimension particulière, celle de l'inscription de l'épistémologie dans un registre scientifique au sens des sciences de la nature. «La question essentielle de la psychologie et de la sociologie moderne, écrit Bertalanffy, semble être : peut-on être *humain*, c'est-à-dire préoccupé par le devenir temporel et éternel de l'homme et de la société — tout en restant *scientifique* — c'est-à-dire respectueux des faits et guidé par la discipline méthodique qui s'est développée tout au long de ces derniers siècles»[38]?

C'est au regard de cette double exigence que nous pouvons apprécier ce qui lie les unes aux autres les différentes approches systémiques en psychologie et ce qui les sépare en même temps absolument de l'option psychanalytique. En ce sens, les approches systémiques poursuivent ce qu'avait entrepris déjà l'ensemble des courants post-analytiques!

L'exigence de la preuve

Quelles qu'elles soient, les théories systémiques mettent en avant une préoccupation commune de l'exigence expérimentale, du contrôle de la validité de leurs hypothèses par le recours aux faits; ce faisant elles renouent en fait avec une certaine tradition scientifique qu'avait peu à peu abandonné et sous diverses pressions bon nombre de psychanalystes.

Des débuts de la psychologie scientifique à nos jours, dans un contexte général marqué par l'affirmation de la validité des sciences positives contre les herméneutiques, la question des conditions de la scientificité se pose pour la communauté des chercheurs. Comme l'a souligné récemment Le Ny, «bien qu'un inventaire détaillé et complet de ces points nodaux de désaccord n'ait pas été jusqu'ici réalisé, on peut présumer que la psychologie scientifique est bien circonscrite au moyen de trois principes : la cohérence logique, le recours continu aux faits et une certaine conception bien délimitée de ce qui est un fait psychologique»[39]. Or le statut des connaissances psychanalytiques est spécifique puisque celles ci portent moins sur des «faits psychologiques» que sur de la «réalité psychique» dont l'existence ne peut être que postulée par le chercheur. Si l'écart est très grand entre ces deux notions, «elles ne se rejoignent, poursuit Le Ny, qu'autant que l'on attribue aux secondes une existence matérielle non spécifiée, en dernière analyse neuro-physiologique, et que l'on fait confiance aux développements de la recherche pour leur faire rejoindre le terrain de l'existence concrète». Inutile de dire que cela correspond très exactement aux vues de Freud lui-même, et certainement plus du tout à celles des psychanalystes contemporains, qui ont soigneusement coupé tous les ponts avec les sciences (psychologie et neuro-biologie comprises).

Les théories systémiques s'astreignent, pour ce qui les concerne, à suivre les normes méthodologiques classiques de la science et de fait prennent position à l'égard de la psychanalyse. Bowen le dit explicitement : la psychanalyse, «*c'est bien* une science au sens où elle définit un corps de connaissances des faits à propos du fonctionnement humain et tel qu'il n'avait jamais été décrit jusque là. Mais *ce n'est pas* une science au sens où elle n'est jamais arrivée à prendre contact avec les sciences connues jusque là ni à être acceptée par elles»[40].

Même si elles diffèrent dans leurs concepts fondamentaux et dans leurs «objets», les différentes théories systémiques partagent donc le même souci de scientificité : des théories qui s'intéressent aux «émotions» rejoignent ainsi celles préoccupées par les comportements observables. Si Watzlawick remarque que «l'impossibilité où nous sommes de voir l'esprit "en action" a conduit à adopter le concept de «boîte noire», tiré du domaine des télécommunications»[41], Bowen insiste pour sa part, sur le fait que l'application de la théorie des systèmes équivaut aux «efforts déployés pour appliquer la méthode scientifique à la psychanalyse»[42]. Reprenant la distinction entre «fait» et «réalité psychologique», il remarque que «pendant tout le siècle, le débat s'est donc poursuivi entre les psychologues et ceux qui travaillaient dans le domaine des sciences fondamentales, les uns acceptant comme des faits les hypothèses psychanalytiques et croyant que c'est bien la méthode scientifique telle qu'elle est appliquée à leur domaine qui en fait une science, les autres n'en étant pas convaincus»[43]. Pour lui, il est important de décrire les faits avant d'en donner des explications, qui doivent d'ailleurs passer par une conceptualisation simple et claire. Bertalanffy accusait la psychologie moderne de n'être finalement qu'une «scolastique stérile et pompeuse qui, aveuglée par des notions préconçues ou des superstitions, ne voit plus l'évidence, qui masque la banalité de ses résultats et de ses idées par l'emploi d'un langage absurde qui n'a plus rien à voir ni avec la langue courante ni avec le langage scientifique»[44]. C'est en quelque sorte ce que souligne Minuchin qui recommande pour sa part d'éviter les concepts théoriques trop compliqués, malgré le fait que ce ne soit pas simple de s'empêcher de parler en termes de jargon. C'est exactement ce que soutient Bowen en écrivant qu'«il faut, en fait, tout un entraînement pour arriver à utiliser un langage simple au lieu de termes tels que "patient schizophrénique-obsessif-compulsif-hystérique"»[45].

Bertalanffy avait donné comme l'un des programmes de l'approche systémique la possibilité d'étendre à des objets nouveaux l'application d'une démarche véritablement scientifique. Bowen, dont les théories portent sur la «subjectivité elle-même puisqu'il s'agit de l'émotion» souligne qu'«un certain nombre de formules assez efficaces ont été développées pour convertir la subjectivité en faits observables et vérifiables par la recherche»[46]. La formule générale qui peut être «étendue à presque tout l'éventail des concepts scientifiques» consiste à évacuer le contenu pour ne garder que la forme; ainsi dit Bowen, «cet homme rêve : voilà un fait scientifique. Mais ce qu'il dit (de son rêve) n'est pas nécessairement de l'ordre des faits».

Les faits, et eux seuls, sont dignes d'être retenus car ils sont seuls susceptibles de donner lieu à de véritables vérifications; c'est donc le recours aux observables qui signe d'une certaine façon l'appartenance à la pensée systémique. «Aussi longtemps que les chercheurs demeurent attachés aux faits d'amour et de haine, tout en évitant le contenu de ces émotions intenses, ils travaillent selon le mode de la pensée des systèmes», prévient Bowen. Pour Watzlawick, ce qui était si radicalement nouveau dans la façon de Bateson d'approcher les problèmes psychiatriques était dû en grande partie au fait qu'il soit anthropologue; «il abordait par conséquent les phénomènes du comportement dit psychopathologique à la lumière d'un anthropologue observant le fonctionnement d'une culture étrangère»[47].

On ne saurait en effet comprendre véritablement le refus de la pensée systémique à considérer le passé comme le référent privilégié à partir duquel pourraient s'éclairer, sinon se guérir, certaines pathologies actuelles en le ramenant à de strictes raisons épistémologiques. Bien sûr, il y a là le refus d'une certaine mode et d'un certain modèle de pensée! Car, comme le souligne Bowen, «tous les professionnels de la santé mentale sont familiers des explications sur le pourquoi. Depuis que l'homme est devenu un être pensant, les recherches sur les raisons du pourquoi font partie de son mode de pensée par cause et effet».

Mais on ne saurait masquer pourtant l'importance des exigences méthodologiques. Car, «une fois que les chercheurs ont commencé à demander pourquoi, ils sont affrontés à une multitude de variables»; bien au contraire la pensée systémique réduit considérablement les risques de confusion, «la pensée selon les systèmes se centre sur ce qui se passe, comment, quand et où cela arrive, pour autant que des observations puissent être faites sur la base de faits observables»[48]. Watzlawick, qui reconnaît d'ailleurs que le comportement est «sans doute, au moins partiellement déterminé par l'expérience antérieure», met en garde contre le caractère aventureux des recherches dans le passé et souligne que, pour autant, «quand la cause d'un segment de comportement demeure obscure, questionner sa finalité peut néanmoins fournir une réponse valable»[49]. Or, interroger le «pourquoi» diffère radicalement de chercher le «pour quoi» : dans le premier cas, on ne saura jamais rien sur le statut véritable des découvertes effectuées, dans le second on ne fera jamais que ce que fait n'importe quel homme de science, c'est-à-dire émettre une hypothèse sur un réel susceptible d'être objectivement observé. La première méthodologie reste, malgré toutes ses précautions, incapable de soumettre ses explications à l'épreuve des faits et, ainsi, ne peut éviter «les raisonnements contradictoires qui en découlent»[50].

Aujoud'hui, l'«arsenal technique» des thérapies familiales systémiques (glace sans tain, observateurs extérieurs, vidéoscopie) reflète d'ailleurs bien cette méthodologie de l'observable, nécessairement portée sur l'ici-maintenant des conduites humaines, et cela d'autant plus qu'«il suffit d'examiner les rapports familiaux actuels d'un patient pour voir fonctionner ici et maintenant la constellation qui est à l'origine de ses symptômes»[51].

Et si les systémiciens ont aujourd'hui facilement recours à des hypothèses transgénérationnelles pour comprendre certaines pathologies, ils ont à leur disposition des outils tels qu'ils évitent néanmoins les supputations incontrôlables.

Ainsi le génogramme, en représentant graphiquement sur trois générations les constellations familiales ainsi que les phénomènes significatifs essentiels (prénoms et noms, dates de naissance, de mariage, de maladie, etc.), offre aux thérapeutes la possibilité de construire des hypothèses nombreuses et variées à partir de faits. L'exemple çi-dessous, emprunté à Ancelin-Schützenberger[52], montre bien quelle est son importance méthodologique; les faits étant eux mêmes vérifiables, l'interprétation des données peut ressortir quant à elle tout autant de la psychanalyse que du behaviorisme, de la psychologie humaniste que de la systémique.

Si l'exigence de la preuve requiert de travailler à partir et sur des observables, la meilleure preuve de la validité des théories reste néanmoins leur capacité à provoquer dans le réel les changements souhaités. Si Watzlawick parle des théories comme n'étant en fin de compte que des «mythologies», rejoignant par là Freud qualifiant ainsi ses propres conceptions métapsychologiques, il ajoute que «le critère, c'est l'efficacité».

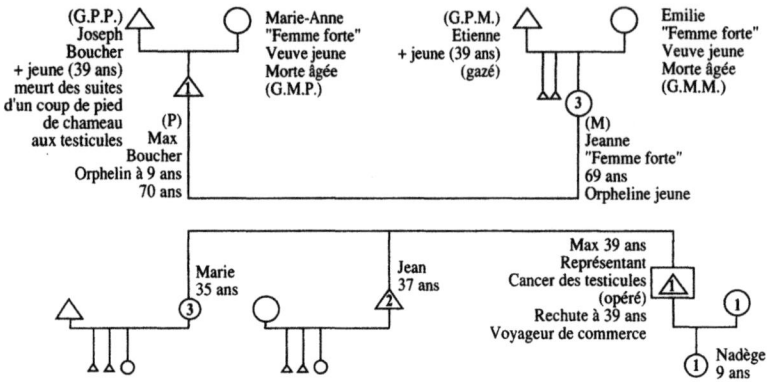

COMMENTAIRE : On pourrait dire que Max inscrit dans son corps sa maladie et son risque de mort, ses liens transgénérationnels et sa loyauté familiale : il est atteint aux testicules comme son grand-père paternel (G.P.P.) et fait une rechute avec atteinte aux poumons comme son grand-père maternel (G.P.M., gazé) et au même âge (39 ans). Il s'est fait opérer, mais refuse tous les autres traitements (chimio-thérapie, radiothérapie, médecine de terrain...) comme si ce fils et petit-fils de bouchers ne croyait qu'au couteau. Toutes les femmes de la famille sont des femmes fortes : les deux grands-mères ont été veuves jeunes. De plus, son père était orphelin de père à 9 ans et sa fille risque d'être orpheline à 9 ans, car il se considère comme perdu, et sa femme risque aussi d'être veuve jeune. Il y a comme un "script" ou scénario répétitif de mort à 39 ans pour le père avec un enfant de 9 ans. On pourrait aussi faire une glose sur ce Joseph (G.P.P.) atteint dans sa virilité et sur la répétition du nom des épouses (Marie-Anna et Anne). En lui "pointant" tout ceci, on tente de "recadrer" et changer son "script" de vie de perdant (mort jeune) en script de vie de gagnant : on peut aimer son grand-père sans mourir comme lui, au même âge.

△ fils ○ fille (P)Père (M)Mère ☐ sujet malade ▲ fils ainé ③ 3ᵉ enfant

Or la question de la « guérison » n'est pas, et de loin, celle qui pose le moins de problème à l'orientation psychanalytique. En fait foi le nombre des débats houleux mais incessants à ce propos (comme d'ailleurs à celui de la fin de l'analyse, qui lui est directement lié), mais aussi les contestations, répétées tout au long de son histoire, par les dissidents freudiens (en particulier ceux militant pour la brièveté des psychothérapies). Comme le résume en une phrase Gilliéron, « la psychanalyse s'est révélée un incomparable instrument de connaissance de l'homme, mais elle a été constamment remise en question sur le plan thérapeutique »[53]. Préoccupée d'une connaissance en quelque sorte substantielle de la réalité, (du temps même de Freud même si la tendance s'est encore renforcée depuis) la psychanalyse resterait, aux dires de certains, marquée par une problématique du savoir, bien plus que du traitement. Rien de surprenant donc que les praticiens du Centre des Thérapies Brèves de Palo-Alto ne partagent pas les idées psychanalytiques; ils refusent, disent-ils, de croire que « plus le traitement est long, et plus il est efficace » (Watzlawick).

L'exigence de l'humanisme

Les thérapies systémiques ne prétendent pas à un autre objectif que celui de soulager la souffrance. Comme l'écrivent Napier et Whitaker, « s'il est certain que se pencher sur l'inconscient fut très utile pour Freud l'homme de science (et de ce fait pour nous tous), le patient demande bien davantage »[54]. La dimension humaine des thérapies systémiques s'entrevoit, en tout premier lieu, dans cette volonté de répondre à la demande des patients, de soulager la souffrance, de guérir. Pour autant, il ne s'agit pas de sombrer dans le piège d'une attitude qui prétendrait apporter quelques « biens de salut », comme dirait Max Weber. « Les limites d'une psychothérapie responsable et humaine sont bien plus étroites qu'on le pense généralement, écrit Watzlawick. Si elle ne veut pas être la cause du mal qu'elle soigne, la thérapie doit se limiter à soulager la souffrance ; elle ne peut prendre pour objet la quête du bonheur »[55]. Le but de la psychothérapie, écrit ailleurs ce même auteur, n'est pas non plus institué « selon quelque idée platonicienne sur le sens ultime de la vie »[56].

L'approche systémique en psychologie s'honore ainsi de reconnaître les limites de l'intervention thérapeutique, de faire en sorte que les échecs soient imputables et imputées non à une quelconque faute du patient (les habituelles « résistances ») mais à une faille thérapeutique ; elle refuse les conceptualisations hermétiques et invérifiables, et l'opération de classification des patients dans une grille nosographique, fut-elle sophistiquée.

Si Freud avait contribué fortement à ruiner la conception qui faisait du normal et du pathologique deux catégories bien à part, montrant bien qu'en un certain sens les gens normaux sont avant tout des névrosés, les systémiciens disent aller plus loin. Ils dénoncent l'effet pervers de la psychanalyse qui, effaçant certes la rupture entre folie et raison, n'a pour autant que contribuer à affirmer la différence profonde entre névrose et psychose : Elle envisage pour chacune d'elles l'engagement d'instances psychiques différentes, et surtout sa technique (la cure analytique) n'est prévue et n'a de sens, en vérité, qu'en ce qui concerne les névroses. Bowen affirme qu'il croit personnellement que « tous ceux qui font l'hypothèse d'une différence entre la schizophrénie, les névrosés et le normal s'appuient sur la théorie psychanalytique, sans être plus précisément conscients de cela »[57]. Il ne s'agit pas seulement, on s'en doute, de questions théoriques ; cet effacement des différences va de pair avec des options méthodologiques et techniques : il ne s'agit plus, pour les systémiciens, seulement d'« accompagner la psychose » mais de la soigner[58].

On pourrait dire ainsi sans crainte de se tromper que la dimension humaine des courants systémiques tient directement, outre au caractère pragmatique des approches qu'ils promeuvent et à l'efficacité constatée de leurs pratiques, au souci fondamental qui est le leur de suivre les normes austères de toute activité véritablement scientifique.

D'un autre côté, même s'il est vrai que sont nombreux, parmi les thérapeutes systémiciens, ceux qui comme Watzlawick excluent de faire autre chose que de répondre de manière pragmatique à la souffrance des individus, il reste que certains donnent pour finalité au travail thérapeutique de permettre à l'individu de «croître», de devenir plus «responsables», plus «authentiques»[59]. On peut affirmer alors qu'il y a là convergence étroite entre cette approche systémique et certains courants de la psychologie humaniste, ceux du Potentiel Humain par exemple.

Enfin, et c'est singulièrement plus important, on ne saurait appréhender la question de l'humanisme (ou de l'humanité?) de cette orientation systémique en psychologie sans tenir compte du fait que ce qui se joue à l'intérieur du domaine de la psychologie (sociale) clinique s'imprègne des prétentions de l'approche-système dans son acception la plus large à constituer cette véritable *révolution culturelle* dont on a souligné précédemment les prétentions à supprimer la dichotomie entre le cœur et la raison, entre la science et l'homme, etc. En quelque sorte, pour peu qu'elles soient suffisamment scientifiques, c'est-à-dire en accord avec l'épistémologie actuelle prônant la nécessité de théorie ouvertes (aux autres sciences, à une possibilité de falsifiabilité grâce à l'exigence de la preuve, etc..), pour peu qu'elles ne constituent ni un scientisme borné ni un jargon métaphysique, les approches systémiques ne sauraient *ipso facto* qu'être humaines!

Or c'est bien évidemment là leur prétention et c'est certainement là dessus qu'elles se séparent de manière assez nette, sinon inconditionnellement, de toute approche de type psychanalytique.

Les systémiciens : post-freudiens et anti-freudiens

Situer pourtant l'affrontement entre la psychanalyse et l'approche systémique à ce seul niveau nous condamnerait à manquer l'un des aspects les plus essentiels des controverses actuelles.

Car ce qu'écrit Bertalanffy à propos de la nouvelle orientation donnée à la psychologie par la perspective systémique n'est pas, loin s'en faut, ce qu'écrivent les systémiciens en lui faisant, outre des références, des révérences. C'est en effet sur de toutes autres bases que celles prônées par le théoricien des systèmes que se sont établies certaines des approches systémiques parmi les plus influentes en psychologie clinique et les plus virulentes à l'égard de la psychanalyse. Bon nombre d'entre elles reposent sur une position épistémologique tellement éloignée de celle défendue par Bertalaffy que certains systémiciens en arrivent à ne plus pouvoir comprendre le sens des affirmations qui étaient les plus importantes pour le «père» de la théorie générale des systèmes. C'est tellement vrai que ce sont maintenant les psychanalystes, accusés par Bertalanffy de contrôler l'homme et d'en donner une image sclérosante, qui viennent reprendre le discours que celui ci tenait à leur encontre voici quelques décennies!

Rappelons que, pour le biologiste, le refus de ce qu'il nomme le «modèle S-R psychanalytique» équivaut au rejet de toute approche qui fait de l'homme un être inachevé, condamné à se structurer de l'extérieur de lui-même. Il s'agit d'une révolte tant contre des théories réductrices que contre les pratiques sociales qui s'y fondent. Pour le théoricien des systèmes, le souci humaniste passe par celui d'une «éthique scientifique», qui, développant des théories humaines fondées sur une «éthique individuelle», se donne pour objectif de résister à la dissolution de l'individualité dans l'organisation machinique ou sociale. «Les valeurs de l'humanité, écrit-il avec ferveur, ne sont pas celles qu'elle partage avec des entités biologiques, les fonctions d'un organisme ou une communauté d'animaux, mais celles qui sont issues de l'esprit individuel. La société humaine n'est pas une communauté de fourmis ou de termites gouvernée par un instinct héréditaire et contrôlée par des lois d'un tout super-ordonné; elle est fondée sur l'achèvement de l'individu et elle est perdue si l'individu n'est plus qu'un rouage de la machine sociale. (...) Le Léviathan de l'organisation ne peut avaler l'individu sans sceller du même coup sa perte inévitable»[60]. Pour le théoricien des systèmes, il s'agit là de lutter contre la résorption de l'unicité au profit de la conformité, de l'individuel au profit de l'organisation.

Or, quelles sont les principales critiques qu'adressent les psychanalystes aux thérapies systémiques[61]? Brodeur écrit à propos des thérapeutes familiaux systémiciens : «ne faut-il pas vérifier si de tels thérapeutes ne produisent pas souvent, par leur méthodes, un conditionnement de la famille à fonctionner aussi parfaitement qu'une machine bien rôdée?»[62] Ou bien encore cette remarque tout aussi acide de Leclerc : «ainsi le systémisme est une forme d'évacuation de l'être humain en tant qu'être incarné»[63]. On le voit, ceux là même (les psychanalystes) qui étaient accusés par Bertalanffy voici quelques décennies de réduire l'être humain à une dimension purement mécaniste, jettent aujourd'hui à la face des systémiciens qui disent perpétuer sa pensée les mêmes critiques acerbes : la systémique ne serait qu'un pur behaviorisme, réduisant l'homme à l'état de simple machine.

Comment comprendre tout cela? L'affaire n'est pas simple, on s'en doute. Même si les théories systémiques contemporaines s'inscrivent dans un certain cheminement bertalanffyen (contre la psychanalyse, pour une démarche scientifique et pour un certain humanisme), il n'en reste pas moins vrai :

1) que certaines ont renié l'essentiel de sa philosophie des systèmes et que ce sont celles là qui à l'heure actuelle tendent à passer pour hégémoniques, s'auto-proclamant dès lors révolutionnaires et légiférant sur les critères requis pour être ou non «systémique» (modèle de Palo-Alto).

2) que, partant, d'autres se trouvent ainsi reléguées dans un ailleurs où ni les psychanalystes ni les systémiciens ne veulent les voir autrement qu'en termes d'opprobre et de déni (modèle de l'Analyse Transactionnelle).

Car, en fin de compte, la compréhension des controverses et débats à propos des différentes approches systémiques passe par une clarification essentielle; celle-ci débute par le repérage de deux lignes de recherche divergentes au sein de cette même perspective systémique trop souvent appréhendée comme unifiée, sinon unifiante.

La première, prônée par ceux qui veulent dépasser les limites imposées par les élaborations conceptuelles freudiennes, souhaite à la fois contourner les difficultés imposées par la méthodologie psychanalytique et modifier certains postulats épistémologiques, sans pour autant rejeter l'enseignement freudien, ni dans ses hypothèses les plus hardies, ni dans la portée révolutionnaire de celles-ci. Cette ligne de recherche poursuit dès le début un objectif pratique, celui de la thérapie et de la guérison. Elle correspond aux travaux menés, dans le sillage freudien, par des «psychanalystes» comme Ackermann, Bowen, Boszormenyi-Magy, Toman et, en une moindre mesure par des spécialistes comme Satir[64] qui restent attachés à la dimension irréductible de la personne humaine.

Post-freudiens, ils cherchent à éviter et dépasser le caractère peu certain des thèses psychanalytiques. Bowen, malgré ses critiques face aux dogmes analytiques et malgré l'attitude quelque peu dédaigneuse des freudiens orthodoxes à son égard, continue à soutenir la thèse que la psychanalyse «comporte un savoir suffisamment nouveau pour faire partie des sciences.» Quoiqu'«un certain nombre d'innovations fascinantes se sont produites dans les concepts» de la clinique, il affirme que c'est «en gardant encore de la psychanalyse une grande partie de ce qui lui est fondamental». Toman, lui même de formation analytique et psychothérapeute systémicien, développe en 1961 une théorie des «constellations familiales» à partir d'études menées sur «les types fondamentaux de relations préférentielles entre frères et sœurs, membres d'une même famille, entre conjoints et entre parents et enfants»[65]. Il montre ainsi de quelle manière la personnalité du sujet s'est construite dans les multiples expériences de la vie familiale, dégageant ainsi des régularités manifestes dans l'édification de l'identité du sujet[66]. Pour cela, il se réfère directement à Freud, Adler et Jung; ses élaborations semblent, pour une part d'entre elles, une «opérationnalisation» de celles fournies par la psychanalyse orthodoxe. Mais, et c'est ce qui importe, sa méthode reste celle des sciences de la nature (résultats validés sur des milliers de sujets, vérifications statistiques, etc.), ce qui lui permet de rapprocher ses thèses tout autant de celles des éthologistes (Lorenz, Tinbergen) que de celles des mathématiciens (Von Neumann, Morgenstern)! Quant à Bowen, il reste très proche des perspectives freudiennes; s'il privilégie l'histoire de la famille, c'est uniquement parce que la prise en compte de celle-ci permet le progrès du sujet, et il insiste sur la progressive différenciation du «soi» à partir de la «masse indifférenciée de l'ego familial»[67].

En fin de compte, cette première ligne de recherche, malgré ses critiques et divergences face à la psychanalyse, reste centrée comme celle ci sur l'individu en tant que sujet de sa propre expérience, en tant que point de départ et aboutissement de toute réflexion et pratique psychothérapique. Il s'agit là de psychologies (sociales cliniques le plus souvent), qui choisissent de comprendre le sens des conduites individuelles en resituant d'emblée la dimension groupale et sociale du sujet.

La deuxième ligne de recherche systémique est défendue par des chercheurs préoccupés par d'autres «objets scientifiques» que ceux qu'explore et interroge la psychanalyse : cette orientation n'a pas à l'origine de visée thérapeutique, elle est surtout intéressée par la description et l'explication du fonctionnement social en son ensemble. Ce qui n'empêche pas les théories qui s'y inscrivent d'interroger la validité des hypothèses freudiennes, et parfois même de réfuter la technique de la cure, mettant en œuvre d'autres dispositifs thérapeutiques. En fait, il s'agit là d'une perspective plutôt sociologique : l'individu n'est ni le point de départ, ni même le point d'arrivée de ces élaborations théoriques.

A l'évidence, la préoccupation psychothérapique est largement absente, au départ tout au moins. Les représentants d'une sociologie formelle s'intéressent aux formes d'interaction entre les êtres; à la suite de

Simmel qui, postulant que ces formes sont les « principes structurels » de la réalité sociale, va étudier les relations de subordination, les relations conflictuelles, etc., Caplow s'intéresse par exemple aux phénomènes de coalition dans les triades ; selon lui, ces dernières représentent les premières formes d'interaction sociale, par essence triangulaire et non linéaire. Si, comme Bowen (qui a développé, quant à lui, une « théorie des triangles ») et comme Toman (dont la conceptualisation emprunte beaucoup à celle du « triangle œdipien »), Caplow en vient à discuter l'originalité et la validité de l'approche freudienne, il ne rejoint pas leurs positions à l'égard de la psychanalyse. A l'inverse de ces derniers, il en réfute l'intérêt et la véracité. Ainsi : «(...) à moins que les preuves à l'appui des théories psychanalytiques soient dispensées d'obéir à la logique de la preuve scientifique ordinaire, nous sommes obligés de conclure que Freud s'est trompé et que les coalitions mère-fils et père-fille observées par lui ne représentent rien de plus qu'une coutume locale »[68].

C'est que pour les tenants de cette seconde ligne de recherche, la psychanalyse souffre de tous les maux, elle n'a jamais été, ni ne sera jamais, « scientifique » ; elle est par ailleurs une sorte de « dinausore théorique » (Watzlawick) dont l'épistémologie date du siècle dernier ; inefficace dans ses pratiques, elle est condamnée *de facto* à disparaître, etc. Est-ce utile de reprendre ici le chapelet de critiques qu'a rassemblé Guntern tant à l'égard du groupe des psychanalystes que de la conceptualisation freudienne du psychisme, tant à l'égard de la pratique analytique que des thèses anthropologiques de Freud[69] ?

C'est dans cette seconde ligne de recherche qu'il convient de situer les élaborations théoriques des chercheurs du groupe (ou de l'Ecole) de Palo-Alto. Partageant avec les autres auteurs de ce courant les critiques acérées de l'œuvre freudienne, ils en blâment plus radicalement encore les fondements épistémologiques et la démarche méthodologique. L'individu, le sujet ne représente rien de bien essentiel, il est tout juste considéré comme un des « éléments du système ». L'individu, et surtout ce qui fait son monde intérieur, ne saurait être la pierre angulaire de cette conceptualisation fortement imprégnée de l'idée que c'est l'interaction (la communication) qui doit être considérée comme « objet d'étude » privilégié et en même temps fournir le seul véritable socle épistémologique approprié. Quant au systémicien Goutal, il semble reprocher à Bertalanffy lui-même de n'avoir su rester systémicien jusqu'au bout, mettant en cause ce qui justement figurait comme la base même de cette « ré-orientation » de la psychologie que le biologiste appelait de ses vœux : « on ne peut manquer, écrit-il, d'être frappé par l'aspect malgré tout paradoxal de la démarche qui, partant d'une théorie qui se veut extensive, globalisante, circulaire — et qui pourrait aboutir à cette civilisation de masse par ailleurs dénoncée — aboutit à défendre une éthique individuelle du sujet qui semblait pourtant être l'antithèse du "système"»[70].

Or, c'est bien à l'intérieur de cette seconde ligne de recherche que s'est répandue, bien plus qu'ailleurs, l'idée du caractère absolument révolutionnaire de l'approche systémique qui jetterait aux poubelles de l'histoire les «découvertes» apportées par la psychanalyse. C'est bien ici que les affirmations sont les plus provocantes, les plus audacieuses, sinon les plus prétentieuses.

Pourtant, si une certaine approche systémique peut se prévaloir, suivant en cela les exhortations de Bertalanffy, d'être au delà des limites tant du behaviorisme que de la psychanalyse, elle ne le fait ni pour les mêmes raisons, ni avec les mêmes enjeux! Si Bertalanffy s'engageait dans une défense de l'esprit individuel contre le système, les systémiciens dont il est ici question ne voient eux que jargon métaphysique dans toute référence à une quelconque «subjectivité» et «inter-subjectivité».

Nous avions précédemment souligné les différents niveaux d'ambiguïtés de l'approche systémique et tenté de montrer de quelle manière les risques sont grands pour elle de glisser vers des modèles plus ou moins idéologiques. Il convient maintenant de développer notre analyse au regard de ces modèles eux-mêmes.

NOTES

[1] GUNTERN G., « La révolution copernicienne en psychothérapie : le tournant du paradigme psychanalytique au paradigme systémique » in *Thérapie Familiale*, Genève, 1982, vol. 3, n° 3, pp. 21-64.

[2] FREUD S., « Une difficulté de la psychanalyse » in *Essais de psychanalyse appliquée*, Paris, Gallimard, pp. 137-147. Il s'agit de ces lignes célèbres où Freud, en 1917, reconnaît les humiliations apportées au narcissisme humain par le développement des sciences : Copernic réfute que le monde a la terre pour centre, Darwin récuse une autre filiation qu'animale, et lui-même Freud nie la faculté au Moi d'être le maître en sa propre maison !

[3] DURAND G., *La systémique, op. cit.*, p. 33. En ce qui concerne Ancelin-Schützenberger A. cf., *Vocabulaire des sciences humaines*, Paris, EPI, 1981, p. 93.

[4] GOUTAL M., *Du fantasme au système, op. cit.*, p. 50.

[5] SELVINI M., *Mara Selvini Palazzoli. Histoire d'une recherche, op.cit.*, p. 27, note 14.

[6] BOWEN M., *La différenciation du soi*, Paris, ESF, 1984, p. 66.

[7] WATZLAWICK P.; HELMICK-BEAVIN J. & JACKSON D., *Une logique de la communication, op. cit.*, p. 118.

[8] GILLIERON E., *Aux confins de la psychanalyse, op.cit.*, pp. 214-241.

[9] HALEY J., « L'art de la psychanalyse » in *Tacticiens du pouvoir*, Paris, E.S.F., 1984.

[10] COSNIER J., Exposé au Congrès International de Psychologie, Paris 1976, cf. par ailleurs son ouvrage *Nouvelles clefs pour la psychologie*, Lyon, PUF, 1981.

[11] ou la « hauteur » s'il s'agit avec le lacanisme de travailler l'« ordre symbolique » !

[12] GOUTAL M., *Du fantasme au système, op. cit.*, p. 26.

[13] GOUTAL M., *Du fantasme au système, op. cit.*, p. 33.

[14] PERRON R., *Genèse de la personne*, Paris, PUF, 1985, p. 120.

[15] Car la richesse d'une pensée, c'est de témoigner en elle-même de la causalité lorsque celle ci existe dans le réel et de la refuser si elle ne correspond à rien ; ce n'est évidemment pas d'être ou pas conforme à un référent abstrait, quel qu'il soit.

[16] CHALTIEL P., « Analyse, lyse et catalyse » in Pratique, théorie de la pratique. *Revue du CEFA*, Paris, 1982, pp. 28-41.

[17] BRODEUR C., « Pour une thérapie familiale psychanalytique » in *Bulletin de psychologie*, Tome XXXVII, n° 363, pp. 21-27.

[18] GOUTAL M., *Du fantasme au système, op. cit.*, p. 26.

[19] FREUD S., *Malaise dans la civilisation*, Paris, PUF, 1971, pp. 105-106.

[20] *ibid.*, p. 100.

[21] *ibid.*, p. 107.

[22] BERTALANFFY L. von., *Des robots, des esprits et des hommes, op. cit.*, p. 106.

[23] CAILLE Ph., « Affrontements de modèles » in Analogies, *revue CEFA, op. cit.*, pp. 53-65.

[24] ROCHAT F., « Changement et discontinuité : l'apport de R. Thom » in *Thérapie familiale*, Genève, 1982, vol. 3, n° 4, pp. 335-340.

[25] CAUFFMAN L. & IGODT P., « Quelques développements récents dans la théorie des systèmes : la contribution de Maturama et de Varela » in *Thérapie Familiale*, Genève, 1984, vol. 5, n° 3, pp. 211-225.

[26] CASSIERS L., « Thérapie familiale, bilan et prospectives » in *Thérapie Familiale*, Genève, 1985, vol. 61, n° 1, pp. 1-31.

[27] in Prigogine I, GUATTARI F. & ELKAIM M., « Ouvertures » *Cahiers critiques de thérapie familiale et de pratiques de réseaux*, 1982, n° 3, pp. 7-17.

[28] *ibid*.

[29] On trouvera une analyse controversée de cette question dans le débat entre BRESSON, ZAZZO, MARTINET et LEFEBVRE lors des journées d'étude du 22 au 28 février 1968 consacré

au thème «Les structures et les hommes» et publié in *Structuralisme et marxisme*, UGE Ed, 1970, pp. 85-137.

[30] TRIPIER P. & CASELLA Ph. *Qualification sociale et qualification professionnelle* (dans l'artisanat du batiment). Ministère de l'urbanisme et du logement, Avril 1985.

[31] BERTALANFFY L. von, *Des robots, des esprits et des hommes*, *op. cit.*, p. 33.

[32] On se limitera volontairement dans notre présentation des idées de BERTALANFFY, qui sont aujourd'hui relativement banales, même si elles restent actuelles et dérangeantes. Le lecteur trouvera les analyses de ce biologiste dans l'un ou l'autre des deux ouvrages principaux de cet auteur et que nous avons nous même consulté ici.

[33] *ibid.*, p. 28 & 33.

[34] BERTALANFFY L. von, *Théorie Générale des systèmes*, *op. cit.*, p. 94.

[35] *ibid.*, p. 211.

[36] BERTALANFFY L. von, *Des robots, des esprits et des hommes*, *op. cit.*, p. 33.

[37] ALLPORT G., *Structure et développement de la personnalité*, Neuchatel, Delachaux & Niestlé, 1970, p. 494.

[38] BERTALANFFY L. von, *Des robots, des esprits et des hommes*, *op. cit.*, p. 23.

[39] LE NY J.-F. «Psychologie cognitive et psychologie de l'affectivité» in *Psychologie de demain*, *op. cit.*, p. 116.

[40] BOWEN M., *La différenciation du soi*, *op. cit.*, p. 14.

[41] WATZLAWICK P., *Transfert et thérapie systémique*, *op. cit.*, p. 39.

[42] BOWEN M., *La différenciation du soi*, Paris, ESF, 1984, p. 58.

[43] *ibid.*, p. 42-43.

[44] BERTALANFFY L. von, *Des robots, des esprits et des hommes*, *op. cit.*, p. 23.

[45] BOWEN M., *La différenciation du soi*, *op. cit.*, p. 61.

[46] *ibid.*, p. 67.. et sq.

[47] WATZLAWICK P., «Interview» par C. WILDER in *La nouvelle communication*, *op. cit.*, pp. 318-332.

[48] BOWEN M., *La différenciation du soi*, *op. cit.*, p. 67.

[49] WATZLAWICK P., HELMICK-BEAVIN J. & JACKSON D., *Une logique de la communication*, Paris, Seuil, 1978, p. 41.

[50] BOWEN M., *La différenciation du soi*, *op. cit.*, p. 67.

[51] WATZLAWICK P. & al. *op. cit.*, p. 52.

[52] ANCELIN-SCHÜTZENBERGER A., *Vouloir guérir*, Paris, Erès, 1985, p. 115. Le commentaire est de l'auteur A. A-S.

[53] GILLIERON E., Aux confins de la psychanalyse, *op. cit.*, p. 64. Il ne s'agit pas ici d'un systémicien mais le mouvement des thérapies brêves (même psychanalytiques) est envers ces questions fort proche des systémiciens. En 1967, Watzlawick fonde à Palo-Alto, avec d'autres, le Brief Therapy Center.

[54] NAPIER A. & WHITAKER C., *Le creuset familial*, Paris, Laffont, 1979, p. 66.

[55] WATZLAWICK P. & al., *Changements, paradoxes et psychothérapie*, Paris, Seuil, 1975, p. 77.

[56] *ibid.*, p. 175.

[57] BOWEN M., dans le même ouvrage précise que l'«échelle de différenciation du soi» est un «concept théorique (qui) permet en effet d'éliminer les barrières entre la schizophrénie, la névrose et le normal, transcende les catégories telles que le génie, la classe sociale et les différences culturelles et ethniques», *op.cit.*, p. 73.

[58] A. RUFFIOT ne soulignait-il pas encore récemment le pessimisme et le désenchantement de ces psychanalystes qui face aux difficultés du traitement de la psychose, en viennent à ne plus parler que de l'«accompagnement du psychotique» et non de sa «guérison»? in «La thérapie familiale psychanalytique : un traitement efficace du terrain psychotique», *Bulletin de psychologie*, Tome XXXII, n° 360, pp. 677-683.

[59] Bowen M., *La différenciation du soi, op. cit.*, p. 73.
[60] Bertalanffy L. von., *Théorie Générale des Systèmes, op. cit.*, p. 51.
[61] Ne parlons pas ici des critiques auto-défensives (l'argument qui consiste à souligner que les thérapies systémiques ne valent rien parce qu'elles ne prennent pas en compte l'inconscient est évidemment fallacieux puisqu'il se réduit à réclamer que l'autre soit identique à soi), mais seulement de celles qui visent au delà.
[62] Brodeur C., «Peut-on éviter de passer par l'inconscient?» in *Thérapie Familiale*, Genève, 1980, vol. 1, n° 2; pp. 109-116.
[63] Leclerc M., «Nazisme, systémisme et manque institutionnel» in *L'intendant*, n° 11, *op. cit.*, pp. 113-132.
[64] Nous n'évoquons pas ici l'approche transactionnelle d'E. Berne, à laquelle nous consacrerons justement un chapitre entier. En outre, cette approche est jusqu'ici insuffisamment reconnue dans ses aspects systémiques.
[65] Toman W., *Constellations fraternelles et structures familiales. Leurs effets sur la personnalité et le développement*, (préface de M. Bowen!) Paris, ESF, 1987, p. 13.
[66] Ainsi, l'auteur montre par exemple que «la sœur cadette d'un frère a tendance à devenir particulièrement féminine. Elle apprend aussi à admirer son frère, accepter non seulement sa protection et ses soins mais aussi sa tutelle. Elle semble savoir qu'il l'aime et qu'elle peut compter sur lui (...)», *op. cit.*, p. 31.
[67] Bowen M., *La différenciation du soi, op. cit.*, p. 71.
[68] Caplow T., *Deux contre un. Les coalitions dans les triades*, Paris, ESF, 1984, p. 97.
[69] Guntern G., «la révolution copernicienne en psychothérapie : le tournant du paradigme psychanalytique au paradigme systémique» in *Thérapie familiale, op. cit.*
[70] Goutal M., *Du fantasme au système, op. cit.*, p. 83.

Chapitre 3
Palo-alto ou le déterminisme du système

Les théories de la communication développées par l'Ecole de Palo-Alto, l'épistémologie qui les fonde et les soutient sont au cœur même des controverses actuelles en psychologie clinique. C'est qu'elles soulèvent directement la question des déterminants sociaux de la maladie mentale, en réfutant d'un même élan tout intérêt à la conceptualisation et à la pratique freudienne et toute pertinence à l'approche behavioriste.

Mais, plutôt que présenter ces approches, il s'agit ici de repérer ce qui les conduit à glisser insidieusement vers des prises de position qui n'ont plus grand chose à voir avec la problématique systémique. Car s"il est vrai que la théorie systémique «se prête *presque par définition* à dépasser l'optique manichéiste», il n'en reste pas moins vrai qu'on assiste, comme le souligne Fadda, «à un étrange phénomène contradictoire : certains courants importants à l'intérieur du mouvement systémique sont tombés dans des positions concrètes d'absolutisme, incompatibles avec leurs propres théories»[1].

Et le courant de Palo-Alto ressort de cette contradiction[2]. Durand a peut-être raison de dire à cet égard que «sans doute le plus radical, il incarne pour les uns la tendance la plus originale et la plus représentative de la démarche systémique, (et qu') il est caricaturé par d'autres comme répandant des théories manipulatrices proches du behaviorisme»[3]. Mais cela ne suffit pas, car il importe de montrer que ce qu'il y a de plus radical est sans doute ce qui apparaît à l'analyse le plus suspect.

Si l'épistémologie de Palo-Alto s'est progressivement construite aux Etats-Unis à l'intérieur d'un paradigme interactionniste, en mettant en avant, contre l'hypothèse freudienne du déterminisme psychique, la thèse d'un déterminisme inter-personnel, on insistera sur le caractère «artificiel» de ce système de pensée, qui tire sans doute un grand crédit d'opérations épistémologiques pourtant peu fondées.

LE SAUT DE L'INDIVIDU AU SYSTÈME

Pour bien cerner les enjeux de ce travail, il convient de procèder dès maintenant à une mise en perspective des idées développées par l'Ecole de Palo-Alto. Ce n'est, en effet, ni l'histoire de cette école, ni la diversité et la richesse de ses élaborations qui nous intéresse ici. On ne présentera pas, du moins en tant que telles, ce que d'autres ont déjà fait avant nous et de façon précise, c'est-à-dire la théorie de la communication, la méthodologie du changement et la pratique thérapeutique des chercheurs et praticiens de Palo-Alto[4]. Nous travaillerons plutôt sur l'implicite de ces élaborations ainsi que sur ce qu'il en reste dans les discours de ceux qui s'en prévalent, dans les modèles qui s'y réfèrent, dans les pratiques qui s'y ancrent et s'y légitiment!

Les groupes de Palo-Alto

Un double mouvement d'explicitation, vers l'intérieur et vers l'extérieur de la pensée palo-altiste, est alors d'emblée nécessaire. Il convient de montrer d'une part comment les idées de cette Ecole s'inscrivent dans un cadre épistémique qui les dépasse et les englobe, d'autre part comment ces mêmes idées ont été elles-mêmes expurgées d'un certain nombre d'éléments.

Même si l'habitude est prise de considérer l'approche palo-altiste comme un ensemble d'élaborations conceptuelles, de principes méthodologiques et de techniques d'intervention qui se présente avec les caractéristiques d'un système cohérent, il convient de dépasser cette impression première et de repérer, à l'intérieur même de cette Ecole, l'existence de fractures, et, peut-être même, de «micro-paradigmes». L'expression d'«Ecole de Palo-Alto» est en effet quelque peu abusive; elle constitue un raccourci simplificateur qui a de plus pour désagréable fonction d'expulser du groupe des chercheurs ceux qui ne sont pas ressentis conformes à l'idéal systémique.

Plusieurs groupes de chercheurs et praticiens se sont en effet succédés à Palo-Alto, même si c'est en s'entrecroisant les uns les autres. Marc et Picard, dans leur ouvrage consacré à cette Ecole, repèrent deux grandes périodes d'activité du groupe qui correspondent l'une au groupe alors réuni autour de Bateson, l'autre au groupe qui a continué à travailler après son départ. Sans nul doute, l'influence de Bateson fut telle, (et nous insisterons d'ailleurs sur ce point ultérieurement), qu'on pourrait accepter assez aisément le type de repérage proposé, s'il ne contribuait déjà à entériner une certaine manière de situer d'emblée ce que représente l'approche systémique.

Aussi userons-nous d'un autre découpage temporel, apte à révéler d'autres figures que celles de Bateson et de Watzlawick. On peut en effet comme le fait Fontaine[5], identifier trois époques et donc trois groupements spécifiques dans la trajectoire de l'Ecole de Palo-Alto.

– de 1949 à 1962, fondé par Bateson, le groupe de Palo-Alto se définit surtout comme un lieu de recherches fondamentales. C'est durant cette période que s'établiront les principales bases théoriques d'une nouvelle conception de la « communication ».

– de 1959 à 1968 se met en place le Mental Research Institute (MRI) fondé et animé par un psychiatre, Don Jackson. Bon nombre des chercheurs du groupe précédent (en particulier Weakland, Haley, Don Jackson lui même) participeront à ce groupe qui s'enrichira de la venue de Paul Watzlawick, et de celle de Virginia Satir. En 1967, paraîtra « Une logique de la communication »[6], ouvrage de synthèse qui a contribué pour beaucoup à la diffusion des idées de Palo-Alto.

– à partir de 1967, une équipe du MRI fonde le Brief Therapy Center : Dans « Changements, Paradoxes et Psychothérapie »[7], Watzlawick, Weakland et Fish, qui ont cherché à systématiser de façon rationnelle les techniques intuitives de Milton Erikson, rendront compte des orientations générales ainsi que de la méthodologie des traitements envisagés alors. Entre la deuxième et la troisième époque, survint un grand nombre de changements : Don Jackson meurt en 1968, Jay Haley va rejoindre Minuchin à Philadelphie, Virginia Satir s'en va prendre la direction du célèbre centre d'Esalen, en Californie.

Prendre ce découpage inhabituel a le mérite de préciser un point qui ne va pourtant pas de soi : Virginia Satir, qui a effectivement travaillé à Palo-Alto, n'est pas considérée à proprement parler comme une « systémicienne ». Marc et Picard, en l'excluant de leur présentation générale de l'approche palo-altiste[8], qu'ils appuient quant à eux principalement sur Bateson, Watzlawick et Haley, ne font en fait que respecter l'usage :

on est tout au plus généralement d'accord pour reconnaître à Satir d'avoir été elle-même influencée par l'approche systémique, voire d'y avoir exercé elle-même une certaine influence.

On comprendra mieux ce fait étrange si on accepte, avec Fontaine et Foley, de considérer qu'à chaque figure principale de Palo-Alto correspond une orientation épistémologique particulière : Si tous les trois mettent l'accent sur la communication, Don Jackson insiste sur les aspects cognitifs, Jay Haley sur le rapport au pouvoir et Virginia Satir sur les sentiments. Or, en fin de compte, l'orientation de la thérapeute ne peut « cadrer » avec une certaine définition de ce que serait l'approche systémique[9]. En effet, si l'on reconnaît, de manière très « classique », l'approche systémique comme étant une orientation théorico-pratique qui met l'accent sur *le processus d'interaction et de communication entre les membres d'un système* plutôt que d'insister sur les dynamiques intrapsychiques, on présuppose dès lors que soient nettement écartées toutes références à des dimensions idiosyncrasiques. Comme le dit Goutal avec netteté, dans l'approche systémique, « point de particularités individuelles, mais un système, régi par des règles de fonctionnement sur lesquelles va porter toute l'attention »[10]. S'il est déjà bien difficile d'envisager de quelle manière il est possible de concevoir le pouvoir, ou les processus cognitifs en évitant d'avoir recours à la dimension individuelle, on peut être certains que c'est une chose absolument impossible dès lors qu'on se réfère explicitement à l'expérience émotionnelle et affective des sujets ! Aussi ne doit-on pas s'étonner du fait que, même si elle a vécu et travaillé à Palo-Alto, Virginia Satir soit le plus souvent identifiée comme extérieure au mouvement palo-altiste, voire même au courant « réellement » systémique.

Mais le développement de cette Ecole s'effectue aussi à l'intérieur d'un mouvement plus général des idées et des théories. Les chercheurs de Palo-Alto viennent d'horizons théoriques divers et variés : des anthropologues, des philosophes côtoient, non seulement des psychiatres et des psychothérapeutes, mais aussi des ingénieurs en informatique et en télécommunications. Tous s'attachent à réfléchir sur la communication, en cherchant à dépasser le réductionnisme opéré par ce que Winkin nomme le « modèle télégraphiste de la communication »[11].

Ce serait en outre une grossière erreur de réduire les recherches palo-altistes à celles menées soit par ceux qui résidèrent régulièrement, soit par ceux qui séjournèrent le temps de quelques conférences à Palo-Alto. En fait, cette ville, tout comme Philadelphie durant la même période, ne fit qu'offrir un espace privilégié de travail et de formation à tout un ensemble de chercheurs nord-américains. Il y eut à l'époque un véritable réseau entre les chercheurs, qui avait pour particularité d'être en même temps intellectuel et interpersonnel. Winkin, reprenant un concept utilisé par la sociologie des sciences, parle d'un véritable «Collège invisible» en soulignant que «les membres de ce collège ne se sont sans doute jamais réunis, sinon de façon accidentelle, au cours d'un colloque ou d'un autre. Mais chacun sait bien ce que fait l'autre bien avant que leurs travaux respectifs ne soient publiés. Lettres, coups de téléphone, visites directes ou indirectes (par l'intermédiaire d'étudiants) font circuler l'information»[12].

On ne saurait par conséquent comprendre le sens des élaborations conceptuelles produites par l'Ecole de Palo-Alto indépendamment de ce mouvement général des idées, qui amène à traverser les disciplines et à déplacer d'un lieu à l'autre tant les concepts et les méthodes que les «objets», par «bonds successifs»[13]. Néanmoins, il est aussi nécessaire de prendre en compte les courants de la psychologie et de la sociologie américaine de cette période (en particulier l'interactionnisme et le courant culturaliste (culture et personnalité); outre les auteurs déjà cités, l'influence de chercheurs comme Birdwhistell, Hall, Goffmann, Ruesch, Scheflen, G.H Mead, Linton, etc... ne fait aucun doute.

Une épistémologie de la communication

Bateson fut, de l'avis de la plupart, celui qui exerca l'influence la plus décisive sur l'orientation du groupe de Palo-Alto. Bien que cette trajectoire lui appartienne en propre, elle permet selon nous de saisir avec justesse non seulement quelques uns des ingrédients de la pensée systémique de Palo-Alto, mais encore la cohérence relative de cette dernière et ses ambiguïtés constitutives.

Il écrivit dans ses premiers travaux que «si l'on veut échapper à tout mysticisme, il faut donner à ce que l'on désigne du terme vague de psychologie sociale l'étude des réactions des individus aux réactions des autres individus»[14]. On ne saurait guère comprendre quoi que ce soit à la pathologie en continuant de l'attribuer à tel ou tel individu, plutôt qu'à un système de relations perturbées. Très proche en cela du behaviorisme d'un Watson, Bateson réfute tout intérêt au recours à des entités internes, psychologiques, inobservables pour expliquer les comportements : le comportement «fier» de l'un ne peut s'expliquer, dit-il, par référence à une quelconque «fierté», la conduite agressive de l'autre par une éventuelle «agressivité». C'est qu'«une relation n'a pas lieu à l'intérieur d'un simple individu : il est absurde de parler de «dépendance», d'«agressivité», de «fierté», etc., car de tels mots s'enracinent dans ce qui se produit entre des personnes, non dans un ceci ou cela qui se situerait à l'intérieur d'une personne»[15]. Pour l'ethnologue, comme pour le thérapeute, il s'agit «de partir non de la nature psychologique des individus, mais des systèmes dans lesquels ils s'insèrent : interactions, famille, institution, groupe, société, culture»[16].

Dans un texte assez récent[17], Bateson tente d'expliciter les prémisses théoriques que lui ont inspiré les récents progrès obtenus dans l'étude de la communication humaine; en reprenant différents courants théoriques, il dégage tout à la fois ses dettes et ses critiques à l'égard de la psychanalyse, de la Gestalthéorie, de la psychologie sociale de G.H. Mead et de l'approche thérapeutique inter-personnelle de H.S. Sullivan. C'est là, pour nous, l'occasion de préciser la spécificité de l'épistémologie sur laquelle se développera le courant palo-altiste.

De la perspective freudienne, Bateson retient certaines prémisses fondamentales qui portent sur l'idée de l'inconscient, du déterminisme psychique, des processus primaires, du transfert, des mécanismes de projection et d'identification. Mais il en recadre profondément le sens et la portée en les resituant dans sa propre perspective.

Les freudiens, écrit-il, ont eu bien raison de remettre en cause l'idée, héritée de notre tradition culturelle, que les processus mentaux sont essentiellement conscients; ce serait même, selon lui, une banalité, un véritable truisme que de reconnaître que «la plupart des processus mentaux (y compris en particulier le processus de perception lui-même) ne peuvent être contrôlés par la conscience». Mais l'explication qu'il en donne est radicalement étrangère à la psychanalyse; en effet, pour Bateson, c'est parce que les processus mentaux sont soumis à une organisation hiérarchique, chaque échelon n'ayant qu'un contrôle limité sur ce qui se passe aux échelons qui lui sont inférieurs ou supérieurs, que «l'inconscience est une nécessité de l'économie des organisations hiérarchiques». Dès lors, «ce qui est surprenant et donc requiert une explication, c'est le fait de conscience», et non plus l'«inconscient»[18]. De plus, son approche le conduit à mettre l'accent non sur la hiérarchie interne du processus mental mais sur la perception et la communication. Ainsi les questions qui intéressent Bateson sont, par exemple, les suivantes : «Quels signaux émet-on, et de quels degrés de conscience l'auteur fait-il preuve en émettant d'autres signaux sur ces signaux? Peut-il les contrôler? Peut-il s'en souvenir?» ou encore «quels signaux parviennent au récepteur et quels signaux il sait avoir reçus?».

A la théorie freudienne qui constitue tout événement comme non accidentel et comme signifiant (un rêve, un lapsus, etc.), Bateson emprunte l'idée du «déterminisme» et la généralise au domaine des processus inter-personnels. Le moindre détail d'une communication inter-personnelle, qu'il soit verbal, para-verbal ou non-verbal, conscient ou inconscient pour celui qui l'émet est dès lors signifiant et génère des effets, parce que «jouant son rôle dans la détermination du flot continu de mots et de mouvements corporels qui constitue l'échange entre personnes». Il s'agit donc de ne plus penser seulement en termes de déterminisme psychique, mais aussi en termes de «*déterminisme inter-personnel* supérieur». C'est dans le processus de communication interpersonnelle que va ainsi être reconnu ce que Freud situait d'emblée au niveau plus restreint de l'appareil psychique : Les processus primaires se trouvent contenus dans les multiples messages qu'émettent, parfois à leur insu, les personnes en communication. Comme le dit pour exemple Bateson, «nous nous attendons par exemple à ce qu'un attouchement inconscient de la robe témoigne ou résulte sans doute d'un intérêt sexuel et/ou de son refus puritain».

L'anthropologue «reprend» par ailleurs de la théorie freudienne les termes de «transfert», de «projection» et d'«identification»; ces notions renvoient pour lui à des «principes» sans doute inconscients dans leur façon d'opérer. Une personne qui «transfère» actualise avec autrui une manière de communiquer qu'elle a préalablement acquise avec un partenaire (réel ou fictif), présumant que son interlocuteur actuel «ressemble psychologiquement» à ce dernier. Si le transfert fait toujours intervenir une troisième personne, la projection opère sans avoir recours à ce tiers : ainsi, «quand A «projette» sur B, il postule simplement que les signaux de B doivent être interprétés comme A les interpréterait s'il les avait lui-même émis». Enfin, on dira «que A s'identifie à B lorsqu'il se met à modeler ses propres actes significatifs en fonction de ce qu'il pense être les principes de codage de B».

De la psychologie de la forme, Bateson déclare retenir une prémisse très importante, «celle qui veut que l'expérience soit *ponctuée*». Cette idée est liée à une autre qui postule qu'«il n'arrive jamais que rien n'arrive». C'est que l'individu ne ressent pas l'existence d'un continuum sensoriel, mais en a plutôt une expérience morcelée dont la signification dépend étroitement de sa façon d'utiliser des signaux qui ne sont pas présents mais qui relèvent d'une unité plus globale, le contexte. Cela conduit le chercheur à retarder le plus possible le moment où il se pose la question de la signification de certains signaux, cherchant plutôt à savoir si la signification de ces signaux se trouverait modifiée par un changement apporté à la séquence des signaux ou au contexte. C'est toujours en replaçant le signal dans le contexte de l'ensemble des autres signaux que le chercheur peut tenir une méthodologie rigoureuse.

Enfin, c'est à Mead et à Sullivan que Bateson reconnaît devoir le fait d'être passé d'une simple description des signaux émis par une personne en présence d'une autre à une analyse de l'« agrégat supérieur » que forme ce qui se passe entre l'un et l'autre. C'est sans doute ce qui permit une rupture essentielle par rapport aux autres approches, un « saut » de l'individu au système. Car, comme le dit Bateson, « à ce point, notre concept de la communication devient *inter-actionnel* ».

On a là en fin de compte les prémisses essentielles de l'épistémologie de Palo-Alto, et on les trouvera pour la plupart « retranscrites » sous forme d'axiomes de la communication [19], dans le livre que les membres du groupe firent paraître, en 1967 après le départ de Bateson. Mais en définitive, Bateson fait plus que de reprendre les idées essentielles des uns et des autres, plus même que seulement les « généraliser »; en les replaçant d'emblée dans un contexte plus large, celui du « système », il modifie profondément le sens de chacun de ses emprunts. Dès lors,

1) c'est la situation de communication (contexte inter-personnel supérieur) qui donne le sens à l'échange et non les intentions des acteurs, l'économie de leurs pulsions, etc.

2) les phénomènes observés et étudiés sont le plus souvent constitués par apprentissage et conditionnement. Puisque l'inconscience (et non l'inconscient!) est une caractéristique normale des systèmes hiérarchiques, c'est sur le fonctionnement cognitif que va s'appuyer l'épistémologie et les analyses menées dans ce cadre;

3) la déformation des messages est produite par une divergence sur les postulats qui régissent la production et la compréhension des messages (c'est-à-dire sur les règles de codage explicites ou implicites), par des distorsions donc dans les processus d'apprentissage. Pour Bateson par exemple, la névrose est une pathologie des contenus d'apprentissage tandis que la psychose traduit une pathologie de l'appareil d'apprentissage lui-même. Pour Scheflen, « l'apprentissage défectueux peut se situer dans le comportement, dans la manière de l'accomplir, ou dans les méta-énoncés dont il est l'objet ». Puisqu'il peut y avoir « anormalité » dans l'attitude sans qu'elle existe dans le comportement (ou vice et versa) il indique que l'« inconscient pourrait être défini de façon opératoire comme la divergence entre le comportement effectif et les métaconceptions portant sur le comportement »[20].

Une méthodologie de l'observable

Les systémiciens de Palo-Alto reconnaissent, et à maintes reprises, ce que doivent leurs travaux au point de vue *méthodologique* développé par Bateson. Watzlawick souligne que c'est ce dernier qui leur permit d'approcher les «systèmes humains familiaux à la manière d'un anthropologue découvrant une culture étrangère»[21]. Mais cette remarque ne prend son sens que si on situe bien la méthodologie de l'anthropologue Bateson : elle est résolument plus proche de celle du biologiste que de celle du philosophe. C'est avant tout une méthodologie de l'observation des comportements, des observables. Watzlawick souligne d'ailleurs que «la recherche des règles dans l'étude de l'interaction s'apparente à la méthode du biologiste étudiant les gènes»[22].

Bateson, préoccupé de la précision des données recueillies sur le terrain, renouvela en effet les procédures classiques de la méthodologie de terrain. Habituellement, l'anthropologue observe les gens qu'il côtoie dans leur vécu quotidien, partageant plus ou moins leurs conditions de vie et s'entretenant régulièrement avec eux sur des sujets les plus divers. Bateson fut, quant à lui, l'un des premiers à utiliser de manière systématique les outils photographiques et vidéographiques[23] : Loin de ne s'en servir que pour seulement illustrer ses analyses, il les constituera comme de véritables outils permettant de voir ce qui se passe réellement dans l'interaction. Une fois constitués, les enregistrements permettent de travailler selon les exigences de la démarche expérimentale. Avec la possibilité de répéter plusieurs fois la «lecture» de leurs «données», il devient facile d'identifier des séquences de comportements qui peuvent se situer à des niveaux différents d'organisation, de «gestalten» (depuis des micro-comportements jusqu'aux séquences globales). Bien plus, la recherche peut dès lors prétendre vérifier concrètement les hypothèses émises, contrôler l'intuition en recourant de manière systématique à des observables que l'outil vidéographique rend perpétuellement disponibles.

Ainsi se trouvent rejetés, et de façon radicale, l'intérêt, voire même la légitimité de tout recours aux méthodes introspectives; ni les sujets, ni les informateurs, ni même les observateurs impliqués sur le terrain ne peuvent décrire avec suffisamment de précision et de rigueur les comportements que génère l'interaction. Si les relations humaines ont pour caractéristique d'être à chaque fois nouvelles par les dimensions qu'elles engagent de la personne, les chercheurs de Palo-Alto se concentrent, eux, sur des interactions redondantes. C'est à partir de l'observation de ces redondances dans les interactions que le chercheur (ou le praticien) forgera des inférences qui lui permettront de saisir le sens des comportements.

Parmi les exemples souvent choisis par les systémiciens pour expliquer leur cadre épistémologique, ou pour expliciter leur méthodologie, il est souvent fait mention de jeux sociaux : jeux d'échecs ou jeu de bridge, jeu de foot ou de basket. Birdwhistell enseigne, par exemple, la méthodologie de l'observation à ses étudiants en leur montrant un match de basket : « s'ils ne savent pas où est le ballon sans le regarder, ils ne sont pas à l'intérieur du système. S'ils suivent des joueurs individuels, en tâchant même de deviner leurs intentions et leurs buts, ils verront le ballon, mais non la trajectoire. Ils oublieront que la description d'un événement doit se faire selon les termes de la texture dans laquelle il a été tissé »[24]. Quant à Watzlawick, il invoque le cas d'un observateur qui chercherait à comprendre les règles du jeu d'échecs sans interroger qui que ce soit; seule l'observation suffit, dit-il[25].

La thérapie ressort, elle aussi, de la même problématique. Ainsi, pour Selvini qui veut expliquer l'intérêt d'avoir des observateurs extérieurs à la séance thérapeutique (derrière la glace sans tain), les co-thérapeutes étant « extérieurs » : « ils sont moins facilement emportés par le jeu, ils ont une vue d'ensemble. Comme dans un match de foot-ball observé du haut des gradins, les erreurs, les dangers, les stratégies des adversaires sont plus visibles par les spectateurs que par les joueurs sur le terrain »[26].

LES AVANCÉES CRITIQUES DANS LE CONTEXTE DE LA THÉRAPIE

Que ces orientations systémiques revendiquent avec vigueur leur originalité ne saurait dès lors étonner. Elles prétendent en effet que l'épistémologie sur laquelle elles sont fondées s'avère tellement singulière et révolutionnaire qu'elle ne permet aucun rapprochement avec un modèle thérapeutique qui ne s'y réfère pas explicitement. Qu'elles qu'elles soient en effet, toutes les autres approches se limitent à mettre l'accent sur des processus strictement individuels, négligeant de ce fait tout ce qui relève du « déterminisme inter-personnel », qui est pourtant d'un niveau « supérieur ». Aussi les praticiens palo-altistes affirment que leur démarche est profondément incompatible tant avec la psychanalyse qu'avec le behaviorisme[27]!

Par rapport à la psychanalyse

Watzlawick, pour situer l'écart entre son approche et celle des psychanalystes, prend un exemple concret. Un homme et une femme, qui n'attribuent pas les mêmes significations au fait d'«être intime avec l'autre» se trouvent tous les deux prisonniers d'un «jeu sans fin» : chaque fois qu'elle lui demande des informations concernant la définition de la relation qui les unit (quels sont ses sentiments, ses attentes, etc.) le mari ressent ces demandes comme indiscrètes et, cherchant à s'en mettre à l'abri, se met en retrait. Aussi, «plus elle cherche de l'information manquante, moins il risque de lui en donner, et plus il se retire et la tient à distance, plus elle fait des efforts pour rétablir le contact»[28]. Prise dans ce modèle d'interaction, l'épouse peut être amenée à consulter un spécialiste, son comportement de «jalousie normale» prenant peu à peu les formes d'un symptôme dont les critères font penser à une «jalousie pathologique».

Le thérapeute devra alors choisir, selon Watzlawick, entre deux méthodes de traitement qui sont totalement incompatibles : «S'il est d'avis que les troubles émotifs — et par conséquent le comportement "pathologique" de cette femme — sont déterminés par des causes situées dans le passé de l'individu, il essaiera en toute logique de découvrir les causes passées (le pourquoi) et d'amener la patiente à en prendre conscience; il s'abstiendra d'autre part d'exercer aucune influence "maintenant" avant que le problème latent (dont le comportement de cette femme n'est que la manifestation superficielle) n'ait été analysé et ainsi résolu». S'il est par contre d'avis qu'il s'agit là d'un comportement dont le sens est en étroit rapport avec le contexte d'interaction précédemment décrit, le thérapeute «essaiera de découvrir ce qui se passe ici et maintenant, et non pourquoi les attitudes respectives de chacun des époux ont suivi dans le passé telle ou telle évolution individuelle».

Une approche, qu'on qualifierait aujourd'hui assez facilement de «linéaire», cherchera à rendre compte du symptôme pathologique en référence à quelque chose d'interne à la patiente, à ses pulsions, à ses motivations, etc. L'autre interrogera précisément ce qui soutient le comportement comme tel, ce qui l'entretient et le fait durer, car quels que soient leurs origines et leur étiologie, «les types de problèmes que l'on présente aux psychothérapeutes ne persistent que si ces problèmes sont maintenus par le comportement actuel, continu, du patient et de ceux avec qui il est en interaction»[29]. Il s'agit d'éviter de considérer qu'il y a, dans ce type d'interaction conjugale, des bons et des mauvais maris, des «femmes martyrs ou des mauvais salauds»; il y a seulement «des modèles d'interaction qui doivent être conceptualisés à un degré tel qu'il n'est plus possible de dire ni que le mari se replie sur lui-même parce que sa femme n'arrête pas de le harceler, ni le contraire»[30]. Une lecture circulaire de l'interaction montrera que c'est souvent en faisant «toujours plus de la même chose» que la solution envisagée pour résoudre un problème risque de devenir peu à peu le problème lui-même. Dans le travail avec le couple, les thérapeutes pourront ainsi replacer le système dans un contexte plus global et interroger la fonction ou la finalité même de cette boucle de rétroaction[31].

Bref, l'une de ces perspectives verra et tentera de traiter un symptôme là où l'autre, ne voyant qu'une «patiente désignée», s'efforcera de travailler au niveau du système d'interaction[32]; ou encore, pour reprendre l'expression de Neuburger, l'une verra un individu qui souffre d'un symptôme alors que, pour l'autre, l'individu sera le symptôme[33]. Watzlawick affirme donc en conclusion qu'«il n'est guère difficile de voir que ces deux procédures sont différentes au point d'être incompatibles, et que ce qui serait la ligne de conduite idéale pour l'une est frappée de tabou pour l'autre».

Par rapport au behaviorisme

Si on recense les concepts et les techniques des behavioristes d'une part, des systémiciens de Palo-Alto d'autre part, on ne voit pas toujours très bien ce qui autoriserait à différencier radicalement ces deux approches. Behavioristes et systémiciens ont pour volonté commune de ne pas se centrer sur la «réalité psychologique interne», sur ce qu'ils appellent les uns et les autres la «boîte noire»; ils cherchent ainsi à échapper à tout mysticisme. Bateson écrit souligne que «l'unité d'interaction minimale est constituée de trois éléments» qu'il appelle «stimulus, réponse, renforcement. Des trois le deuxième est le renforcement du premier et le troisième du deuxième»[34]. On ne saurait reprendre avec plus de fidélité le schéma développé par les théoriciens du conditionnement opérant: stimulus, réponse, contingences de renforcement... D'ailleurs les systémiciens ne se réfèrent-ils pas explicitement à une théorisation en termes d'apprentissage et de conditionnement?

En ce qui concerne plus particulièrement les pratiques thérapeutiques, les critères que le néo-behavioriste français J. Cottraux[35] énonce comme étant ceux de la thérapie comportementale sont assez facilement comparables aux principes généraux qui conduisent le travail des thérapeutes du Brief Therapy Center de Palo-Alto : adaptation de la thérapie au problème des patients, centration sur le comportement, centration sur l'ici et le maintenant, adoption d'une logique d'intervention, validation technique et nécessité d'une évaluation, durée programmée du traitement, etc. Certaines interventions systémiques apparaissent même identiques aux pratiques de modification comportementale, pour autant qu'on en débarrasse la description du langage parfois spécifique employé par les uns et les autres : ainsi la prescription du symptôme peut-elle être assez proche de certaines techniques comportementalistes, comme celle dite de l'immersion («flooding»). On a même l'impression que la logique générale de l'une a été empruntée à l'autre : si Selvini évoque par exemple le «point-système» en affirmant que c'est en agissant sur ce point qu'«on garantit le maximum de productivité à l'intervention»[36], les behavioristes parlent eux de «point-cible» pour désigner la même idée. Le comportementaliste Cottraux situe les thérapies familiales comme des procédures parmi d'autres des techniques comportementalistes; le systémicien Elkaïm reconnaît qu'il y a parfois, dans ce qu'on qualifie d'approches systémiques, des pures entreprises de modification comportementale, etc.

Ce n'est pourtant évidemment pas sans raison que les systémiciens affirment avoir dépassé les limites du behaviorisme. Après avoir reconnu qu'on puisse être tenté de rapprocher la perspective palo-altiste de celles des thérapeutes behavioristes, Winkin souligne néanmoins trois différences essentielles[37].

La première différence, la plus fondamentale, renvoie au cadre théorique des uns et des autres. Car écrit Winkin, «chez Bateson, Haley ou Watzlawick, il n'est jamais question de punir ou de récompenser un comportement donné. Il s'agit toujours de lui donner un autre statut, dans un cadre conceptuel nouveau». L'action systémique ne vise pas en effet le symptôme, ni même le problème; elle cherche à agir sur la structure qui a les a fait émerger et qui les fait perdurer. En pratiquant des «recadrages», les thérapeutes vont «modifier le contexte conceptuel et/ou émotionnel d'une situation, ou le point de vue selon lequel elle est vécue, en la plaçant dans un autre cadre, qui correspond aussi bien, peut-être même mieux, aux "faits" de cette situation concrète dont le sens, par conséquent, change complètement»[38]. Par exemple, en prescrivant en séance de thérapie familiale à une jeune fille délinquante de continuer à voler parce que, malgré tout, elle aide de cette façon ses parents à mieux vivre, en prescrivant au père et à la mère de la laisser agir de manière délictueuse puisqu'ainsi elle leur permet de se réunir et de «s'entendre» à nouveau, le thérapeute oblige les uns et les autres à recadrer le sens du délit, qui devient ainsi par la même un comportement adapté au contexte familial dysfonctionnel.

«En outre, ajoute Winkin, le thérapeute behavioriste, travaille avec des patients isolés». Même si le thérapeute «fonctionne à la fois comme un renforcateur et un médiateur dans les conflits familiaux», s'il «doit aider à clarifier les problèmes en analysant les réseaux de communication», s'il peut définir «des contrats familiaux»[39], le thérapeute comportementaliste ne travaille pas pour autant avec le système familial. Il ne met pas l'accent sur le «déterminisme du système inter-personnel»; il interagit certes, mais avec des «individus isolés mis ensemble».

Enfin, «l'éradication du symptôme chez le patient peut se répercuter sur son système inter-actionnel. Le thérapeute "Palo-Alto" qui réfléchit en termes de causalité circulaire ne peut manquer de prendre en considération la nature relationnelle de tout symptôme avant de tenter un changement 2». Si l'action thérapeutique ne touche pas à ce qui maintient le problème, c'est-à-dire ne réorganise pas les prémisses sur lesquelles fonctionne tant bien que mal le système, alors ce dernier ne changera que superficiellement. Si la thérapie systémique s'emploie à instaurer des changements véritables et amène le système à remettre en cause ses propres règles, les thérapeutes behavioristes se contenteraient le plus souvent, aux dires de Watzlawick, d'un changement de type 1, d'un pseudo-changement. C'est qu'ils sont incapables de penser «l'effet de l'amélioration souvent radicale du patient sur l'interaction des partenaires». Or, soutient encore Watzlawick, «tel changement s'accompagne très souvent de l'apparition d'un nouveau problème ou de l'aggravation d'un état déjà existant chez un autre membre de la famille»[40].

Bref, tous les systémiciens thérapeutes sont d'accord pour dire que si de nombreux éléments conceptuels et techniques ne sont pas propres à l'approche systémique, ils prennent un sens particulier lorsqu'ils sont explicitement intégrés à son épistémologie.

La dimension pragmatique, heuristique et critique

Il serait inconséquent par ailleurs de contester la fécondité de ces approches et le caractère efficace de leurs outils; plus que tout, en effet, le rapport entre théorie et pratique (lui-même pensé sur la base d'une confrontation à la pratique) juge de la validité des élaborations conceptuelles.

Les pratiques systémiques obtiennent des résultats, dans un temps relativement moins long que des thérapies plus classiques et avec un taux de réussite très satisfaisants, surtout si l'on tient compte des pathologies parfois traitées. Même si toute évaluation des psychothérapies reste bien aléatoire, il reste que les données connues se passent, en tant que telles, de commentaires. Ainsi l'équipe du Brief Therapy Center dresse le bilan suivant à propos de 97 cas suivis chacun durant environ sept séances : 40 % de réussite, 32 % d'amélioration importante et 28 % d'échecs[41]. Ce sont, aux dires mêmes des auteurs, des résultats qui « semblent en général comparables à ceux qui ont été obtenus par divers traitements de plus longue durée ». En 1979[42], Selvini affirme que la « proportion de guérison de patients anorexiques avoisine le 90 % » au Centre pour l'Etude de la Famille de Milan. Malgré les précautions nécessaires à ce propos[43], il serait difficile de réfuter les résultats obtenus.

Nombreux par ailleurs sont les psychanalystes, pourtant les plus souvent en désaccord profond tant avec l'épistémologie palo-altiste qu'avec les techniques d'intervention thérapeutiques qui s'y emploient, qui soulignent l'intérêt des apports du courant communicationniste dans le champ de la psychopathologie. Eiguer reconnait ainsi que « les découvertes de l'Ecole de Palo-Alto sur "la communication paradoxale" ont été fondamentales pour la compréhension des systèmes d'interaction menant à l'anéantissement des désirs des enfants, des identités et du développement de la pensée »[44]. La psychanalyse ne trouve pas seulement, dans ses échanges de vue assez violents avec les perspectives palo-altistes, une saine émulation; elle y puise bon nombre d'idées et de découvertes qu'elle tente de « recadrer » ensuite en son propre langage et dans sa propre épistémologie. Anzieu développe par exemple l'idée d'un transfert, d'un contre-transfert et d'une résistance qui seraient paradoxaux; Racamier envisage lui « la paradoxalité comme défense intrapsychique »[45], etc. On peut d'ailleurs supposer, avec Eiguer, que le développement des perspectives palo-altistes contribuera, dans la compréhension des pathologies, à déplacer l'accent des processus intra-psychiques vers les processus inter-psychiques.

Malgré tout, c'est encore par la dimension critique qu'elle porte en elle que la perspective palo-altiste s'avère la plus intéressante : Par son refus de substantifier la maladie mentale, de psychologiser et de psychiatriser la souffrance humaine. Comme l'écrit avec une grande clarté Onnis, « dépsychiatriser ne signifie pas tellement refuser son propre rôle ou nier l'existence de la souffrance humaine, mais invertir la tendance de la psychiatrie traditionnelle à individualiser le trouble et à le considérer exclusivement d'un point de vue médical. Il s'agit de faire remonter l'origine du trouble de l'individu au groupe social dont il fait partie, sachant que la pathologie, aussi bien que la santé mentale, ne sont pas le résultat de ce qui est dans les hommes, mais de ce qui arrive entre les hommes »[46].

En ce sens, elle rejoint un projet politique qui met en avant le nécessaire travail de réappropriation par l'être humain de ses propres «refoulements» et de ses «projections», le nécessaire travail de l'humanité dans l'élucidation de ses propres aliénations. Pinel, Esquirol, Freud, les anti-psychiatres anglo-saxons et italiens, sans être systémiciens au sens donné ici à ce terme, ont lutté cependant contre l'effort pathogène de chaque sujet (individuel, groupal, sociétal) à l'encontre de sa propre folie et de celle d'autrui, contre «l'effort pour rendre l'autre fou»[47]. N'est-ce-pas Szasz qui écrivit ces mots terribles que nos hopitaux psychiatriques représentent les camps de concentration de nos guerres civiles informulées?

Par sa façon spécifique d'éclairer la génèse relationnelle des pathologies tant physiques que psychiques, l'approche palo-altiste contribue à diminuer l'importance de cette «erreur fondamentale»[48] que commet le psychologue lorsqu'il attribue à des «causes internes» plutôt qu'à des «causes situationnelles» le sens des comportements d'un individu singulier. Or cette erreur, on le sait, est d'autant plus grande que le psychologue se réfère à une approche de type psycho-dynamique; elle est d'autant plus dangereuse que les élaborations qui la supportent sont en même temps invérifiables et, s'auto-légitimant elles-mêmes, contribuent de ce fait à la légitimation de celui qui les construit.

La force d'analyse et de déconstruction, de «déliaison», de l'approche palo-altiste réside dans cette articulation du savoir au pouvoir. Car, si on admet qu'«une communication (ou un comportement) de "dingue" n'est pas nécessairement le signe d'un esprit malade, {mais qu'} elle peut être la seule réponse possible au contexte absurde et intenable de la communication»[49], ce n'est plus seulement sur la famille (ou sur l'un de ses membres) que devra s'orienter la lecture du système, mais sur les schémas d'interaction dans lequel s'exprime ce comportement «fou». Aussi la question se retourne-t-elle avec une puissance parfois insoutenable : qu'est-ce que faisait le parent, le psychiatre, le travailleur social, le professeur, etc. juste avant (ou juste après, ou pendant) que cette personne a semblé être dingue?

Les modèles behavioristes peuvent, selon leur usage spécifique, conduire à des pratiques soit de conditionnement soit de désaliénation des hommes; il reste que leurs horizons utopiques sont marqués par la nécessité d'un contrôle généralisé, d'un management scientifique[50]. Il n'y est guère question en tous cas de lutter contre l'institutionnalisation de la folie, de combattre la psychiatrisation, d'enrayer la technicisation des rapports humains. Quant à la «peste freudienne», malgré sa portée critique, elle n'a guère fait bouger, il faut le reconnaître, ni les murs de l'asile, ni ceux de nos représentations communes de la folie et de la psychiatrie[51]. A son aise dans l'exercice libéral, elle se délite sitôt qu'elle cherche à en sortir[52]. Il semble que l'approche systémique ait donc bien les moyens, en restituant tout acte dans son contexte, de lutter bien davantage contre les «étiquetages sociaux» qui sont en même temps des stigmates et des baillons, contre les «prises d'otages» qu'exercent les uns au regard d'autres plus démunis, contre l'enfermement psychiatrique, rééducatif, contre l'exclusion sociale et culturelle, contre la ségrégation scolaire, etc. Mais s'agit-il d'autre chose que de simples espoirs?

UNE EPISTÉMOLOGIE ABUSIVEMENT «DURCIE»

En envisageant à présent une analyse plus distanciée et plus critique de cette épistémologie palo-altiste et de sa méthodologie, soulignons avec force que la critique d'un modèle qui s'y réfère n'équivaut pas évidemment à celle de l'approche et de la problématique systémique.

Mais l'épistémologie de Palo-Alto qui, selon les principes systémiques, devrait réconcilier des espaces théoriques et des niveaux du réel jusque là pensés comme inconciliables, s'affirme paradoxalement avec des prétentions à l'hégémonie.

Si ses élaborations théoriques doivent une grande partie de leur succès à l'attrait indéniable des perspectives originales qu'elles développent quant à la compréhension des phénomènes humains, cet attrait repose quant à lui sur le radicalisme qu'il suppose et propose dans le champ conceptuel et théorique. On tentera de montrer comment les chercheurs de Palo-Alto ont abusivement durci leur épistémologie, édifiant de ce fait un modèle bouclé sur lui-même, hermétique aux autres approches, et délivré, tout au moins en apparence, de toutes les inquiétudes et de tout le questionnement habituellement propres à la pratique clinique.

Du refus de la «conscience-substance» à l'exclusion du sujet

Ce durcissement épistémologique peut s'appréhender à partir du repérage des différents niveaux de sens que recouvrent les expressions plus ou moins décriées, plus ou moins rejetées par l'approche de Palo-Alto: la «personne», la «personnalité», le «psychisme», la «conscience», les «pulsions», etc. S'il ne s'agit pas là d'amalgamer ces différents termes, ni évidemment les réalités qu'ils cherchent à traduire, il convient cependant de les tenir ensemble, comme se référant à un même registre, celui de l'individualité et de la subjectivité.

Tout d'abord, ces notions renvoient à l'idée qu'il existerait, en tant que donnée préalable, originelle, une sorte de « substance interne » à l'individu, source et fondement de ses comportements tant sociaux que personnels. De la version du « cogito » cartésien à celle d'un inconscient compris comme principe ultime, il n'y a en ce sens guère de différence. Mais ces mêmes termes peuvent être plus directement en rapport avec les prétentions de certaines théories qui cherchent, à travers leur usage, à rendre compte, de façon raisonnée et scientifique, d'un niveau du réel humain. Par les termes de « psychisme », ou de « personnalité », etc.., les psychologues ont en effet tenté de cerner un ensemble de caractéristiques du sujet, ensemble à partir duquel ils peuvent en quelque sorte expliquer l'individu, si ce n'est en prédire les comportements propres. En ce sens, véritables « constructs » des chercheurs, ces notions permettent d'établir diagnostics et pronostics. Enfin, ces termes désignent aussi un lieu, celui de l'irréductibilité, de la non-interchangeabilité. Irréductibilité non seulement du psychisme au social, mais encore de l'Ego à l'Alter Ego, c'est le lieu de l'impossible équivalence d'un sujet à l'autre. Ce dernier sens marque donc en même temps le lieu du dépassement de soi sous l'effet de l'influence d'autrui, mais aussi sous l'effet de soi-même. Cherchant à témoigner de la créativité et de la liberté du sujet humain qui échappe en quelque sorte à lui-même, qui se surprend lui-même.

Confondre ces différentes acceptions en les réduisant les unes aux autres sous prétexte qu'elles relèvent du même registre, celui de l'individualité, génère bien des déboires, de fausses alternatives et de réelles illusions. Or c'est là peut-être que sont conduits ces modèles qui, voulant rejeter, à bon droit d'ailleurs, ce que subsument les deux premiers niveaux de sens, en viennent à jeter abusivement dans le même mouvement le troisième.

Refuser l'idée d'une « conscience-substance », c'est refuser de considérer l'être humain en tant que « monade isolée ». Mead, auquel Bateson se réfère explicitement, affirmait déjà au début du siècle que l'homme est inconcevable en dehors de ce qu'il appelle l'« acte social ». En fait, si conscience de soi il y a, c'est qu'elle émerge au sein du processus social lui-même : « nous ne trouvons, écrivait Mead, aucune preuve de l'existence préalable de la conscience comme quelque chose qui produirait un geste dans un premier organisme, c'est-à-dire telle qu'elle fasse naître une réaction d'adaptation dans un autre organisme sans dépendre elle-même d'un tel geste »[53]. S'il y a conversation avant même qu'il y ait conscience, c'est parce qu'avant toute communication consciente, il y a déjà "conversation par gestes" : « ce que nous disons provoque une certaine réaction chez autrui, et cette réaction, à son tour, modifie notre propre réaction ; ainsi nous modifions ce que nous avions commencé à faire, à cause de la réplique de l'autre individu »[54].

Mead soutient que toute théorie qui pose l'être humain comme autonome, au sens d'isolé du processus social, n'est en fait qu'une rationalisation d'une illusion du sujet : alors qu'elle s'est constituée peu à peu dans l'expérience sociale, la conscience de soi qui permet à l'individu de se « posséder lui-même comme compagnon » et de « converser avec lui-même », peut amener ce dernier à l'illusion d'une compréhension de soi comme « monade isolée ». C'est d'ailleurs d'une certaine manière ce que dira plus tard Wallon : l'individu est un être essentiellement social, « il l'est non par suite de contingences extérieures, mais par suite d'une nécessité intime. Il l'est génétiquement »[55].

Considérer la personne ou la personnalité comme « un ensemble de caractéristiques à partir desquelles un individu peut être identifié et son comportement ultérieur faire l'objet d'une prédiction en fonction même de ses caractéristiques »[56] conduit aussi le chercheur à prétendre qu'il peut faire abstraction des contextes dans lesquels vit et agit l'individu. On connaît les déboires des théories de la personnalité, (qu'elles soient concues en termes de pulsions, de traits ou d'attitudes), dans leur prétention à prédire le comportement de tel individu dans telle situation : si nombreuses, variées, et parfois brillantes, que soient les explications du spécialiste sur la personnalité d'un tel ou d'un tel, ses prédictions s'avèrent dénuées souvent de tout fondement et de toute fiabilité. C'est que le « conctruct » établi par le psychologue repose sur la même idée d'une « substance », d'une « essence », interne à la personne, source même de ses comportements. Sitôt admis en effet, comme le fait la psychologie moderne, que le comportement d'un individu est fonction de l'interaction entre des éléments internes (la personnalité) et des éléments externes (la réalité, le contexte), le caractère quelque peu prétentieux et fallacieux de cette « entité substantielle » apparaît d'emblée. Lorsqu'il explique, dans un langage toujours assez ésotérique, ce qu'est la « personnalité » de l'individu, le psychologue (ou le psychiatre, ou le psychanalyste) ne peut souvent justifier la validité de son analyse que par sa simple autorité, sa compétence, son savoir. Lorsqu'il émet des prédictions, celles ci ne sont souvent guère plus fiables que celles du sens commun ; pire, lorsqu'il s'agit par exemple de dire quoi que ce soit sur la dangerosité d'une personne, la justesse de la prédiction est là encore plus que très suspecte[57].

Eviter des élaborations conceptuelles strictement invérifiables, refuser les postulats qui font de l'homme une conscience repliée sur elle-même (ou agie par un inconscient originel), voilà donc de bonnes raisons pour rejeter avec dédain ces notions de «personnalité», de «psychisme», de «conscience», etc. Le postulat d'«un déterminisme interpersonnel supérieur» a l'avantage de sortir de ces ornières tout en même temps épistémologiques et méthodologiques. En mettant l'accent sur la communication, on se centre du même coup, on l'a vu, sur le processus social et sur des observables. Mais, malheureusement, en amalgamant le dernier sens aux deux premiers, on évacue la subjectivité en même temps que le subjectivisme, prenant dès lors le risque de glisser de la science au scientisme. Sous prétexte du refus légitime à considérer le «primat de l'intrapsychique», on gomme du même coup toute dimension intérieure du sujet, on supprime l'idée même du sujet. Et on glisse peut-être naturellement vers cette conception de l'homme que Bertalanffy dénonçait avec vigueur et contre laquelle il appelait de ses vœux le développement d'une orientation...systémique!

Un statut de congénère

L'épistémologie de la communication, du «système interpersonnel» supprime l'individu, ou en tout cas le réduit à n'être que de l'inessentiel. Les glissements opérés subtilement par les tenants d'une perspective systémique à partir des positions meadiennes sont, à ce propos, très éclairantes.

Quoiqu'il affirme que la conscience de soi est immergée dans le processus social, Mead n'en défend pas moins en effet son existence et sa fonction. Bien que se revendiquant comme «behavioriste social», il refuse d'évacuer la réalité de la conscience. Si l'individu «fait un Soi de sa propre expérience, écrit-il, c'est à partir de son action sur les autres. Il devient un soi dans la mesure où il peut prendre l'attitude d'un autre et agir envers lui-même comme font les autres (...) C'est le processus social d'influencer les autres, de prendre l'attitude des autres provoquée par ce stimulus, puis de réagir à cette réaction qui constitue le Soi»[58]. Cette conception de la conscience, quoique datée historiquement, reste pourtant résolument moderne : tenter de la saisir «dans sa condition relationnelle», en lui reconnaissant «un noyau interpersonnel»[59], voilà bien, aujourd'hui encore, ce qui s'impose comme une nécessité pour comprendre ce qu'on nomme l'intersubjectivité.

Pour Mead, puisque le processus social (et tout acte) comporte un aspect interne et un aspect externe, la psychologie sociale qui est la sienne ne peut pas être «behavioriste en ce qu'elle ignorerait l'expérience interne de l'individu», c'est-à-dire l'aspect intérieur de ce processus; au contraire, elle s'occupe particulièrement du déroulement d'une telle expérience dans le «processus social pris comme un tout».

Mead cherche à travailler en allant non pas de l'intérieur vers l'extérieur (de la conscience au social), mais de l'extérieur à l'intérieur. Restant en cela behavioriste, il affirme que la conscience n'est d'abord que le milieu de l'homme ou son groupe social, qu'elle se développe ensuite avec l'«intelligence réfléchie» qui permet à l'individu d'anticiper l'avenir et qu'elle se reconnaît enfin par les «aspects personnels ou subjectifs, en tant qu'opposés aux aspects communs ou sociaux». Ainsi, le Soi comporte deux «phases distinctes» qui s'impliquent l'une l'autre tout en restant différenciées : le «Moi» et le «Je». Le premier traduit en quelque sorte la conformité à la communauté qui a construit l'individu, c'est «un personnage conventionnel, habituel. Il doit avoir les habitudes, les réactions de la communauté; autrement l'individu ne serait pas membre de la communauté». Quant au Je, il représente ce par quoi l'individu réagit à la communauté et la modifie telle qu'elle apparaît dans sa propre expérience, il est «la réaction de l'individu à l'attitude qu'ont les autres envers lui quand il adopte lui-même une attitude à leur égard»; «incertain», il donne «le sentiment de liberté et d'initiative».

Or justement, c'est bien la puissance de ce Je, voire son existence elle-même, que les palo-altistes semblent parfois délaisser, réduisant le Soi à la seule dimension du Moi. Mettant l'accent sur la redondance, sur la stabilité des échanges, privilégiant l'étude des «mises en scène», des «rites d'interaction», des «règles d'étiquette» ou de «convenance», des «rôles sociaux», etc., leur perspective plutôt sociologique s'efforce d'évacuer cet «abcès théorique» que constituaient au sein même de la théorie meadienne la créativité et la liberté du sujet.

Car de quels individus parle-t-on en évoquant avec Watzlawick le «calcul du comportement», avec Schefflen son «programme» ou avec Goffman sa «grammaire»? Seulement de ceux que permettent d'aborder, dans un registre marqué par la nécessité des observables, les techniques d'observation centrées avant tout sur les règles, les redondances, les «jeux» du système. Dans cette «logique», on aboutit à soutenir l'idée que les individus ne font en des circonstances déterminées que ce qu'ils peuvent faire, c'est-à-dire ce que les règles, extérieures à eux-mêmes et déterminant leurs interactions, les amènent à faire, ou à être. Le déterminisme interpersonnel règle le jeu des joueurs; un dialogue, pour l'essentiel inconscient (au sens systémique), a lieu de façon continue entre les sujets et porte sur l'établissement de conventions négociées, continuellement renouvelées, sur le sens à attribuer à l'interaction; c'est ce dialogue qui « régit » ce que chacun des sujets est.

Faisant de la communication la « matrice sociale de la psychiatrie », Bateson et Ruesch affirmaient en 1968, que « l'ère de l'individu avait pris fin », que « l'homme psychologique était mort et que l'homme social avait pris sa place »[60]. Tout le problème est de savoir si en supprimant la dimension individuelle sous prétexte d'évacuer le psychologisme, on peut encore prétendre parler d'autre chose que d'un « artefact » de l'homme.

En privant les individus de toute dimension intérieure qui ne soit pas pur reflet, de toute subjectivité créatrice, de toute réflexivité, il devient possible en effet de développer une « approche systémique de l'organisme humain en tant que communicateur » (Schefflen). Mais on doit alors en conséquence évacuer tout essai de comprendre dialectiquement les rapports de l'individu au collectif, du même à l'autre.

Car, en fin de compte, comment caractériser ces individus qu'on a amputé de tout ce qui leur appartient en propre et pour autant les dépasse, les « décontenance », de cette partie d'eux-mêmes que Mead évoquait par le « Je » ? Ces individus « communicateurs » peuvent être désignés par un terme lourd de sens : ce sont des « **congénères** ». **Leur signe distinctif, c'est d'être tous semblables, des reproductions du Même contexte, qui possèdent en eux les mêmes partitions culturelles.**

Qu'on remplace ici les espèces zoologiques par les « espèces culturelles », et l'on comprendra mieux la profonde affinité entre les travaux anthropologiques sur la « dimension cachée » ou sur « le langage silencieux » et ceux des biologistes du comportement : les uns et les autres, reniant le behaviorisme classique, mettent l'accent par le biais d'une même méthodologie de l'observation en situation naturelle (en tout cas en situation de moindre perturbation par le chercheur et aussi de moindre implication pour le chercheur) sur les séquences de comportement ritualisés, sur les rites d'interaction. Puisque l'irréductibilité du sujet fait office de « mauvais diable » des sciences sociales, on en vient à réduire la personne à n'être que le personnage que parfois les situations sociales lui prescrivent d'être.

Certains ont donc raison de souligner que les systémiciens palo-altistes ne repèrent la communication qu'entre « des mois individualisés, socialisés, superficiels, « mondanisés »[61] ». Car c'est là sans aucun doute le prix à payer non pas pour passer d'une étude de l'« individu isolé » à celle d'un individu en perpétuelle relation, mais pour dériver de cette dernière à cette autre qui, excluant le « Je », permet de saisir l'individu, en tant que profondément dépouillé de ce qui, justement, empêche de le considérer identique à un autre qu'à lui-même. Ainsi dépossédé, l'individu pourra en effet être considéré dans cette fonction d'« organisme communicateur » (Schefflen) qu'il partage avec les congénères non seulement de son espèce, mais aussi avec ceux d'autres espèces animales !

Pourtant, il faut s'interroger encore et se demander par exemple si, après avoir glissé du « sujet humain » au « congénère », on n'en vient pas naturellement à le réduire encore davantage ? En tant que « membre du système », ce congénère ne sera même plus seulement ce que le système des règles, des rituels, des interactions lui permet d'être mais il pourra en effet être réduit à ce que souhaite le système logique de la pensée : un élément abstrait.

Le formalisme d'une anthropo-logique

Là encore, la manière qu'a Bateson de développer sa pensée est de grand intérêt : il passe progressivement du terrain ethnologique à la démarche éthologique, du recueil minutieux des observables à l'élaboration « méta-épistémologique ». D'abord ethnologue en Nouvelle Guinée ou à Bali, Bateson développe d'emblée un regard pluridisciplinaire : en 1936, il publie un ouvrage dans lequel il se réfère tout autant aux sciences politiques, à la psychologie sociale et à la psychiatrie qu'à l'anthropologie..Puis, délaissant les lointains indigènes, il s'orientera vers l'étude systématique du comportement de certains des animaux du zoo de San Francisco. Il poursuivra ses recherches en s'intéressant à la pathologie mentale, plus particulièrement aux pathologies de la communication dans la schizophrénie, puis continuera ses études sur les animaux en étudiant les dauphins à Virginia Islands. Dans un ouvrage posthume publié en 1979, qu'il présente lui-même comme son testament spirituel, il souligne qu'il n'a jamais tenté durant toutes ses recherches qu'à saisir ce qu'il appelait lui-même « la structure qui relie ». Cherchant à développer une « épistémologie de l'épistémologie », il en viendra à prôner la nécessaire reconnaissance d'une union entre *La nature et la pensée*[62].

En passant d'un objet d'étude à l'autre, Bateson ne fait preuve ni de versatilité, ni d'opportunisme ; il change de terrain de recherche mais cependant poursuit toujours la même recherche. Cherchant à établir une épistémologie de la communication, utilisant une méthodologie d'observation où le regard l'emporte sur l'écoute, Bateson considère ses « sujets » comme de simples « prétextes », des « illustrations » : animaux de différentes espèces, êtres humains alcooliques, schizophrènes ou ordinaires, tout cela en fait importe peu... Il le dit explicitement lui-même, en 1966 : « laissez-moi vous dire tout d'abord que, même si j'ai pris soin de plusieurs patients schizophrènes, je n'ai jamais été intellectuellement intéressés par eux, en tant que tels : la même chose est vraie de mon travail avec les cultures indigènes de Nouvelle Guinée et de Bali. Mon intérêt intellectuel s'est toujours concentré sur des principes généraux qui étaient ensuite illustrés ou exemplifiés par des données »[63]. Il apparaît donc que les sujets n'ont d'intérêt, même en tant que congénères, que par le support qu'ils fournissent à l'édification d'une anthropo-logique, dont ils ne constituent en fin de compte que des illustrations.

On a dit ailleurs les dangers que présente l'habitude des approches systémiques à user de transferts de modèles mathématiques, cherchant chez les mathématiciens des logiques applicables sur le terrain. Ayant cherché en vain une base théorique stable dans la théorie mathématique des jeux de Von Neumann, Bateson tenta de rendre compte des phénomènes de permanence et de reproduction des systèmes à partir de la « théorie des groupes ». Mais c'est l'emprunt de la « théorie des types logiques » développée par les mathématiciens Russell et de Whitehead qui lui fournit la base même de ses travaux. L'objectif des recherches consista dès lors à tenter une application des théories sur les paradoxes logiques aux situations concrètes et variées où surgissaient des problèmes de communication.

Comme le rappelle Mattéo Selvini, « la première grille d'interprétation du groupe de Bateson pour le comportement humain fut :

paradoxes logiques = pathologie de la logique
donc
paradoxes de la communication = psychopathologie humaine »[64]

Tant dans ses contenus que dans sa forme, la « logique de la communication » se comprend en rapport à cette volonté de tirer profit de l'analogie entre les problèmes de la logique et ceux de la communication. Le fait de présenter le fruit de ces travaux sous forme d'« axiomes de la communication » (et non en termes de postulats, ou de convictions) témoigne déjà en effet de la prégnance de l'idéal d'une logique mathématique. Dans le contenu, la logique est là encore omniprésente, et Bateson éclaire une foule de problèmes concrets en pratiquant un repérage systématique des différents niveaux logiques qui y sont impliqués et bien souvent amalgamés. Le repérage des niveaux logiques va de pair avec celui de la reconnaissance de leur hiérarchisation; on aboutit sinon à la pathologie de la logique, mais aussi à celle des communications. Si le paradoxe célèbre d'Epiménide le Crêtois («je suis un menteur») est en effet un paradoxe logique qui repose sur l'amalgame implicite de deux niveaux d'énoncés[65], il est aussi, notent les systémiciens, un paradoxe pragmatique : il perturbe complètement la relation entre celui qui le profère et celui auquel il s'adresse, ce dernier étant alors enfermé dans une aporie l'entraînant vers la confusion mentale. La répétition de ces types de relations paradoxales conduit à la perte d'identité : «L'expérience du travail psychanalytique dans les groupes, écrit Anzieu, confirme les résultats de l'Ecole de Palo-Alto. Les parents qui enferment très tôt leurs enfants dans les apories logiques les psychotisent»[66].

Le repérage de ces différents niveaux constitue presque une règle de travail en systémique : ainsi comme on doit différencier le niveau de la langue et celui de la métalangue, il convient de faire de même pour ceux de mathématique et de méta-mathématique, ceux de communication et de métacommunication, de contenu et de relation, de séquences et de ponctuation des séquences, de changement de type 1 et de changement de type 2, etc. De multiples exemples[67] de situations difficilement compréhensibles d'ordinaire tirent grand profit de l'éclairage apporté par la théorie des types logiques. Comment expliquer par exemple qu'un homme, profondément anti-sémite, ait pourtant une personne elle-même juive parmi ses amis intimes? Comment comprendre qu'une femme, à laquelle différentes expériences sexuelles n'apportent que douleur, continue pourtant à chercher activement d'éventuels nouveaux partenaires? Ces deux exemples comporteraient, disent les systémiciens, des niveaux logiques différents qu'il faut repérer pour comprendre : la classe des «juifs» est d'un autre niveau logique que celle de ses éléments auquel appartient la personne juive, celle des «expériences sexuelles» d'un niveau moindre que celle de la «recherche de partenaires sexuels»...

Pourtant, malgré tout son intérêt, le raisonnement abductif doit être questionné à partir des enjeux qu'il mobilise sans peut-être les reconnaître et de l'idéologie qu'il comporte en toute bonne foi; en adoptant un mode de résolution logique, la pensée se prête à faire fonctionner de manière peu valide des disjonctions, catégorisations, attributions, etc. Car, en définitive, a-t-on éclairé quoi que ce soit? On peut en douter sitôt qu'on fournit, sans grande difficulté, d'autres exemples : comment se fait-il qu'un ouvrier lutte contre l'exploitation du patronat et soit fier que son fils devienne chef d'entreprise? Comment comprendre qu'une femme qui milite dans la sphère publique contre le pouvoir coercitif des hommes accepte sans trop de gêne sa propre exploitation dans sa propre famille?

Nous avons préalablement montré[68] en quoi la méthodologie de l'observable amenait la plupart des situations et des cas cliniques décrits dans les revues de thérapie systémique à pouvoir être lus dans une tout autre perspective que celles d'une approche en termes de système. Mais en soulignant qu'ils pourraient s'exprimer « selon le principe et la dynamique de la psychanalyse ou ceux des behavioristes », Cassiers met en avant une autre raison, épistémologique celle là : cela tient, à son avis, à « une difficulté théorique qui reste insurmontable à l'heure actuelle : comment différencier les niveaux logiques auxquels on se place ? ». La réponse habituelle, poursuit l'auteur, consiste à affirmer que behavioristes et psychanalystes, lorsqu'ils évoquent un système social ou familial, l'envisagent selon la logique des processus individuels ; « ils ignorent donc qu'en passant au niveau logique du système, on débouche sur une logique nouvelle qui n'est pas celle des éléments qui le composent »[69].

Pourtant il n'y a là, selon nous, qu'une opération de classement logique des « niveaux » qui ne règle en rien, sinon peut-être dans l'imaginaire et l'illusion, les problèmes concrets. Le problème est de savoir si le traitement du concret par une logique abstraite peut avoir un autre sens que de fournir en effet une pseudo-solution à la difficulté de penser les processus de dialectisation entre le sujet et l'objet, l'interne et l'externe, la partie et le tout, etc.

On assiste en effet à ce que nous appelerons une « assignation à résidence épistémologique », procédure par laquelle on somme le réel de s'ordonner selon la règle qu'on décide par ailleurs de lui prescrire.

Pour de nombreux systémiciens, qui identifient tout système à une unité d'un niveau forcément plus général que celui de l'individu, le « saut logique » de l'individu au système qu'opère la perspective palo-altiste fait figure d'une véritable « rupture épistémologique », au sens bachelardien du terme. Selvini-Palazzoli écrit ainsi que le moment décisif dans la démarche professionnelle de sa mère fut celui où elle effectua ce « saut de l'individu au système »[70]. Certains, jusque là psychanalystes mais s'étant détournés de l'analyse freudienne, font état des difficultés d'accès à une pensée du système, mettant en avant le besoin de désapprendre ce que la psychanalyse leur avait apporté. D'autres, demeurant psychanalystes, opèrent une disjonction ferme entre leurs pratiques et leurs modes de conceptualisation. Ainsi Neuburger, tout en même temps mais en des lieux différents systémicien et psychanalyste, affirme qu'« en conclusion : avoir un syptôme renvoie à la lecture individuelle, donc à la psychanalyse, être le symptôme renvoie à un symptôme groupal, donc indique une thérapie systémique »[71].

Ceci se fonde évidemment sur le principe systémique selon lequel à chaque niveau logique correspond des lois d'organisation et de fonctionnement spécifique, sachant par ailleurs qu'on ne peut «formuler des énoncés valables sur un niveau qu'en se plaçant au niveau immédiatement supérieur». On désignera aussi, au préalable, comment se répartissent de part et d'autre des «niveaux» les éléments constitutifs des différents systèmes : «dans un ensemble familial, écrit par exemple Goutal, la référence au corps, au sexe, renvoie plus à l'individu qu'au groupe; l'ensemble (le système) se situe, lui, en deçà ou au-delà, à un autre niveau d'organisation hiérarchique, et donc de référence épistémologique»[72].

En un mot, **on passe de l'hygiène de la logique à la logique de l'hygiène!** Le recours à la différence des niveaux hiérarchiques et à leur classement logique va en fait permettre de durcir une épistémologie autrement bancale puisqu'elle efface de son propre espace de conceptualisation la dimension propre au sujet; le durcissement réussissant d'autant mieux qu'il est opéré au nom et à travers la logique elle-même. On assiste dès lors à la mise en place d'une perspective qui, régentant et régenté au nom des Règles Logiques, prétend dépasser les difficultés théoriques et épistémologiques habituelles des sciences humaines dans leur difficile dialectisation des rapports entre l'individu et le collectif, le psychologique et le social, etc.

Le structuralisme avait, en son temps, proclamé la nécessité pour les sciences de l'homme d'emprunter à la linguistique ses modèles; le systémisme veut ici se légitimer d'une architecture logique. Mais ce que disait Lefebvre à propos de la première vaut aujourd'hui pour la seconde : comme la linguistique, la logique «élimine les représentations passant jusqu'ici pour scientifiques en sociologie, en psychologie, (...). Pourquoi? Parce qu'elle offre une théorie formelle, rigoureuse, modèle d'intelligibilité. Et cela en tant que systématique, et parce que systématique, offrant une transparence au regard de la pensée»[73].

Que dire d'une telle approche qui divise, répertorie et classifie comme dans une logique de management, sinon qu'il devient nécessaire d'en interroger plus précisément les rapports à la réalité concrète?

S'agit-il d'autre chose que d'une «lecture» normative et hygiènique du réel? Les innombrables questions concrètes s'effacent en effet *à priori* derrière la souveraine logique d'un emboîtement en lui-même discutable des systèmes : niveau individuel d'une part, niveau systémique de l'autre. Logique elle-même tronquée, puisque ici, contrairement à la problématique systémique, la coupure apparaît radicale d'un niveau à l'autre et que le niveau supérieur tend à supprimer tout intérêt au niveau inférieur.

« Il se pourrait, écrivait Lefebvre, que le terme de niveau comporte une critique interne du concept du système, en modère les abus, en réduise les prétentions »[74]. On a vu, et on le cernera davantage au chapitre suivant, qu'en ce qui concerne l'épistémologie de Palo-Alto, c'est plutôt tout le contraire; c'est bien ce terme de niveau qui, en durcissant les registres du réel au nom de la logique, empêche tout « espace transitionnel » entre des épistémologies différentes et génère bien des déboires pour ceux qui l'utilisent ainsi...

NOTES

[1] FADDA S., « Thérapie familiale et/ou thérapie individuelle? » in *Evolution Psychiatrique*, 1982, 47-3, pp. 731-741.
[2] Nous avons renoncé à envisager d'abord une approche qui s'inscrive assez facilement dans la continuation du projet scientifique et éthique de BERTALANFFY; ce qui pourtant, en un sens, aurait semblé le plus logique. On précisera le sens et les enjeux de l'approche palo-altiste, c'est-à-dire d'une épistémologie et d'une méthodologie qui évacuent presque complètement la question (pourtant bien systémique) des rapports entre le Tout et les Parties. Cette approche prétend définir ce qui est et ce qui n'est pas « systémique », et légifère de ce fait à partir de sa définition du « systémique » sur la validité (sinon sur la valeur) des autres approches. Il est donc nécessaire de s'interroger à son propos pour pouvoir, par la suite seulement, présenter à bon droit une approche qui se refère à un point de vue systémique beaucoup plus proche de BERTALANFFY que de BATESON.
[3] DURAND G., « Les écoles de thérapie familiale » in *Le groupe familial*, Ecole des Parents, oct-nov 1981, pp. 4-11.
[4] MARC E. & PICARD D., *L'Ecole de Palo-Alto*, Paris, Retz, 1983.
[5] FONTAINE P.-J., Introduction au livre de Satir V., *Thérapie du couple et de la famille*, Paris, EPI, 1971, pp. I-XII.
[6] WATZLAWICK P. & al., *Une logique de la communication*, Paris, Seuil, 1972.
[7] WATZLAWICK P., WEAKLAND J. & FISH R., *Changements, paradoxes et psychothérapie*, Paris, Seuil, 1975.
[8] Les auteurs ne l'oublient certes pas, mais ils ne la considèrent qu'en fin d'ouvrage et ne lui reconnaissent une grande influence qu'« en tant que chef de file de l'Ecole de la communication », cf. MARC E. & PICARD D., *l'Ecole de Palo-Alto, op. cit.*, p. 165.

[9] Nous avons d'ailleurs précédement situé son approche dans un groupement de théories qui se distinguent justement de ces théories systémiques remettant directement en cause l'ensemble des découvertes freudiennes.

[10] GOUTAL M., *Du fantasme au système*, op. cit., p. 98.

[11] WINKIN Y., *La nouvelle communication*, (Textes de Bateson, Birdwhistell, Goffman, etc. receuillis et présentés par l'auteur), Paris, Seuil, 1981. Il s'agit là au départ du modèle de la communication centré sur la transmission d'information d'un émetteur à un récepteur selon certaines procédures et selon certaines contraintes. Présenté à l'origine par le mathématicien Shannon, il fut ensuite dépouillé par la plupart de ses continuateurs de toute ses qualités mathématiques et techniques pour être réduit à un schéma (très proche du modèle S-R des behavioristes) qui eut de grandes répercussions dans le champ des sciences humaines.

[12] *ibid.*, p. 21.

[13] Cf. chapitre 1.

[14] BATESON G., *La cérémonie du Naven*, Paris, Minuit, 1971, p.189.

[15] BATESON G., *La nature et la pensée*, op. cit., p. 139.

[16] WINKIN Y., «Présentation» in *La nouvelle communication*, op. cit., p. 107.

[17] Il s'agit d'un ouvrage collectif, dirigé par N. MAC QUOWN et resté inédit *The natural History of an Interview*, Chicago, 1971. Les citations données ici sont extraites de la traduction de l'introduction, réalisée par Bateson,de cet ouvrage in *La nouvelle communication*, op. cit., pp. 115-144.

[18] BATESON parlerait plutôt d'«inconscience» que de l'inconscient.

[19] On se limitera à les énoncer de manière lapidaire, juste pour les rappeler à l'esprit du lecteur :
axiome 1 : on ne peut pas *ne pas* communiquer.
axiome 2 : toute communication présente deux aspects : le contenu et la relation, tels que le second englobe le premier et par suite est une métacommunication.
axiome 3 : la nature d'une relation dépend de la ponctuation des séquences de communication entre les partenaires.
axiome 4 : les êtres humains usent de deux modes de communication : digital et analogique. Le langage digital possède une syntaxe logique très complexe et très commode, mais manque d'une sémantique appropriée à la relation. Par contre, le langage analogique possède bien la sémantique, mais non la syntaxe appropriée à une définition non-équivoque de la nature des relations.
axiome 5 : tout échange de communication est symétrique ou complémentaire selon qu'il se fonde sur l'égalité ou la différence.

[20] SCHEFLEN A., «Systèmes de la communication humaine» in *La nouvelle communication*, op. cit., pp. 145-157, p. 154.

[21] WATZLAWICK P., «Entretien avec P. Watzlawick» par C. WILDER in *La nouvelle communication*, op. cit., p. 320.

[22] JACKSON DON D., «L'étude de la famille» in *Sur l'interaction*, pp. 23-35.

[23] Il publiera en 1942 un ouvrage au titre éloquent *Balinese Character : a photographic analysis*. Tandis que M. MEAD, son épouse, prend des notes et procède à de multiples recueil de données, BATESON filme et photographie : environ 25000 photos, 7000 mètres de pellicule.

[24] BIRDWHISTELL R., «Entretien avec...» in *La nouvelle communication*, op. cit., pp. 292-301, p. 295.

[25] WATZLAWICK P. & al., *Une logique de la communciation*, op. cit., pp. 32-33.

[26] SELVINI PALAZZOLI M. & al., *Paradoxe et contre-paradoxe. Un nouveau mode thérapeutique face aux famillles à transaction schizophrénique*, Paris, ESF, 1978, p. 23. Il faut voir ces références aux jeux comme autant «d'exemples-modèles» du paradigme systémique,

au sens où en parle KUHN. Cet historien des sciences montre bien en effet les enjeux de tels exemples maintes fois répétés dans l'apprentissage d'un nouveau point de vue sur le réel. Comme le dit KUHN, « en apprenant un paradigme, les hommes de science acquièrent à la fois une théorie, des méthodes et des critères de jugement, généralement en un mélange inextricable » (in *La structure des révolutions scientifiques, op. cit.*, p. 134 &sq); en reprenant les mêmes exemples, les scientifiques apprennent ce qu'ils doivent regarder et comment ils doivent le regarder. A la dimension cognitive s'adjoint nécessairement et « naturellement » la fonction normative : derrière ces références aux jeux, il y a en même temps définition de l'« objet » à étudier, de la méthode requise pour le faire, et de la situation du chercheur à l'égard de sa science et de La science en général.

[27] Il en va évidemment de même avec les courants humanistes classiques, les approches existentialistes, etc.

[28] WATZLAWICK P., « Introduction » in *Sur l'interaction* : Palo-Alto 1965-1974, Paris, Seuil, 1981, pp. 13-16.

[29] WEAKLAND J., FISH R., WATZLAWICK P. & BODIN M. « Thérapie courte... » in *Sur l'interaction, op. cit.*, p. 361.

[30] JACKSON D.-D. « Pratique familiale : une perspective familiale d'ensemble » in *Sur l'interaction, op. cit.*, pp. 415-424.

[31] Ainsi la boucle peut-elle se représenter ainsi

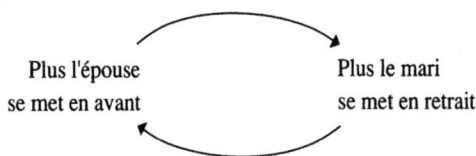

et sa fonction peut être, par exemple, de permettre à la propre mère du mari de revenir à intervalles réguliers (celui des crises trop fortes) chez son fils...

[32] Il ne s'agit pas de la présence physique des personnes, mais du cadre épistémologique qui guide l'action thérapeutique. C'est sans doute ce que veut signifier Haley lorsqu'il indique que les « anciennes dichotomies entre "thérapie individuelle" et "thérapie familiale" perdent tout intérêt. S'occuper d'un seul individu n'est qu'une façon parmi d'autres d'intervenir dans une famille ».

[33] NEUBURGER R., *L'autre demande, op. cit.*, p. 32.

[34] BATESON G., *La nature et la pensée, op. cit.*, p. 140.

[35] COTTRAUX J., *Les thérapies comportementales, op. cit.*, p. 50.

[36] SELVINI PALAZZOLI M. & al., *Le magicien sans magie*, Paris, ESF 1980. EVEQUOZ G. consacre un chapitre entier de son ouvrage à l'« action sur le point-système » in *Le contexte scolaire et ses otages, op. cit.*, chap 5, pp. 90-117.

[37] WINKIN Y., *La nouvelle communication, op. cit.*, p. 60.

[38] WATZLAWICK P., WEAKLAND J. & FISH R., *Changements, paradoxes et psychothérapie, op. cit.*, p. 116.

[39] COTTRAUX J., *Les thérapies comportementales, op. cit.*, p. 137.

[40] WATZLAWICK P., *La nouvelle communication, op. cit.*, p. 242.

[41] WEAKLAND J., WATZLAWICK P. & BODIN A., « Thérapie courte.... » in *Sur l'interaction, op. cit.* p. 385.

[42] Interview donné en 1979 à une revue allemande et publié en partie dans l'ouvrage de Mattéo SELVINI *Mara Sevini Palazzoli Histoire d'une recherche, op. cit.*, p. 123.

[43] Puisqu'au caractère nouveau de la démarche s'adjoint la conviction profonde des thérapeutes de créer quelque chose de neuf, puisqu'au défi présenté par les patients répond non seulement l'envie d'aboutir du thérapeute mais encore l'attitude du « conquistador »

(évoquée par Freud lui-même) qui pressent qu'il peut rester présent non seulement dans l'histoire du patient, mais dans l'Histoire... Si on peut par ailleurs penser à ce qu'on nomme «l'effet Hawthorne», découvert par l'équipe d'E. Mayo, bien avant la seconde guerre mondiale (montrer de la sollicitude pour les gens suffit parfois à modifier leurs comportements), il serait plus intéressant à ce propos d'en revenir aux descriptions qu'a faites Lévi-Strauss de la trajectoire professionnelle Quesalid, indien sceptique promu peu à peu au rang de très grand (et très efficace) guérisseur in *Anthropologie struvcturale*, Paris, Plon, 1974.

[44] Eiguer A., *La thérapie familiale psychanalytique*, Paris, Dunod, 1981.

[45] Anzieu D., «le transfert paradoxal» in *Nouvelle revue de psychanalyse*, n° 12, 1975. «La résistance paradoxale» in *Le groupe et l'inconscient*, Paris, Dunod, 1975. «le contre-transfert paradoxal» in *L'interaction en médecine et en psychiatrie*, Paris, Génitif, 1982. C'est également dans ce même ouvrage que Racamier a publié l'article «la paradoxalité comme défense intra-psychique». Mais il ne saurait s'agir ici que de quelques exemples pris parmi d'autres...

[46] Onnis L., «La thérapie familiale dans les institutions et dans les services territoriaux : utilité et limites» in *Cahiers critiques de thérapie familiale et de Pratiques de réseaux*, 1980, 2, pp. 39-49.

[47] Titre de l'ouvrage de Searles, psychanalyste anglais qui apporta, dès 1956, son soutien aux recherches engagées à Palo-Alto. *L'effort pour rendre l'autre fou*, Paris, Gallimard, 1977.

[48] Ces travaux mettent en question le caractère pseudo-scientifique d'élaborations qui *grosso modo* ne font qu'expliciter en mots «savants» les théories implicites du sens commun sur la nature de la personnalité. Cf. à ce propos l'ouvrage de Leyens J.-P. *Sommes nous tous des psychologues?* Bruxelles, Mardaga, 1983.

[49] Watzlawick P., «Transfert et thérapie systémique» in *L'interaction en médecine et en psychiatrie, op. cit.*, p. 47.

[50] Cf. les utopies sociales d'un Skinner, ou les programmes thérapeutiques d'un Delgado, par exemple.

[51] Sans en revenir aux analyses des mouvements sociaux (mai 68), en particulier par certains psychanalystes célèbres, notons pourtant que l'erreur fondamentale conduit souvent à pathologiser les tentatives d'opérer certains changements, certains essais de dé-pathologisation. Ainsi, lors du colloque de Rozès consacré à l'anti-psychiatrie, un des participants déclara que «la signification profonde de l'anti-psychiatrie relève d'une crise d'originalité juvénile, d'un sentiment de culpabilité et d'un complexe de castration!» cité par B. de Bierems de Haan *Dictionnaire critique de la psychiatrie*, Paris, Le Hameau, 1979, p. 53.

[52] Nous parlons de manière générale; il y a heureusement des exceptions, même si ces dernières sont justement souvent dues à des chercheurs-praticiens qui se réfèrent à d'autres points de vue que strictement à celui de la psychanalyse.

[53] Mead G.-H., *L'esprit, le soi et la société*, Paris, PUF, 1963. Mead ne publia pas de son vivant; ce livre rassemble ses travaux ainsi que les cours qu'il donna à l'université de Chicago.

[54] Mead G.-H., *L'esprit, le soi et la société, op. cit.*, p. 16.

[55] Wallon H., «Le rôle de l'autre dans la conscience du moi», in *Enfance*, 1959, 3-4, pp. 279-286.

[56] Debuyst C., «Le concept de dangerosité et un de ses éléments constitutifs : la personnalité criminelle». in *Déviance et société*, Genève, 1977, vol 1, n° 4, pp. 363-387.

[57] On consultera le travail précité de Debuyst à propos justement des contestations actuelles de la fiabilité de toute expertise psychiatrique et/ou psychologique d'un individu relative à son éventuelle dangerosité.

[58] MEAD G.-H., *L'esprit, le soi et la société, op. cit.*, p. 145.
[59] JACQUES F., «La réciprocité interpersonnelle» in *Connexions*, Paris, EPI, n° 46, 1986, pp. 109-136.
[60] BATESON G. & RUESCH J., *Communication et société*, (préface P. WATZLAWICK), Paris, Seuil; 1988. Le titre original de l'ouvrage paru en 1951 est plus exactement *Communication. The social Matrix of Psychiatry.*
[61] RUFFIOT A., «La thérapie familiale psychanalytique : un traitement efficace du terrain psychotique» in *Bulletin de psychologie*, tome XXXVI, n° 360, pp. 677-683.
[62] BATESON G., *La nature et la pensée*, Paris, Seuil, 1979.
[63] Cité par Y. WINKIN in *La nouvelle communication, op. cit.*, p. 42.
[64] M. SELVINI *Mara Selvini Palazzoli, histoire d'une recherche, op. cit.*, p. 16.
[65] WATZLAWICK & al., *Une logique de la communication, op. cit.*, p. 194 : «l'un appartient à la langue-objet, l'autre se situe au niveau de la méta-langue et dit quelque chose sur le premier, à savoir qu'il n'est pas vrai. En même temps, par un tour de passe-passe, on signifie aussi que cet énoncé dans la méta-langue est lui-même l'un des énoncés sur lesquels porte le "méta-énoncé", qu'il est lui-même un énoncé dans la langue-objet».
[66] ANZIEU D., «La résistance paradoxale» in *Le groupe et l'inconscient, op. cit.*, p. 299.
[67] Les deux exemples sont empruntés à MARC E. & PICARD D., *L'Ecole de Palo-Alto, op. cit.*, pp. 78-79. Les deux autres sont de nous.
[68] Cf. *infra* chapitre 2.
[69] CASSIERS L., «Thérapie familiale : bilan et perspectives» in *Thérapie familiale*, Genève, 1985, vol 61, n° 1, pp. 1-31.
[70] SELVINI-PALAZZOLI Mattéo. *Mara Selvini, histoire d'une recherche*, Paris, ESF, 1987, p. 14.
[71] NEUBURGER R., *L'autre demande, op. cit.*, p. 32. Inutile de dire que cet auteur refuse de considérer quelque pertinence que ce soit à des concepts (inconscient groupal, familial, etc.) et à des théories qui pourraient lier l'un à l'autre les deux perspectives.
[72] GOUTAL M., *Du fantasme au système, op. cit.*, p. 114, note bas de page.
[73] LEFEBVRE H., *L'idéologie structuraliste, op. cit.*, p. 71.
[74] *Ibid.*, p. 175. On trouvera dans l'ouvrage de cet auteur une analyse critique fort pertinente de l'approche des niveaux de langage, pp. 71-86.

Chapitre 4
Palo-alto : de la logique à la pratique

L'évacuation par le modèle de Palo-Alto de l'être humain, tant dans sa dimension psychique que sociale, affective et «auto-poétique», aboutit à faire d'une illusion une épistémologie, d'une pratique fortement ambiguë une méthodologie du changement, d'une approche incohérente avec elle-même un «paradigme» révolutionnaire.

La reconnaissance actuelle par certains systémiciens qu'il y a une «autonomie relative» du niveau individuel par rapport au niveau supérieur est déjà engagée. Mais le modèle systémique se délite d'autant plus qu'on le confronte au réel concret.

DE LA PENSÉE LOGIQUE AUX PRINCIPES D'ACTION

Face à leurs collègues et concurrents, les thérapeutes systémiciens de Palo-Alto se différencient en soulignant qu'ils se réfèrent toujours, quant à eux, à un niveau logique supérieur au niveau individuel. Or, la pertinence de ce raisonnement est aussi imprécise que ne semble évidente au premier abord l'explication qu'il fournit. En effet, cette allégation de niveaux différents, une fois confrontée à sa portée explicative réelle au regard du concret, paraît ressembler à un simple effet rhétorique. Il semble qu'il ne puisse y avoir de progrès sans reconnaissance de l'irréductibilité du psychisme, sans travail d'approfondissement des nœuds par lesquels s'articulent ces différentes dimensions et des liens à travers lesquels elles s'épousent l'une et l'autre.

La confrontation du système au réel

S'il est aisé de décrire les propriétés des éléments d'un niveau dans le langage de la science qui le «construit» (ainsi l'atome dans le langage de la physique, la molécule dans celui de la chimie, la cellule dans celui de la biologie...), le problème délicat subsiste lorsqu'il s'agit de passer d'un niveau à l'autre[1].. A ce propos, les spécialistes des sciences de la nature rejoignent les systémiciens : les propriétés du «tout» ne pouvant être cernées par la simple addition de celles qui constituent ses propres éléments, il devient nécessaire de découvrir les relations d'organisation spécifiques de ce niveau.

Pourquoi dès lors ne pas accepter finalement la hiérarchisation des niveaux ou des systèmes telle que l'effectue l'approche palo-altiste, puisqu'il y là en fait une opération qu'effectuent l'ensemble des sciences? C'est que ce qui est vraiment délicat dans l'explication scientifique, c'est précisément de fournir les règles qui permettent de passer d'un niveau à l'autre. Ce que ne fait assurément pas l'approche palo-altiste lorsqu'elle en vient à se donner comme un modèle qui se plaît à assurer l'incompatibilité absolue de ses constructions conceptuelles.

Parmi les trois solutions possibles qui s'offrent au chercheur dans la confrontation des points de vue les uns aux autres (réduction du supérieur à l'inférieur, assimilation réciproque de l'un par autre, irréductibilité du niveau supérieur), les systémiciens choisissent celle qui empêche tout échange : reconnaître l'existence d'un «déterminisme inter-individuel» les conduit non seulement à souligner son caractère irréductible, mais encore à refuser toute validité au niveau inférieur, celui du «déterminisme psychique». Identifiant l'idée de système à celle de système des observables et à celle de système interpersonnel, ils développent alors un modèle qui semble oublier un peu trop rapidement que l'explication donnée par une science sur un niveau du réel reste, en même temps, trop globale et trop partielle : C'est ainsi qu'en suivant la voie ascendante, toute explication est partielle et incomplète par rapport à celle fournie au niveau supérieur, et qu'en suivant la voie descendante, la même explication est grossière et incomplète par rapport à celle donnée au niveau inférieur. «En toute logique», il semble donc que l'hypothèse du «déterminisme inter-personnel» ne puisse fournir qu'une explication à la fois plus et moins complète, plus et moins partielle et partiale que celle fournie par l'hypothèse freudienne du «déterminisme psychique».

Le reconnaître oblige, outre à une certaine modestie du chercheur et de son modèle (dès lors, nettement moins «révolutionnaire»), à penser en même temps ces différents niveaux. Le problème que pose l'articulation des explications fournies par les différentes sciences de l'homme leur est spécifique et c'est bien justement ce que cherche à «travailler» la problématique systémique lorsqu'elle envisage, sous le rapport du Tout et des parties, la question des rapports entre l'individu et le social. En délaissant cette problématique, l'opération de classement logique a l'intérêt de donner l'impression qu'elle fournit au praticien et au chercheur d'avoir d'un coup éclairé la complexité et l'opacité du réel.

Une même question se pose partout, en même temps banale et totalement insurmontable : comment différencier concrètement ce qui appartient à un niveau et ce qui relève de l'autre? On sait par exemple que l'approche palo-altiste a coutume de différencier les deux niveaux de changement qu'elle identifie en parlant de «changement 1» et de «changement 2» Mais sitôt confronté au concret, ce mode de repérage bute sur sa propre abstraction : Comment reconnaître en pratique de quel changement il s'agit? A quel niveaux va-t-on chercher les indices nécessaires : au niveau du système ou à celui des éléments qui le composent?

Une opération, tout aussi particulière qu'illégitime, s'avère alors nécessaire : après avoir différencié (logiquement) les niveaux individuel et systémique, on ne cesse de s'appuyer sur l'un pour envisager l'autre, tout en disant évidemment ne pas le faire! S'ils mettent toujours l'accent sur le système (par exemple familial), les thérapeutes invoquent pourtant l'état de guérison du patient désigné (niveau 1) comme «indice» d'un changement du système (niveau 2). Et il en va de même pour une infinie d'autres notions utilisées. Comme le souligne Cassiers, «la plupart des éléments considérés comme pertinents dans le diagnostic ou les stratégies thérapeutiques familiales sont assez flous quant au niveau auquel ils se réfèrent : niveau 1 des éléments du système, ou niveau 2 de l'ensemble «système familial» pris comme le produit des premiers? Par exemple, alliance, rôles, parentification, paradoxes, double-lien, patient désigné, rigidité, mythes, fidélité, etc. se réfèrent tantôt aux éléments composant la famille, plus souvent à l'effet de certains membres sur le système famille»[2].

La question de la définition des frontières des différents systèmes reste, elle aussi, non résolue par l'approche systémique; cette définition varie en effet, nous l'avons dit, avec le type de modélisation particulière du système, ce qui n'est pas forcément toujours explicite[3]. Pour sa part, Cassiers indique avec raison que le système famille reste encore «en mal d'être clairement conceptualisé et défini». Lorsqu'à défaut de pouvoir décrire précisément la famille en tant que système, les chercheurs et praticiens cherchent à en préciser les fonctions ou les buts, ils dénoncent la visée la plus souvent homéostasique du système et attribuent à ce dernier comme fonction idéale l'épanouissement et l'autonomie de chacun de ses membres. «Le système familial, écrit Cassiers, est produit par les interactions de ses membres et conditionne rétrospectivement celles-ci. Par ailleurs, il aurait pour fonction d'assurer l'autonomie de chaque membre. Comme famille, il s'agit d'un niveau différent, niveau 2, par rapport à chaque membre-élément. Mais la visée serait de modifier favorablement le développement de chaque membre-élément de niveau 1»[4].

Peut-on considérer, comme le prétend Cassiers, qu'il ne s'agisse dans cette différenciation pour le moins peu cohérente des niveaux, que d'une simple «*difficulté théorique* qui reste insurmontable à l'heure actuelle», mais à laquelle on laisserait supposer une solution dans un temps proche? Ou ne s'agit-il pas plutôt d'un problème d'ordre plus épistémologique dont la résolution passe par une désillusion fondamentale : la perte de tout espoir de saisir, par des procédures empruntées à la logique formelle, la nature même de processus concrets, de phénomènes humains qui débordent forcément la logique? Quand Watzlawick s'interroge sur la nature du changement en se demandant par exemple «comment le système parvient-il à sortir de cet embarras, à l'instar du baron de Münchhausen, **en se tirant par ses propres cheveux**?[5]», ne soulève-t-il pas en même temps que l'impasse de la «clarté logique», la question la plus fondamentale qui soit pour quelqu'un qui s'occupe justement du changement? On affirmera, pour l'instant en tout cas, que la prétention du classement logique à expliquer quoi que ce soit du réel bute sur l'opacité de ce réel lui-même.

De la connaissance à l'action

Certains rétorqueront, bien entendu, que les dispositifs thérapeutiques mis en place à partir de l'approche palo-altiste étant avant tout pragmatiques, des questionnements d'ordre théorique, voire épistémologique sur le sens et la clarté de leurs élaborations n'ont guère d'intérêt. Car, en fin de compte, l'efficacité n'est-elle pas, à cet égard, le seul critère pertinent? D'autres iront jusqu'à soutenir que s'interroger sur les limites de la différenciation des niveaux n'a même, en soi, aucun sens. Ils souligneront qu'il est évident que les niveaux individuel et systémique sont liés l'un à l'autre, mais que c'est l'action qui requiert qu'on choisisse le niveau auquel on va travailler.

Si on accepte en effet de considérer que les individus sont en partie le produit des règles, des contextes mais que ces derniers sont eux-mêmes le produit de l'activité des individus, «la recherche se trouve engagée dans un cercle à l'intérieur duquel il est impossible de choisir un commencement autrement que relatif et justifié uniquement pour les raisons pragmatiques de telle ou telle recherche particulière»[6]. Et ce qui vaut pour une stratégie de recherche vaut sans doute autant pour ce qui concerne une stratégie thérapeutique. En ce sens, on ne pourrait qu'entériner l'option choisie par les systémiciens : plutôt que de rompre le «cercle» du côté du sujet (comme le font en général les dispositifs psychologiques), ils choisissent de le faire du point de vue du système (comme le font en général les sociologues). Se pencher trop longtemps sur les enjeux de telle ou telle «ponctuation», le faire surtout en dehors d'un cadre de référence marqué par des principes pragmatiques, serait dès lors aussi futile qu'inutile. C'est ce que semble indiquer le psychanalyste Devereux qui, refusant tout idée d'hégémonie soit de l'approche sociologique, soit de l'approche psychologique, soutient que finalement «la vraie question est : à quel moment est-ce plus économique d'utiliser l'approche sociologique plutôt que l'approche psychologique?» Quant au systémicien/psychanalyste Neuburger, il décide d'opter pour une thérapie individuelle ou au contraire une thérapie familiale en se référant à ce qu'il appelle «le mode d'aliénation prévalente» : lorsque le symptôme, la souffrance et la demande d'aide sont le fait d'un même individu, il entreprendra une thérapie individuelle, lorsque ces trois éléments existent épars au sein de la famille, il proposera une démarche collective[7].

En définitive, ce seraient les visées pratiques qui décident de quel point de vue il vaut mieux aborder les problèmes, et non un quelconque pari épistémologique. En prenant un axe d'approche sociologique, les théories palo-altistes s'écartent forcément de l'axe habituel des psychologies, mais n'en deviendraient pas pour autant illégitimes.

Pourtant, reconnaître ce qui précède n'empêche pas qu'il soit nécessaire, une fois le point de vue choisi, de penser la continuité entre les différents niveaux de conceptualisation. Ce qu'on ne saurait mieux exprimer que ne le fait Bourguignon lorsqu'elle souligne la nécessité d'utiliser des principes contradictoires pour penser le réel : «les principes de disjonction, affirme-t-elle, sont nécessaires à l'*action*. Les principes d'équivalence sont des principes indispensables à la *compréhension*. Si bien qu'il faut considérer l'individu en foule et isolé comme deux individus différents *si l'on veut agir sur lui*. Mais si on veut *le comprendre*, il faut le considérer comme un être unique»[8].

Il est important de disposer de conceptualisations qui soient transversales, intermédiaires, transitionnelles. Et, à ce propos, nul n'est plus éloigné des positions «hygiéniques» du classement logique qu'opèrent les systémiciens que ne peut l'être évidemment le point de vue de l'ethno-psychanalyse de Devereux! Pour lui, on ne peut en effet dissocier l'étude de la culture de celle du psychisme, car malgré qu'ils soient distincts, ces concepts sont en nécessaire complémentarité[9]. Il s'agit en effet de rendre compte de ce fait essentiel que l'externe porte en partie l'extériorisation de l'interne et que l'interne ne peut se comprendre en partie que comme intériorisation de l'externe. Comme l'avait vu Freud en indiquant que toute psychologie individuelle était déjà une psychologie sociale, on ne peut dissocier complètement ni l'étude du sujet individuel de l'étude du sujet collectif, ni l'étude du sujet collectif de celle du sujet individuel. Pagès, quant à lui, souligne qu'«il faut mettre en garde contre les confusions courantes entre le psychologique et l'individuel d'une part, le sociologique et le collectif d'autre part. L'individu est socialement structuré, il est défini entre autres par son système de normes, ses rôles, son pouvoir, son idéologie : c'est une micro-organisation sociale. Inversement les collectivités grandes ou petites sont le siège de fantasmes collectifs, de schémas corporels partagés par leurs membres. On trouve du sociologique et du psychologique à tous les niveaux»[10]. Ainsi que l'exprime Ben Slama, «il faut voir l'objet tel qu'il va devenir autre»; en évoquant l'hypothèse de processus "tertiaires", il montre comment, par exemple, «le mythe représente le fantasme comme s'il était un produit extérieur au sujet et le fantasme représente le mythe comme s'il était un produit intérieur au sujet»[11].

Bien plus, on ne saurait déterminer de quelle modalité thérapeutique tel sujet (individuel, groupal, familial, etc.) «tirera le maximum de profit» sans prendre garde que la conceptualisation dans lequel elle s'insère ne verse pas massivement dans l'idéologie. En rendant à la conceptualisation sa complexité, c'est-à-dire en déployant une approche systémique complètement ouverte sur la problématique des rapports entre l'homme et son monde, on réhabilite les différents apports des sciences psychologiques. Et on restitue à l'individu ce qui le différencie à proprement parler de toutes les autres espèces et de tous les autres êtres humains : son activité d'auto-production et d'auto-engendrement. Enfin, on quitte l'absolutisme prétentieux et illusoire du modèle pour la modestie de la théorie, de la recherche et de l'action. Car, en fin de compte, c'est bien parce que l'absolutisme et l'idéologie du modèle ont des conséquences pratiques négatives et dangereuses qu'il faut les dénoncer! Waztlawick souligne qu' «en thérapie, c'est la théorie qui décide ce que nous pouvons faire»[12]; il faut ajouter que c'est aussi ses limites et ses zones d'ombre qui légitiment *à priori* ce qu'on peut ne pas faire !

LES ENJEUX PRATIQUES DU MODÈLE

Le modèle systémique, une fois opacifié par une pseudo-logique, tend à s'auto-confirmer et s'auto-légitimer en prédisant ce qu'il contribue à faire exister. D'où le problème, de loin le plus important, du danger de totalitarisme sur lequel peut déboucher l'idéologie systémique !

Le risque d'autosatisfaction

L'approche systémique, lorsqu'elle se gèle en des modèles, fait d'une compréhension originale des problèmes, un ensemble de pétitions de principe. Paradoxalement elle rejoint alors les errements qu'elle a eu pourtant raison de dénoncer dans la psychanalyse : ainsi en est-il par exemple en ce qui concerne la question de l'évaluation des psychothérapies et le problème posé par la croyance au déterminisme absolu.

On sait que, pour les systémiciens, la question de la nosographie et de l'étiologie des pathologies ne relève pas de leur approche; pour cette raison, il était habituel que les thérapeutes donnent des chiffres globaux de leurs résultats, refusant toute pratique classificatoire psychiatrique[13]. Si on comprend bien l'objectif visé, il reste qu'on empêche du même coup toute possibilité de comparaison avec les autres pratiques. C'est ce que remarque Lévy qui, interrogeant lors d'un congrès Mara Selvini sur ses résultats thérapeutiques comparés dans le cas de psychoses de constitution ancienne et dans celles d'apparition récente, se fait «rappeler à l'ordre» puisqu'il fait preuve en évoquant la nosographie d'un «mauvais esprit systémique»[14] : ce type d'argument, souligne-t-il, «implique tout de même que les résultats sont totalement imprévisibles et, pire, que les échecs peuvent être abusivement mis au compte d'une mauvaise utilisation de la systémie, alors qu'une autre approche y eut été souhaitable. Et enfin, cela veut dire que l'on sort de toute comparaison possible avec quoi que ce soit...».

Le problème de l'évaluation des résultats de la thérapie systémique a trouvé peu à peu différentes solutions, dont on ne peut pas dire qu'elles apportent plus de clarté.

La première consiste à développer progressivement une nouvelle nosographie qui ne porte pas tant sur les individus que, par exemple en thérapie familiale, sur les familles elles-mêmes : on différenciera alors les familles «à transactions psychotiques» de celles «à transactions incestueuses», etc. Outre l'imprécision de ces qualificatifs, on peut se demander, à voir de plus en plus se mettre en place des procédure de «ciblage» des populations clientes visées par les Centres de consultation, si on ne quitte pas justement ce qui faisait la richesse de l'approche systémique, et ce qui en constituait la puissance de déconstruction critique [15] ?

La deuxième variante consiste à refuser, au nom même de l'orthodoxie systémique, toute possibilité de vérifier la réussite d'une thérapie en excluant d'emblée tout suivi des patients : ainsi, un thérapeute systémicien, en guise de réponse à une question qui lui est posée sur les éventuelles suites d'une prescription paradoxale faite durant une séance thérapeutique à une famille, souligne le danger de toute évaluation postérieure au traitement. Selon ce thérapeute, toute reprise de contact avec l'un ou l'autre des membres de cette famille, et qu'elles qu'en eussent été les modalités, aurait disqualifié immédiatement tout le travail thérapeutique préalable, du fait même qu'une telle demande émise à l'intention de la famille lui aurait signifié forcément que la thérapie n'était pas achevée. Mais on peut là encore se poser quelques questions quant à la validité de ce raisonnement [16] !

Que sa légitimation repose en fait sur une certaine idée du changement systémique fait entrevoir un troisième aspect du problème : certains thérapeutes donnent pour objectif aux séances thérapeutiques non plus d'amener un changement dans le système, ni même de l'induire, mais seulement de le «catalyser». Chaltiel écrit ainsi que l'«éthique» à laquelle obéit la thérapie familiale, c'est la «catalyse (et non l'induction) d'un changement (systémique et non individuel) imprévisible». Mais, s'il est louable de reconnaître que ce sont les potentialités du système qui lui permettent de se transformer, on peut s'interroger toutefois sur la possibilité pour évaluer quoi que ce soit si on dit, comme le fait ce même auteur, que le changement envisagé peut être aussi bien une crise, voire une catastrophe, que l'abandon du symtôme ou une demande d'analyse de la part de l'un des membres de la famille [17].

Après avoir rendu incompatible ses concepts, avoir supprimé toute base de comparaison et même d'évaluation, le modèle systémique encoure par ailleurs le risque, en s'étant refermé sur lui-même, de produire les mêmes discours que ceux qu'il accusait voici peu chez les autres de n'être que de pures pétitions de principe.

La psychanalyse, devenue modèle, *certifie* que tout symptôme seulement évacué resurgit ailleurs. Les systémiciens ont d'ailleurs raillé les réponses faciles de ces psychanalystes qui, au nom d'une « substitution de symptômes » présentée comme inévitable, nécessaire, « plongent » les patients dans une analyse plus ou moins interminable sans aucun souci de résultats tangibles. Pourtant, paradoxalement, un certain usage idéologique des approches systémiques aboutit aux mêmes convictions erronées : persuadés que toute affection est réponse adaptée à un contexte (le « déterminisme supérieur » de Bateson), certains certifient que si la thérapie ne touche pas le système lui-même, tout travail avec l'une ou l'autre des personnes ne pourra aboutir qu'à une substitution du « patient désigné »! Ainsi que l'explicitent très clairement Marc et Picard : « (...) guérir un enfant schizophrène sans toucher au système familial dans lequel il baigne a souvent pour résultats de "créer" des troubles chez un autre membre de la famille »[18]. Le système apparaît dès lors comme un être vivant supérieur, autonome, qui réclame son dû : « le malade est devenu sain, un sain est devenu malade, poursuivent nos auteurs : le compte y est, le système se perpétue »[19].

S'il n'est évidemment pas question de contester l'intérêt des découvertes de ces phénomènes homéostasiques, il reste que leur traduction en termes de lois ou de principes non remis en cause présente un réel danger. Si les psychanalystes (certains) sont les seuls à voir se réaliser de façon quasi-automatique les « substitutions de symptômes » chez leurs patients, c'est d'abord parce que leur modèle théorique guide et norme leur perception et ensuite parce que l'extension de ce qu'on peut entendre par « symptôme » étant illimitée, il y a de fortes chances de vérifier ce qu'ils attendent...

L'« expérience » ne constituant donc pas une preuve de la vérité des phénomènes, les systémiciens ont raison de dévoiler les artifices de la « prédiction qui se réalise ». Mais alors, comment accepter qu'eux aussi, disant *se fier à leur propre expérience*, en viennent à prédire cet avenir[20], qu'ils contribuent sans doute à faire exister ?

Outre le danger de dramatiser inutilement certaines situations, le risque le plus grave est de démobiliser les sujets eux-mêmes. L'approche systémique, attentive à travailler au niveau du système des relations et donc à concevoir la pathologie autrement qu'en termes de « causalité linéaire » refuse une certaine propension à la culpabilisation des individus que traînent souvent derrière eux les modèles psychodynamiques; elle ne peut aboutir pourtant qu'à déplacer le problème en parlant non plus de « schizophrène » mais de « famille à transactions schizophéniques ». Le danger de démobilisation devient encore plus grand du fait de la double certitude que le modèle incruste dans l'esprit de certains : c'est seulement par la constitution d'un système de niveau supérieur qu'il est possible de transformer un système, le moindre contact personnel avec une personne qui vit une expérience douloureuse (dans sa famille, dans son institution, etc.) interdit toute possibilité d'être à l'extérieur du système et donc toute possibilité d'aide. On dira que c'est en introduisant un protagoniste supplémentaire dans le système (protagoniste qui évidemment se tient sur ses gardes et utilise les avantages que lui donne sa position distanciée et «armée» par la technique) que les règles du jeu peuvent se modifier[21]. Combien de fois avons-nous entendu, alors que nous sollicitions l'avis de thérapeutes systémiciens à propos de situations difficiles vécues par tel ou tel de nos ami(e)s cette réponse sans appel : «que puis-je te dire, je suis déjà impliqué dans le système avec toi, (et toi avec lui)?». C'est là une autre version du non moins célèbre effet démobilisant et aliénant de cette vulgate analytique qui prétend qu'«hors de l'analyse, point de salut!»

Là encore, il ne s'agit évidemment pas de contester qu'«un système qui passe par tous ses changements internes possibles (quel que soit leur nombre) sans effectuer de changement systémique» puisse être décrit «comme prisonnier d'un jeu sans fin»[22]. Néanmoins, ne dire que cela, sans expliciter davantage qu'il s'agit là «d'un jeu sans fin» mais qui pourrait, avec le temps, avec la vie qui est elle-même thérapeutique, avec le degré relatif d'autonomie des personnes, changer par lui-même, aboutit à un modèle généralisant et démobilisant. A chaque problème sera dès lors appliquée l'idée que le système «ne peut pas engendrer de l'intérieur les conditions de son propre changement» qu'il «ne peut pas produire les règles qui permettraient de changer les règles»[23]... La prédiction se réalisera d'autant mieux que s'agrandira le cercle des initiés à la perspective du «méta-système»; mais on peut aussi envisager que les manifestations (spontanées, «privées») de solidarité et d'entraide se verront peu à peu ligotées dans le quotidien et tendront à être remplacées par des stratégies professionnelles d'intervention, ou par les stratégies illicites de manipulation inter-personnelle[24].

Le risque du contrôle

«Le paradigme de simplification holistique, écrit Morin, conduit à un fonctionnalisme néo-totalitaire et s'intègre parfaitement à toutes les formes modernes de totalitarisme. Il conduit, de toute façon, à la manipulation des unités au nom du tout»[25]. C'est bien ce qu'on a très vite reproché aux stratégies thérapeutiques des systémiciens, les qualifiant au mieux de «behavioristes», au pire de «terroristes» ou de «fascistes». La logique de l'interchangeabilité des rôles et des sujets (qu'on a précédemment révélée à propos de cette pseudo-certitude : guérir l'un sans l'autre déplace le porteur de symptôme sans guérir le système) se retrouve dans la pratique thérapeutique : travaillant avec le système, les thérapeutes vont agir avec la famille, sans se soucier du sens bien différent que la prescription peut avoir pour chacune des personnes présentes. Minuchin souligne, pour sa part, que « bien que traiter la famille comme un tout puisse simplifier la tâche consistant à relier l'individu à son contexte social, cela peut aussi déformer l'image d'un individu particulier de la famille. En clair, poursuit-il, chaque changement survenu dans la famille n'affecte pas nécessairement tous les autres membres de la même façon »[26].

Pour bien situer les dangers pratiques du modèle, commençons par donner un exemple clinique qui, quoique brutal, peut éclairer notre propos. Mara Selvini reçoit une famille dont la fille âgée de 13 ans souffre d'anorexie depuis plus de quatre années et ressemble à une naine tant elle est petite; tous souffrent beaucoup de la petitesse de l'enfant ! Une fois la séance terminée, les thérapeutes en arrivent à la conclusion que « la résistance de cette famille était tellement forte » qu'elle « contraignait à faire une intervention extraordinaire et très cruelle pour briser la résistance ». Aussi Mara Selvini procède-t-elle de la façon suivante : « je reviens donc près de la famille, écrit-elle, et lui déclarai de façon très cryptique qu'il existait, c'est vrai, une indication de thérapie familiale mais que je m'étais décidée à ne pas l'entreprendre, car c'était mieux que la fille demeure anorexique, parce que, dans le cas où elle aurait guéri et remangé, il aurait fallu reconnaître qu'elle était une naine, étant donné que la croissance osseuse était désormais terminée. J'ajoutai qu'il était impossible qu'après quatre années d'anorexie le squelette reprenne sa croissance et qu'elle resterait naine pour toujours. Pour cette raison, je fis allusion au fait qu'il aurait mieux valu qu'elle meure de son anorexie plutôt que de guérir pour demeurer une malheureuse pauvre naine. La famille eut une réaction presque sauvage et j'étais très chagrinée »[27]. Les parents ne rappelèrent pas au téléphone comme il était prévu six mois après et ils ne revinrent plus non plus en consultation au Centre. Six ans après la seule consultation de la famille dont il était question plus haut, Prata, une thérapeute du Centre, fait des recherches de contrôle et contacte à nouveau la famille. Mara Selvini en relate le résultat : « C'est le père qu'elle eut au bout du fil et il était furieux comme si la séance avait eu lieu la veille : (...). Dites à cette espèce de professeur Selvini, cette imbécile de professeur, dites lui qu'elle n'est qu'une naine parce qu'elle est vraiment «rabougrie». Ma fille a grandi de 20 centimètres en un an et a augmenté de 20 kilos»[28].

Qu'en conclut alors la thérapeute? Que la famille et l'enfant anorexique ont été guéris par la rage provoquée chez eux contre elle-même, par la fureur du père à son encontre! Selon elle, cette intervention fait bien clairement comprendre que l'attitude pragmatique se légitime elle-même et que le thérapeute systémicien doit se garder de tomber dans l'erreur de parler d'amour, de frayeur ou de compréhension! Comme le souligne Selvini «la compassion n'a encore guéri personne, il faut faire quelque chose de plus utile»[29]. Et pour ce faire, tous les moyens, tous les «coups» sont permis!

On attend du thérapeute qu'il ait pour objectif la transformation du système en vigueur, disent Watzlawick et ses collègues et «nous considérons même que la responsabilité principale du thérapeute est d'agir délibérément, *de manière aussi souveraine, puissante et efficace* que possible, pour modifier les techniques d'interaction qui fonctionnent mal»[30].

Si les stratégies contre-paradoxales ont beaucoup «dérangé» la quiétude des psychologues, psychiatres et psychanalystes, les systémiciens veulent n'y voir que des opérations pouvant être considérées comme des techniques parmi d'autres, comme le sont par ailleurs les interprétations, ou les suggestions de certains thérapeutes.

Selon eux, la manipulation étant inhérente à la communication, il serait impossible qu'elle n'existe pas dans tout dispositif thérapeutique. Le raisonnement du groupe de chercheurs rassemblés autour de Selvini est éloquent à ce propos : «Dans la logique linéaire causale, d'inspiration aristotelicienne, manipulation et influence sont connotées négativement, de manière moralisante, sur la base d'un préjugé erroné selon lequel il serait possible de ne pas manipuler. Si, par contre, on opère un saut conceptuel et si on abandonne le modèle linéaire pour adopter le modèle circulaire, basé sur le principe de rétroaction, les termes "influencer" et "manipuler" perdent leur connotation négative et acquièrent une connotation uniquement descriptive. Si tout comportement est une communication qui, inévitablement, influence le comportement d'autrui (effet pragmatique), il en résulte que nous exerçons toujours une action manipulative. La communication est, par essence, une manipulation. Le point crucial, c'est que nous sommes souvent loin d'en être conscients»[31]!

Selon les systémiciens, l'erreur que commettent ceux qui réagissent avec inquiétude face à leurs pratiques contre-paradoxales tient principalement à ce qu'ils ne comprennent pas que les messages thérapeutiques s'adressent au système, et non aux individus. En effet, pour «déjouer la disconfirmation» règnante dans les familles à transaction schizophrénique par exemple, «les thérapeutes doivent avoir appris à jouer le plus possible à froid. *Comme dans un championnat d'échecs*, on sait peu de choses ou rien d'important au sujet des adversaires en tant qu'individus. Il importe seulement de comprendre comment ils jouent pour pouvoir risposter»[32]. Il ne s'agit pas là d'«une attitude cynique de détachement et d'insensibilité à la souffrance», souligne Selvini en concluant que «le lecteur aura compris que nous jouons *contre* le jeu et non *contre* les victimes»[33].

Pourtant, peut-on accepter comme satisfaisant cet appel une fois encore effectué à la différenciation logique des niveaux ? Dans cette perspective où l'assignation épistémologique fait force de loi, d'un côté les règles et de l'autre les personnes; chacun, le thérapeute comme la famille, se bat contre les règles. Ainsi Gulotta, consulté par des couples qui souffrent de difficultés relationnelles, présente-t-il ses interventions comme des stratégies qui ne visent que les seules relations; la thérapie n'y est plus seulement décrite *comme* un jeu mais elle est à proprement parler un championnat! «Un seul atout joue en ma faveur, écrit-il, ces couples se sont adressés à moi, car ils me reconnaissent la capacité de les aider à résoudre leurs problèmes. C'est à moi de renverser les règles du jeu. Je suis désolé de répondre à la confiance de mes patients par tant de ruses, mais mon jeu est dirigé contre le système conjugal et non contre les individus. Dans le jeu de la thérapie, je me bats contre les règles qui font souffrir et non contre ceux qui souffrent»[34]. Les couples devront à leur tour se battre contre les règles qui déstructurent leurs relations et les empêchent de vivre !

Si la métaphore du «jeu» recouvre la métaphore guerrière, ses stratégies, ses batailles et ses arrangements[35], la pratique thérapeutique qui lui est associée peut évoquer, par certains de ses aspects, les agissements terroristes. Les terroristes, eux aussi en effet, se battent contre le Système, leurs interventions guerrières ne sont que stratégiques et n'ont le plus souvent aucun sens en elles-mêmes : eux non plus ne se battent pas contre les gens qu'ils détruisent de leurs armes, mais contre le jeu qui les empêche de vivre réellement !

En fait, l'opération de cloisonnement logique de l'individu et du groupe dans lequel il s'insère a sans doute l'immense avantage de permettre dans la pratique concrète un travail tout à fait original, prestigieux et...peu confrontant. Ainsi peut-on aimer et aider les hommes par delà les hommes réels ! «La seule façon d'aimer nos clients, c'est de ne pas les aimer, ou mieux, de les aimer au sens métaphysique[36]» écrivent les auteurs de *Paradoxe et Contre Paradoxe*. Et il est important de dire que c'est aussi faux que vrai.

Préoccupés du système, les thérapeutes évacuent la dimension de l'expérience vécue, ils font comme si la réalité de l'autre ne pouvait être ailleurs que dans la modélisation qu'ils en ont effectuée. Six ans après la rencontre qu'il eut avec le Centre de consultation, un père de famille ressent une violente colère contre la thérapeute et la justifie en exhibant les changements opérés chez sa fille; on prend alors en compte le résultat bénéfique obtenu, en se l'attribuant sans autre soupçon. Pourtant, pour en rester ici au seul pragmatisme, comment éviter de se poser la question : qu'est-ce qui prouve que c'est bien à la suite de l'intervention paradoxale que la jeune fille a guéri? Rien ne le dit en effet sauf les présuppositions des thérapeutes.

Selvini qui n'hésite pas à comparer la thérapie paradoxale à «la chasse à la baleine»[37] (voulant par là indiquer qu'une fois le paradoxe lancé dans la famille comme le harpon dans le corps du mammifère marin, il continue à agir une fois la thérapie terminée), ne se soucie pas de savoir les conséquence «réelles». La souffrance de la famille a-t-elle aidée celle ci? Ou l'a-t-elle tant submergée qu'il a fallu consulter, en catastrophe, un autre thérapeute? Et, si par ailleurs, cette famille (ou l'un de ses membres) rencontre un jour d'autres problèmes, dans quelles conditions (émotionnelles surtout) sera-t-elle (il) pour recourir à d'éventuels autres spécialistes «psy»?

A ce qui peut en tout cas apparaître comme une certaine indisponibilité à la réalité de l'autre correspond l'inutilité de toute vérité; elle s'efface devant la nécessité des stratégies et des tactiques. Dans un investissement massif du court terme et de l'efficace disparaît l'idée même du *respect*. Gulotta décrit ainsi sans détour sa pratique : «faisant bon usage du jargon psychanalytique, je n'hésite pas à accommoder l'"inconscient" à toutes les sauces : il justifie mes diagnostics et sert de stratégie idéale pour faire digérer sereinement mes prescriptions les plus extravagantes»[38].

Ainsi, tandis que les individus «harponnés» «digèrent», la psychanalyse devient «jargon» multi-usage... Mais en ayant ridiculisé les découvertes freudiennes, dans un irrespect affiché du sens qu'elles recouvrent, Gulotta contribue à dessiner le contexte de travail des prochaines années! Quelle socio-culture répand-t-il en toute bonne foi dans le confusionnisme qu'il diffuse, dans le refus délirant de ce qui constitue pourtant une part d'héritage?

En fin de compte, les pratiques systémiques parfois se prennent elles-mêmes aux «pièges» qu'elles cherchent à tendre. Une fois abandonnée l'idée d'un «point-système» à partir duquel l'action thérapeutique aurait le maximum d'efficacité[39], que reste-t-il? L'idée de provoquer des changements, l'idée qu'«on touche les gens lorsqu'ils ne sont pas sur la défensive parce qu'ils s'attendent à autre chose»[40]. Il devient alors nécessaire de connaître les prémisses du système pour le surprendre, le bousculer... Mais d'une certaine façon, c'est bien là une preuve de l'emballement fatidique du modèle systémique : les interventions paradoxales, si elles sont efficaces une fois, ne peuvent l'être plusieurs fois lorsqu'on sait la diffusion sociale des vulgates et que l'on connaît déjà les premières formes de «résistance» des clients[41]. Dans la nécessité pour les thérapeutes de toujours changer de modalités d'intervention, que reste-t-il de recherches théoriques et de réflexions sur la pratique qui ne soient simples discours rhétoriques à propos de techniques[41]?

N'y a-t-il pas, dans cette lutte contre un «système» débarassé de ses sujets humains, un vice fondamental? La «philosophie» de ces «coups de harpon» est-elle autre chose qu'une confirmation en actes de ces discours contemporains «qu'avant moi il n'y a rien» et «qu'après moi le déluge»?

Les critiques faites par Sève au structuralisme de Lévi-Strauss s'adressent aussi mots pour mots au systémisme : «l'illusion d'une histoire sans individus aboutit directement à imaginer des individus sans histoire»[43]. L'idée d'un système ou d'une communication, qui seraient des matrices générales de toute interaction humaine (conçue comme première et indépendante des hommes concrets) aboutit à cette idée technocratique que la subjectivité, la «richesse intérieure» de l'individu ne peut être ni source de connaissance, ni enjeu politique. «Il y a le système absolu, le système d'avant tout système, fond sur lequel scintille un instant la subjectivité consciente».

«Cette découverte, poursuit Lefebvre, n'élimine pas seulement le "sujet" de ce qu'il est convenu d'appeler les "sciences de l'homme" : Elle élimine l'idée même de l'homme. Et ce qui s'y rattache : humanisme, problème de rapport entre l'homme et le monde, problème de la réalité et de la création artistique, problème du bonheur, etc.»[44].

Si Clavreul, dans son travail sur «les enjeux de la psychanalyse»[45] présente cette dernière comme une «éthique du sujet», ne peut-on présenter le dispositif idéologico-pratique systémique comme, quant à lui, une éthique du Maître?

L'approche systémique en psychologie et en psychothérapie est doublement mise en cause par les psychanalystes : elle mécaniciserait le sujet humain (qu'il soit familial ou individuel) en le réduisant à l'état d'une mécanique qui ou fonctionne ou dysfonctionne. Elle agirait ainsi en oubliant la caractéristique de l'être humain qui est, justement, celle d'un être « incarné », non celle d'être un élément structurel d'un ensemble général. « Ce qui entraîne notre désaccord, écrit Anzieu à l'encontre de l'Ecole de Palo-Alto, c'est qu'en voulant faire entrer vos découvertes dans le cadre d'une théorie systémique et des communications (théories par ailleurs extrêmement importantes) vous évacuez une des choses essentielles que sont pour la psychanalyse les bases pulsionnelles du fonctionnement normal et pathologique »[46]. Un peu comme si l'ancrage biologique demeurait d'un coup nié, un peu comme si le jeu pulsionnel et l'activité fantasmatique du sujet ouvert à l'autre (l'autre en lui-même, l'autre en personne, l'Autre lacanien...) n'avait du coup plus d'importance.

Cassiers note lui-même que les théories systémiques « ne nous disent rien des sujets, ni des enjeux affectifs et donc éthiques qui se jouent dans les thérapies. Elles ne nous donnent de même aucun moyen pour nous-mêmes, poursuit-il en évoquant les systémiciens, ou dans la formation pour repérer les enjeux affectifs qui mobilisent le thérapeute »[47]. Haley soulevait sans doute une vraie question en demandant « que faisait le psychiatre au moment où le malade s'est comporté d'une façon telle que le psychiatre a conclu qu'il était délirant »[48]? Car c'est bien de la « conversation par gestes » dont il s'agit ici de relativiser les ponctuations ! Mais cette question n'en élude pas pour autant une autre qui n'est pas moins importante : que ressent le psychiatre au moment où, revenant de sa concertation avec ses collègues qui l'observaient en séance familiale derrière la glace sans tain, il se prépare à lancer son « harpon paradoxal » sur le système ?

En systémie, que fait-on du désir et de la peur, de la haine, de la culpabilité et de la cruauté, de l'angoisse et de la joie chez le thérapeute et chez le(s) client(s) ? Toute la question du contre-transfert est ainsi comme éludée de l'approche de Palo-Alto comme si, avec le dispositif clinico-expérimental et les théories de la communication, il n'y avait plus d'enjeux éthiques et affectifs, seulement des « manœuvres » et des stratégies en vue de certaines fins. Pourtant, même derrière la glace sans tain, derrière l'œil des caméras, il n'y a de place à l'abri qui rendrait possible d'observer « du dehors » les comportements des *alter ego* !

On sait bien que « le savant, comme l'écrit Devereux, cherche à se protéger contre l'angoisse par omission, mise en sourdine, non-exploitation, mal-entendu, description ambiguë, surexploitation ou réaménagement de certaines parties de son matériau »[49]. Source systématique d'erreur, le contre-transfert est aussi l'une des sources les plus importantes de la connaissance parce que si « l'information fournie par le transfert peut en général être également obtenue par d'autres moyens, (...) ce n'est pas le cas pour celle que livre le contre-transfert »[50]. Une telle analyse est-elle compatible avec un système dont le sous-bassement méthodologique reste l'observation éthologique et dont le fondement épistémologique reste le modèle abstrait de la logique ? Si l'analyse du transfert/contre-transfert touche à la richesse intérieure de l'individu, à ce « noyau vivant de la personnalité individuelle » (Winnicott), elle interpelle de ce fait en les questionnant les conceptions éthiques du thérapeute sur ce que représente la « santé », le « fait d'être une personne vivante », la souffrance, etc.

Ne sachant ou ne voulant rien savoir de tout cela, certains passent allégrement du pragmatisme aux stratégies de dressage. La théorie systémique évoque de façon permanente les « systèmes », mais sans pouvoir les circonscrire véritablement. Ce qui permet, sur un même réel concret, de développer des attitudes stratégiques dont le sens est radicalement différent en fonction du choix, des projets, des attentes des « personnes autorisées », des enjeux de la situation, etc.

Les fugues des adolescents, qui sont souvent des appels détournés à l'affection des parents, serviront ici d'exemples à la démonstration. « Porteur de symptômes », « patient désigné », le « mauvais garçon » se verra par exemple amené par ses parents en consultation pour être guéri de ses incartades ; le thérapeute, resituant le comportement dans son contexte, amènera la famille à changer les modalités relationnelles qui génèrent de la souffrance, laquelle utilise l'une des personnes du système pour se dire. Mais sans quitter les référents de l'approche systémique, ce même comportement de fugue peut trouver une résolution radicalement différente. Watzlawick évoque ainsi le travail qu'il a réalisé auprès de parents d'adolescents fugueurs : « si on arrive à les persuader de ne faire absolument rien pour retrouver sa trace, pas même d'interroger ses camarades ou d'essayer de le joindre par des intermédiaires, etc. les chances de voir le fugueur reprendre vite contact avec eux sont généralement très grandes ». Ce que Watzlawick explique en soulignant que les adolescents « portent un très grand intérêt à l'intérêt qu'on manifeste pour leur disparition. Par conséquent, le manque d'intérêt évident constitue pour eux le motif puissant de reprise du contact avec leurs parents alors que la conscience d'être l'objet d'une recherche anxieuse les pousserait à prolonger une situation qui n'est, après tout, qu'une variante du «jeu» relationnel qu'ils jouent d'habitude avec ceux-ci»[51].

Un autre exemple encore : Si un enfant ne veut pas faire son lit, une possibilité efficace s'offre à ses parents pour traiter le problème. Faire par exemple le lit tranquillement à sa place mais en prenant soin d'y répandre quelques miettes de pain qui le gratteront durant la nuit; répéter l'opération et lorsqu'il se plaindra de l'inconfort, prendre un air peiné et s'en excuser avec humilité[52]. Mais, évidemment, on peut tout aussi bien s'interroger en tant que parents sur le sens de cette rivalité, et sur l'importance réelle... du fait de bien faire son lit!

Aussi la théorie systémique ne décide, semble-t-il, que dans l'instant et selon des procédures qui restent assez imprécises : elle peut tout aussi dire implicitement aux parents «culpabilisez votre enfant pour mieux le contrôler»[53] qu'à la famille entière «regardez les séquences répétitives qu'ensemble vous produisez et changez-les»... Du contrôle du jeu au contrôle de l'autre, il n'y a, semble-t-il, qu'un pas... vite franchi sans doute.

Puisqu'il n'y a pas de manipulation, ou plutôt que toute communication est manipulation, que faire d'un code de déontologie, et même d'une réflexion sur les aspects ambigüs et malsains de certaines interventions? Pourtant, on a beau affirmer que *«si tout* comportement est une communication qui, *inévitablement*, influence le comportement d'autrui, *il en résulte* que nous exerçons toujours une action manipulatoire»[54], la démonstration abstraite ne change rien là encore à la réalité vécue : les hommes concrets font bien la différence dans leurs haines entre ceux qui les influencent et ceux qui les manipulent!

En fin de compte, ce sont peut-être bien les analyses de ceux qui ont mis le plus en cause l'excessive simplification qu'opère une pensée mono-causale et mono-déterministe qui souffrent le plus cruellement de rigidité, de fermeture et de schématisme. Se plaisant à répéter que le langage, étant «par essence linéaire»[55], s'avère incapable de rendre compte de la circularité des phénomènes, certains ont, semble-t-il oublié, que le langage, comme la pensée, n'offraient jamais en un sens que le degré de complexité qu'on leur permettait d'avoir : les problématiques ouvertes aux questionnements et aux doutes sont en cela plus prometteuses que les axiomatisations qui ne sauraient en effet être remises en question que par leurs propres créateurs.

Les êtres humains n'étant ni de simples congénères, ni de simples éléments du système (et *à fortiori* du système de la pensée logique), la question du sujet ne peut être éludée, et ce d'autant plus qu'elle va de pair avec celle du changement.

LE STATUT DU SUJET ET LA QUESTION DU CHANGEMENT

En refusant pour des raisons tant méthodologiques qu'épistémologiques de prendre en compte la dimension du sujet, les systémiciens en arrivent à une impasse tant pratique que théorique. Watzlawick fit d'ailleurs, en 1977, un bilan assez sombre des recherches sur la double-contrainte : « Nous avons besoin, écrivait-il, d'une épistémologie nouvelle. Il n'y a pas que la recherche sur la double contrainte qui soit un échec ; toute la recherche sur l'interaction est dans la même situation. La raison est de nature épistémologique ou méthodologique »[56].

Qu'invoque-t-il pour expliquer cet échec ? Tout d'abord que toute interaction étant symbolique, « il n'existe pas encore de moyen à l'heure actuelle par lequel quelqu'un soit capable de quantifier ou de transcrire un symbole ». Et ensuite que le fait que les doubles contraintes soient étalées dans le temps empêche de comprendre ce qui se passe réellement. Il l'explique de la manière suivante : « l'injonction primaire, donnée à un certain moment, peut devenir une règle implicite qui n'est jamais reformulée. C'est juste «là»; c'est contenu dans le contexte. Puis, brusquement, l'injonction secondaire surgit et crée la double contrainte dans l'expérience de la personne contrainte. Ceci ne peut apparaître clairement à l'observateur extérieur. Celui-ci ne partage pas nécessairement les prémisses qui fondent le système mental de la personne contrainte. Il se peut donc fort bien que l'observateur, ignorant l'injonction primaire, ne voie que l'injonction secondaire et ne sache pas pourquoi celle-ci crée à un moment donné une impasse dans l'expérience de l'autre personne[57]».

C'est là que la contradiction du modèle apparaît ici avec clarté : on ne peut saisir la réalité du concret humain en espérant se débarasser justement de ce qui le constitue, l'histoire (le temps et la durée) et l'expérience (la réalité interne, la subjectivité). « Il est juste de dire que nos méthodologies actuelles sont inadéquates » souligne d'ailleurs Watzlawick, et si elles le sont, ce n'est pas seulement pour décrire la double-contrainte, mais aussi « pour décrire quasiment tout phénomène vraiment interactionnel ».

Pour le modèle systémique, il est difficile pourtant d'intégrer en son sein la réalité interne du sujet, ou plus exactement encore, ce «Je» qu'évoquait Mead. On peut comprendre en effet la difficulté que pose le «retour du sujet» dans une épistémologie qui s'est toujours affirmée contre les «interprétations» aussi subjectives qu'infalsifiables et qui souvent aussi confond la lutte légitime (contre la thèse du primat de l'intrapsychique par exemple) et la méconnaissance systématique (de la réalité propre au sujet surtout).

Pourtant, les adeptes du point de vue du «système interpersonnel» semblent condamnés à réintégrer cette dimension du sujet; on peut d'ailleur repérer différents indices de ce «retour progressif du sujet» dans une épistémologie qui avait cru témoigner de «la mort de l'homme psychologique» (Bateson)...

Le retour progressif du sujet

Bateson avait déjà eu l'idée qu'il était impossible de considérer l'individu soumis aux doubles contraintes comme s'il n'était qu'un prisonnier passif; le sujet joue en un sens avec elles, les manipule et manipule autrui. Aujourd'hui l'idée est, pour ainsi dire, relativement banale : même dans les situations les plus insupportables, la relation n'est pas à sens unique entre un individu qui en contraint un autre, il n'y a pas un «bourreau» et sa «victime» mais, tous deux étant prisonniers du système d'interaction, chacun est en même temps «bourreau» et «victime». Il n'y a d'ailleurs là guère remise en cause de l'épistémologie de la communication : Reconnaître l'individu en tant que communicateur, c'est par ailleurs le constituer comme un manipulateur.

Mais en soutenant, comme l'a fait récemment l'équipe de Selvini, l'impossibilité pour une thérapie de «progresser sans cartes susceptibles d'intégrer les différents niveaux systémiques : biologiques, individuels, familiaux et sociaux»[58], on va par contre beaucoup plus loin. L'abandon d'un certain «extrémisme systémique» passe ici par celui de l'hypothèse communicationniste au profit d'une reconnaissance de «la séquence des manœuvres de chacun»[59]. On soutient alors que doit être prise en compte ce qu'on nomme la *stratégie de l'acteur*, c'est-à-dire la spécificité de ses visées, de ses tactiques et de ses objectifs. Or ce point de vue recadre singulièrement le caractère original des thèses systémiques. Selvini soutient par exemple qu'«une conception véritablement systémico-écologique ne peut ignorer que chaque niveau a son *identité* (et ses frontières propres) et donc une *autonomie relative*. En d'autres termes, la dialectique entre supra et infra-systèmes consiste en une interaction de dépendance et d'indépendance »[60]. Nul doute donc que s'engage ici une nouvelle perspective : de l'idéologie d'un modèle marqué par l'évacuation des dimensions du sujet et par l'omniprésence d'une pseudo-clarté logique, on passerait ainsi à une problématique systémique qui doucement se rapproche des positions bertalanffyennes.

Il reste néanmoins à s'interroger sur le statut réel de cet « acteur » dont parle Selvini ? De qui, de quoi s'agit-il ? Que penser en effet du fait que, reconnaissant « l'indépendance partielle », la « relation autonome » des niveaux, Matteo Selvini cite pêle-mêle les « mécanismes génétiques, la philosophie du corps humain, l'identité individuelle, la famille, etc. »[61] ? Dans cet amalgame, n'y-a-t-il là encore une fois l'indice d'une évacuation de la question des rapports de l'homme et de son monde comme radicalement différente de celle des rapports entre cellule et tissu, tissu et organe, etc ?

On a sans doute accepté de ne plus réduire les sujets humains à n'être que de simples illustrations de la pensée logique, mais a-t-on pour autant refusé de les constituer comme de simples congénères ?

Si les travaux sociologiques de Crozier (analyse stratégique des manœuvres de l'acteur et analyse systémique du niveau englobant de l'organisation elle-même), auxquels semblent revenir certains thérapeutes, permettent une compréhension plus concrète des phénomènes humains, il ne va pas de soi qu'ils puissent suffire. Rien ne prouve en effet que des élaborations sociologiques de ce qui se joue à l'intérieur d'une organisation industrielle puissent utilement servir pour mener une approche des individus singuliers. Car de quoi parle-t-on, en fin de compte, dans les rapports de l'acteur et du système ? Non pas de sujets pleinement concrets avec leurs angoisses, leurs désirs, leurs « consciences possibles » d'un autre monde, non pas d'acteurs sociaux aux prises avec leur destin qu'ils cherchent plus ou moins à maîtriser, mais de « sujets-groupes » dont les stratégies et les manœuvres les uns envers les autres comme acteurs de « quelque chose », les condamnent à n'être vus qu'en tant que partageant les mêmes occupations, les mêmes soucis, les mêmes objectifs... L'acteur dont parle Crozier reste en effet « un individu défini par ses rapports présents avec une organisation et non pas un homme concret engagé dans une histoire qui se diversifie dans de multiples présents. C'est un individu coupé de ses engagements sociaux passés et présents »[62]. Autrement dit, ce n'est peut-être là qu'une variante (psycho)sociologique qui perpétue encore cette vision des hommes en tant que « congénères », leurs interactions n'étant envisagées que dans la seule dimension du jeu et des règles du système, leur affectivité et leurs désirs n'ayant de sens qu'accessoirement, dans les interstices que leur permet l'organisation[63]?

Rudrauf tente d'amener, quant à lui, l'approche palo-altiste à une compréhension plus fine et plus profonde de ce que représente la dimension du sujet. Il invite de ce fait les systémiciens à compléter le schéma interactionniste qu'ils utilisent habituellement (schéma 1) en prenant en compte la relation que le sujet humain entretient avec lui-même dans un ensemble.

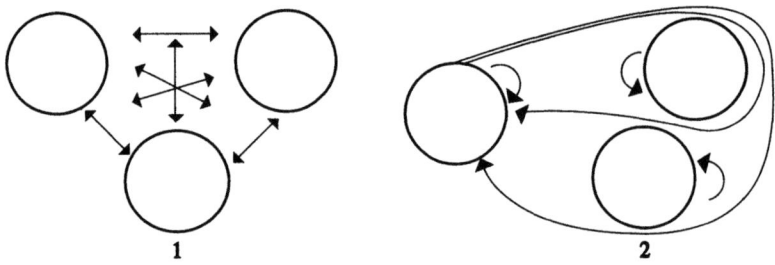

Le schéma interactionniste classique, soutient Rudrauf, « laisse délibérément non figuré l'une des caractéristisques de toute relation humaine, la réflexivité, c'est-à-dire la relation à soi, immédiate et médiate (schéma 2), précisément celle que toute la psychologie et la philosophie avaient jusqu'ici tellement mise en avant que les aspects interrelationnels en étaient comme effacés »[64]. Réintroduire la réflexivité du sujet, c'est abandonner définitivement sa réduction à l'état de simple congénère, lui restituer ce que Mead appelait son « intelligence réfléchie », reconnaître que le sens et les effets d'une relation à autrui vont changer avec chaque individu, contribuant par là à nourrir pour chacun de manière originale et spécifique cette multiplicité de « consciences possibles » (Goldmann) qu'il porte en lui-même.

C'est en acceptant de prendre cette dimension des rapports de soi à soi que le problème que pose la question du changement à l'approche systémique s'éclaire d'un jour nouveau, tant il est vrai que comme le dit Morin, « il ne faut pas oublier que tout individu est un écart par un certain côté, c'est-à-dire par ses traits singuliers et que tout individu peut, au moment où on s'attend le moins, manifester cet écart et inventer une conduite nouvelle »[65].

L'individu et le changement du système

Il convient de comprendre en ce sens l'échec des systémiciens palo-altistes à penser la nature du changement spontané, qui pourtant se produit tout le temps, aux dires mêmes de Watzlawick, en dehors de la thérapie.. « Si le changement humain est un phénomène humain omniprésent (...), reconnaît ce chercheur et praticien, nous ne savons pratiquement rien sur sa genèse. Comment le système parvient-il à sortir de cet embarras, à l'instar du baron de Münchhausen, **en se tirant par ses propres cheveux** ? Cela arrive tout le temps, mais comment cela arrive-t-il ? Nous n'en savons pas grand chose »[66]. Le problème est plutôt de savoir comment un modèle, qui a préalablement évacué la dimension de la créativité et de la liberté humaine, pourrait ensuite réussir à rendre compte de l'inattendu et du spontané ?

Nul ne saurait affirmer que le changement durant la thérapie ne doit rien à des agissements individuels, ces derniers n'étant pas d'ailleurs imputables totalement au système des interactions. Il est nécessaire de pouvoir conceptualiser les agissements des personnes et les mettre en rapport avec le désir de rupture, de réalisation et de créativité du sujet. On sait que les systémiciens posent comme postulat que les gens viennent pour ne pas changer, ou tout au moins pour ne pas accéder à un changement de type 2. Mais là encore, la position est trop schématique et génère sans doute des effets négatifs; comme il convient sans doute de poser en même temps ses aspirations homéostasiques et ses aspirations au véritable changement, il faut situer l'individu en même temps dans ses peurs et ses désirs. « Il faut poser nettement comme hypothèse, écrit ainsi Enriquez, que désir de réalisation de soi (et de créativité) n'est pas seulement contradictoire avec le besoin de sécurité (se reposer sur des normes, adhérer à un certain consensus, nouer des alliances) mais également complémentaire et en induction réciproque »[67].

On retrouve là, en quelque sorte, les idées de Mead. Le «Je», disait-il, est incertain, il est libre, même au regard de lui-même. L'individu a beau se représenter les conditions générales dans lesquelles il va agir, il a beau se représenter lui-même en train d'agir, il restera jusqu'au bout totalement ignorant de sa future réaction. C'est seulement après s'être exprimé, après avoir agi que le sujet aura conscience de ce «je» qui, pour autant, est au fondement de sa propre expérience. Incertain, le Je décontenance, surprend, non seulement le monde de l'autre mais aussi celui du sujet lui-même.

Aussi sommes nous d'accord avec Enriquez qui, après avoir émis l'hypothèse de désirs contradictoires mais qui s'induisent réciproquement, soutient deux autres idées fondamentales : «celle de la cohérence partielle (et de l'incohérence profonde) que manifestent toutes les conduites individuelles» (car soutenir le contraire serait nier l'inconscient et le travail du négatif auquel il se livre) et celle qui suppose que «l'individu moyen (le petit homme de Reich) puisse mettre en cause certains éléments du fonctionnement social, sans s'en rendre compte, sans en avoir ni la conscience, ni le désir»[68].

On a dit l'intérêt des systémiciens pour les analogies, et en particulier pour celles des jeux réglementés qu'ils utilisent comme «exemples-modèles», comme «micro-paradigmes» (Kuhn) : jeux de foot-ball, jeux de basket, jeux d'échecs ou de bridge, jeux de théâtre. La méthodologie systémique consisterait alors, pour une part, à observer les redondances, à en inférer les règles du jeu et à tenter de les «court-circuiter». Se limiter à cela serait oublier trois points importants :

1) le jeu comme contenu n'efface pas le jeu en tant qu'activité, le jeu comme corps de règles (game) ne rend pas compte du jeu comme expérience du sujet (play). Le jeu, dit Winnicott, permet à l'individu d'être seul en présence d'autrui ; il lui offre, en renouant à ces expériences fondamentales de créativité primaire, en même temps l'expérience du plaisir, de la solitude et du lien interhumain ;

2) la seule observation du jeu comme contenu «déculturalise» le jeu, en même temps que la simple observation chosifie le joueur. Il en est de même pour le chercheur que pour le spectateur du jeu qui ne ferait que raisonner là où il y a plaisir et jouissance ; il raterait en effet l'essentiel, ce à quoi il ne peut accéder que par intuition, empathie, etc. ;

3) la position du chercheur qui, sous couvert d'une méthodologie de l'observable, le conduit à inférer à partir des redondances risque de le mener à prendre pour le réel ce qui n'en constitue que des épiphénomènes.

S'il est indéniable que certains courants de l'approche systémique puissent être ressentis comme «la dernière grande étape de la théorie et de la pratique psychologique, affranchies de la psychanalyse et du behaviorisme», il n'est pas certain que cela tienne à proprement parler à la nouveauté de leur épistémologie. Ce qui importe peut-être davantage, c'est la manière dont celle ci est parvenue à rendre légitime *dans le cadre de sa propre pensée* l'évacuation de certaines questions lancinantes : ainsi celle de la subjectivité et l'expérience du thérapeute, celle de son pouvoir et de ses abus...

Il semble d'après certains indices que l'on assiste, avec la réintroduction du niveau individuel, à un amollissement ou à une dialectisation de cette épistémologie palo-altiste. Quoiqu'elle en dise, une part de sa puissance persuasive tenait, outre à son langage particulier et à ses techniques d'intervention, à son fondement «logique» (il existe des niveaux repérables et le niveau interpersonnel est déterminant) et à ses réflexes idéologiques (le «psychisme», la «conscience», la «personnalité» n'ont aucun sens)! Céder même en partie de sa cohérence, c'est refuser dès lors toute légitimité — du moins en toute bonne conscience — à certains aspects de son langage et de sa pratique. Si le niveau 1 et le niveau 2 sont en inter-pénétration, si le niveau individuel échappe en partie au niveau interpersonnel supérieur, alors comment continuer à justifier des interventions sensées ne toucher qu'aux relations et non pas aux victimes?

En acceptant de ne pas réduire les êtres humains à de purs «éléments du système» ou à de simples «congénères», on ne peut éviter dès lors d'adhérer à cette conviction des psychologues humanistes selon laquelle «la vision phénoménologique du patient ne serait pas simplement une étape, mais constituerait peut-être tout le problème. *Elle est à la fois le préliminaire et l'aboutissement* d'une thérapie»[69].

Mais on se permettra d'être assez circonspect sur la possibilité pour l'approche systémique d'éviter de sombrer dans les ornières du modèle : les ambiguïtés sont dès le départ constitutives, et il faut tenir compte en plus de la connivence étroite de tels modèles avec les idéologies sociales, de leur intrication avec la dynamique des rapports sociaux contemporains[70].

Les modèles systémiques évolueront nécessairement, les élaborations théoriques changeront. On pourra ainsi «systémiser» progressivement des concepts étrangers et des champs annexes; ainsi, récupérant la «vieille» psycho-sociologie des groupes, certains feront de la «systémique» en baptisant de façon nouvelle les anciens termes, et en se situant bien en arrière de ce qu'on sait déjà mais avec le parfum et le panache de la «révolution systémique». L'ensemble pourra néanmoins demeurer dans la stabilité apparente tant que ne sera pas remise en question cette certitude de conceptualiser les problèmes en faisant une référence magique à un Système qui serait quelque part le référent ultime : malgré les échecs patents d'une épistémologie, on continue en effet à se référer à un mode de penser *vraiment* circulaire, à une conception *véritablement* systémique[71] sans jamais préciser autrement que par allusion ce que cela signifie.

C'est là sans doute le verrou du système, lorsque rarement la discussion s'ouvre, elle bute très vite sur les mêmes schémas de pensée : «on ne peut pas ne pas influencer » empêche toute interrogation sérieuse de la manipulation, « on ne peut pas ne pas communiquer » évacue la question de ce qu'est un être humain, en tant qu'être humain. Mais peut-être le modèle systémique, pour des raisons bien compréhensibles, ne peut-il pas ne pas axiomatiser...

NOTES

[1] Cf. « De la problématique à l'idéologie systémique », chapitre 1.
[2] Cassiers L., « Thérapie familiale, bilan et prospectives » in *Thérapie familiale*, Genève, 1985, vol 61, n° 1, pp. 1-31, p. 29.
[3] Cf. les modélisations en termes de système fermé, système ouvert, etc. et ce qu'en dit I. Stengers par exemple. « l'attraction du formel » chapitre 2.
[4] *Ibid.*, p. 30.
[5] Watzlawick P., « Entretien avec C. Wilder » in *La nouvelle communication, op. cit.*, p. 333.
[6] Goldmann L., *Marxisme et sciences humaines*, Paris, Gallimard, 1979, p. 175.
[7] Neuburger R., « Aspects de la demande. La demande en psychanalyse et en thérapie familiale » in *Thérapie familiale*, Genève, 1980, vol 1, n° 2, pp. 133-144. L'auteur se réfère à Freud pour désigner ce qui caractérise les « trois temps » de la demande en psychanayse : « premier temps : le symptôme, témoin du conflit. Deuxième temps : la souffrance qui en découle. Troisième temps : l'allégation (terme qui signifie mettre en avant, se prévaloir, s'appuyer sur, invoquer) ».
[8] Bourguignon O., « Transdisciplinarité de l'approche de l'objet et articulation du psychologique et du social » in *Bulletin de psychologie*, tome XXXVI, n° 360, pp. 559-563. Les italiques sont de l'auteur.

[9] DEVEREUX a particulièrement insisté à ce propos, en se référant au principe de complémentarité d'Heisenberg dans ses *Essais d'ethnopsychiatrie générale*, Paris, Gallimard, 1979, p. 81.

[10] PAGES M., «Systèmes socio-mentaux» in *Bulletin de psychologie*, tome XXXIV, n° 350, pp. 589-601, p. 590.

[11] BEN SLAMA F., «Souffrance psychique et culture : l'hypothèse des processus tertiaires» in *Bulletin de psychologie*, Tome XXXVI, n° 360, pp. 531-536.

[12] WATZLAWICK P., «Entretien avec...» in *La nouvelle communication, op. cit.*, p. 322. Il paraphrase lui-même la phrase célèbre d'Einstein.

[13] Beaucoup partagent ce point de vue énoncé par M. BOWEN «la question de l'étiologie provient d'un cadre de référence psychanalytique», *La différenciation du soi*, p cit, p. 65. On a par ailleurs donné antérieurement les résultats obtenus par l'équipe de Watzlawick qui ne les a pas groupé selon des critères diagnostiques, soutenant que «la nature du problème présenté semble avoir peu d'influence sur (le) taux de réussite ou d'échec», «Thérapie courte :...» in *Sur l'interaction, op. cit.*, p. 385.

[14] LEVY M., «Emergence du sujet et thérapie systémique» in *Pratique, théorie de la pratique, op. cit.*, pp. 54-65, p. 59. L'auteur poursuit en ces termes : «Il est à l'heure actuelle, et à ma connaissance, à cause de cela, impossible de se faire une idée de l'efficacité réciproque de la systémie et de la psychanalyse par exemple».

[15] Il y a là sans doute aussi l'effet de l'institutionnalisation progressive des «Centres de consultation systémique», qui tendent à se spécialiser naturellement. Mais cela n'enlève en rien quoi que ce soit au problème.

[16] On ne saura pas par exemple, outre la pertinence de l'intervention (absence de feed back régulateur) si le sujet (indiviuel ou familial) a consulté ailleurs, s'il a souffert (peut-être en vain) de la prescription, etc.

[17] CHALTIEL P., «Analyse, lyse et catalyse» in Pratique, théorie de la pratique, *revue du CEFA*, 1982, pp. 26-51, p. 38.

[18] MARC E. et PICARD M., *L'Ecole de Palo-Alto, op. cit.*, p. 93.

[19] *Ibid.*, p. 93. On fera l'hypothèse qu'un tel type de discours suscite très certainement des «images», des fantasmes très particuliers à propos de ce «système» qui, tel l'ogre, réclame son dû, et dévore l'un ou l'autre. Cette remarque prend de l'importance si on la rapproche de la problématique sadique (masquée) que recouvrent certainement certains agissements des thérapeutes. Cf. plus loin dans ce même chapitre, les remarques à propos de la lutte thérapeutique contre «le jeu», l'analogie de la «chasse à la baleine».

[20] Cf. cette remarque de WATZLAWICK, déjà citée : «si nous nous fions à notre propre expérience, tel changement s'accompagne très souvent de l'apparition d'un même problème ou de l'aggravation d'un état déjà existant chez un autre membre de la famille».

[21] Le recours au théorème de GÖDEL, invoquant un «méta-système» pour faire bouger le système de niveau inférieur, peut être ici abusivement sollicité. Car il n'explique rien, et surtout pas pourquoi une minorité active peut transformer les jugements d'une majorité, comme de multiples travaux expérimentaux et la vie quotidienne le prouvent de façon répétée.

[22] WATZLAWICK P., WEAKLAND J., FICH R., *Changements, paradoxes et psychothérapie, op. cit.*, pp. 40-41.

[23] *Ibid.*

[24] Ceci dépassant ce qui nous préoccupe pour l'instant et qui touche plus particulièrement au modèle thérapeutique au sens strict, nous le développerons ultérieurement (chapitre 7).

[25] MORIN E., *Science sans conscience, op. cit.*, p. 178.

[26] MINUCHIN S.- *Familles en thérapie*, Paris, Delarge, 1979, pp. 273-274.

[27] Il s'agit là d'un entretien donné par Mara SELVINI à la revue allemande Kontext en 1979 ; il est reproduit in Selvini M.- *Mara Selvini Palazzoli. Histoire d'une recherche, op. cit.*, pp. 123-124.
[28] *Ibid.*
[29] *Ibid.*
[30] WEAKLAND J., FISCH R., WATZLAWICK P., BODIN A.- «Thérapie courte... in *L'interaction, op. cit.*, p. 362.
[31] SELVINI PALAZZOLI M., CIRILLO S., D'ETTORE L. et al. - *Le magicien sans magie, op. cit.*.
[32] SELVINI PALAZZOLI M., BOSCOLO L., CECCHIN G. et PRATA G.- *Paradoxe et contre-paradoxe, op. cit.*, p. 112. En mettant des caractères italiques à la métaphore employée, nous avons voulu à nouveau insister sur l'importance de celle-ci dans la méthodologie et l'épistémologie de Palo-Alto.
[33] *Ibid.*, p. 119, Les caractères italiques sont ici du fait des auteurs eux-mêmes.
[34] GULOTTA G., *Comédies et drames du mariage*, Paris, ESF, 1985, p. 129.
[35] L'Ecole de Chicago distingue classiquement quatre types d'interaction : la compétition, le conflit, l'accommodement et l'assimilation. La forme la plus fondamentale et la plus élémentaire est la compétition pour le territoire et les ressources naturelles, mais ne pouvant pas exister sans contrôle, elle se présente en même temps sous forme de conflits qui ne sont que des formes réglementées de combat, sous forme d'accommodements d'un individu à l'autre, d'un inférieur à un supérieur par exemple (c'est là ce qu'étudiera GOFFMAN dans les «rites d'interaction»), et sous forme d'assimilation où il y a transformation mutuelle de l'un et l'autre des partenaires.
[36] SELVINI PALAZZOLI M. et al., *Paradoxe et contre-paradoxe, op. cit.*, p. 113.
[37] Il s'agit du même texte que celui précédemment cité où SELVINI donne en détail son intervention auprès d'une famille dont la fille est très petite et anorexique : «j'ai l'impression que lorsque nous soignons une famille par un commentaire paradoxal, c'est un peu la chasse à la baleine, à la baleine blanche : (...) nous lançons le paradoxe dans le corps de la baleine et celle-ci disparaît mais avec le harpon dans le corps, et ce harpon continue lentement à agir».
[38] GULOTTA G., *Comédies et drames du mariage*, Paris, ESF, 1985.
[39] «La lecture du système permet d'isoler le "point-système"». Ainsi débute le chapitre que Evequoz consacre exclusivement à l'intervention psychologique. *Le contexte scolaire et ses otages, op. cit.*, chap. 5, pp. 90-117.
[40] SELVINI M. in *Histoire d'une recherche, op. cit.*, pp. 122-123 cite cette note de sa mère Mara Selvini Palazzoli rédigée en 1981.
[41] Mara SELVINI PALAZZOLI fait ainsi référence aux «très nombreuses familles» venant à son Centre et qui «se prémunissent» par la lecture de *Paradoxe et Contre-paradoxe*; en conséquence, dit-elle les interventions prévues ne fonctionnent pas et il en faut inventer de nouvelles! in Selvini M., *Histoire d'une recherche, op. cit.*, p. 127.
[42] Aussi nous risquerons-nous à montrer l'étrange connivence de ces processus et procédures avec ceux qui utilisent le marketing et la publicité. cf. chapitre 7.
[43] SEVE L., *Introduction à la philosophie marxiste*, Paris, Editions Sociales, 1980, p. 222.
[44] LEFEBVRE M., *L'idéologie structuraliste, op. cit.*, p. 66.
[45] CLAVREUL J., Les enjeux de la psychanalyse. Une éthique du sujet, art. cit.
[46] ANZIEU D., «Le contre-transfert paradoxal», in *L'interaction en médecine et en psychiatrie*, Paris, Génitif, 1982, p. 19.
[47] CASSIERS L., Intervention en assemblée plénière in *Réseaux-Systèmes-Agencement*, p. 20.
[48] HALEY J., *Tacticiens du pouvoir*, Paris, ESF, 1984.
[49] DEVEREUX G., *De l'angoisse à la méthode dans les sciences du comportement*, Paris, Flammarion, 1980, p. 77.
[50] *Ibid.*, p. 15.

⁵¹ WATZLAWICK P., WEAKLAND J. et FISCH R., *Changements, paradoxe et psychothérapie*, *op. cit.*, p. 171.
⁵² WATZLAWICK P., WEAKLAND J., FISCH R., *Changements, paradoxe et psychothérapie, op. cit.*
⁵³ Entendons nous bien. Nous n'attribuons pas à Watzlawick cette intention. Nous ne la considérerons pas non plus comme telle à propos des conseils aux parents du jeune fugueur dans l'exemple que nous lui avons emprunté (il est évident qu'il s'agit là pour lui d'un point de démonstration). Néanmoins, il reste que c'est bien l'«originalité» et l'«ambiguïté» de cette approche systémique, en termes de communication, que de permettre de «lire le réel» en des perspectives qui sont apparemment incompatibles : le jeune comme porteur du symptôme, le jeune comme délinquant qu'il faut parvenir à «influencer/manipuler». On peut, à partir de là, se poser quelques questions à propos des ajustements de la pratique clinique à différents contextes.
⁵⁴ SELVINI PALAZZOLI M., CIRILLO S., D'ETTORE L. et al., *Le Magicien sans magie*, déjà cité précédemment. Les mots en caractères gras sont de nous-mêmes.
⁵⁵ N'y a-t-il pas là encore analogie avec certaines positions structurales? cf. FOUCAULT M., *Les mots et les choses*, Paris, Gallimard 1966, p. 392.
⁵⁶ WATZLAWICK P., «Entretien avec...» in *La nouvelle communication, op. cit.*, p. 328.
⁵⁷ WATZLAWICK P.- «Entretien avec P. Watzlawick», art. cit., p. 328 (les caractères gras sont de nous-mêmes).
⁵⁸ SELVINI M., *Mara Selvini Palazzoli. Histoire d'une recherche*, p. 22.
⁵⁹ *Ibid., p. 23.*
⁶⁰ *Ibid.*
⁶¹ *Ibid.*
⁶² CURIE J., «M Crozier ou le changement sans fins» in Malrieu PH (dir) *Dynamiques sociales et changements personnels*, Paris, Ed. CNRS, 1989, pp. 111-124.
⁶³ La théorie de Crozier est d'ailleurs très fortement marquée par l'approche américaine et elle rejoint sur de nombreux aspects les idées palo-altistes (tout le monde y a du pouvoir, parce que tout le monde communique, etc.). On trouvera une théorisation fort différente, dialectique et non systémique, du «système socio-mental d'emprise» de l'organisation produite par une équipe autour de M. PAGES. *L'emprise de l'organisation*, Paris, PUF, 1980.
⁶⁴ RUFRAUF J., «Réflexions épistémologiques sur la thérapie familiale» in *Thérapie familiale, op. cit..*
⁶⁵ MORIN E., «L'événement sphinx» in *Communications*, 1972, *op. cit.*
⁶⁶ WATZLAWICK P., «Entretien avec C. Wilder» in *La nouvelle communication, op. cit.*, p. 333.
⁶⁷ ENRIQUEZ E., «Individu, création et histoire» in *Connexions*, Paris, EPI, 1984, n° 44, pp. 141-159.
⁶⁸ *Ibid.*
⁶⁹ ALLPORT L.-W., FEIFFEL H., MASLOW A., MAY R., ROGERS C., *Psychologie existentielle*, Paris, EPI, 1971.. Rappelons d'ailleurs à ce propos que Maslow, fondateur de l'Association de Psychologie Humaniste, présentait cette dernière comme «une troisième voie entre la psychanalyse et le behaviorisme»!
⁷⁰ Cf. *infra* chapitre 7.
⁷¹ Aussi, lorsqu'à l'heure actuelle, Mattéo Selvini affirme qu'«une conception *véritablement* systémico-écologique ne peut ignorer» par exemple le niveau individuel. (*Histoire d'une recherche*, p. 23), nous sommes en droit de penser qu'il s'agit là d'une affirmation ayant valeur d'axiome dont la pertinence ne peut être conceptuellement discutée.

Chapitre 5
L'AT : entre système et inconscient

Une fois réfutée la prétention de certains à faire du qualificatif de «systémique» l'équivalent de «collectif», de toute centration sur l'individuel le signe patent d'une obscure incompétence, on peut dire qu'il est exclu d'en revenir à un point de vue behavioriste, car «il est impossible de vouloir mettre de côté tout le champ de la réalité interne qui inévitablement, si on cherche à le jeter par la porte, rentre par la fenêtre»[1].

Y-a-t-il pour autant une possibilité d'envisager, en gardant l'ambition de Bertalanffy d'être à la fois humain et scientifique, une compréhension de la personne qui dépasse à la fois l'insondable des psychologies compréhensives et l'objectivisme des théories comportementalistes, le sociologisme de Palo-Alto et le subjectivisme de la psychanalyse ?

Le modèle systémique développé récemment par Lerbet nous semble être très fidèle à l'orientation de la théorie générale des systèmes : en développant une théorisation du «système-personne», cet auteur entend tout aussi bien dépasser les fausses ruptures entre cognitif et affectif, entre réalité interne au sujet et réalité externe, que s'inscrire dans une démarche en même temps «personnaliste» et scientifique[2]. En s'appuyant sur la théorisation piagétienne, il modélise en effet le système d'un sujet qui n'est pas seulement épistémique, et dont les structures ne sont pas fermées sur elles-mêmes. Mais on ne choisira pas de présenter, malgré son intérêt, cette approche et ceci pour les raisons suivantes : elle est à l'heure actuelle encore très peu connue et nécessiterait d'être pleinement exposée avant d'être analysée, et de plus, elle ne nous semble pas, pour l'instant du moins, aboutir à ancrer de nouvelles pratiques cliniques ou socio-cliniques.

Le modèle que développe l'Analyse Transactionnelle répond tout à fait quant à lui à nos exigences : modélisation de la personnalité, il n'a été développé que pour répondre à des contraintes de la pratique et est utilisé mondialement en thérapie, en formation et en bien d'autres domaines. Bien plus, ce modèle s'inscrit directement dans le vaste débat autour des idées systémiques et fait pour l'instant grincer les dents à droite comme à gauche, de Freud à Watzlawick. Réfuté par les psychanalystes, il se trouve être tout autant rejeté par la plupart des systémiciens. Il représente en quelque sorte pour les uns ce que les autres lui dénient d'être et vice versa : les psychanalystes ne le considèrent que comme une version parmi d'autres de l'orientation systémique mais la plupart des systémiciens considèrent qu'il ressort de la logique de l'analyse freudienne. Sans doute les uns et les autres seraient d'accord pour lui refuser tout bonnement tout intérêt, le réduisant à ne représenter en fin de compte qu'une variante de ce behaviorisme que les systémiciens après Bertalanffy repèrent en toute approche freudienne et que les freudiens flairent en toutes options systémiques!

L'AT : LE GRAIN DE L'ANALYSE ET LE TERREAU SYSTÉMIQUE

Cette drôle de situation s'explique assez bien sitôt qu'on accepte de voir que l'orientation transactionnelle s'interpose entre les deux perspectives précédentes, s'offrant dès lors aux critiques et de l'une et de l'autre mais proposant peut-être des points de rencontre possible entre ces deux «inconciliables». La théorie du sujet que promeut l'Analyse Transactionnelle relève en même temps et de manière irréductible de l'approche psychanalytique et de l'approche systémique. Elle s'est en effet constituée avec et contre la psychanalyse freudienne (avec et contre sa vision du monde, ses concepts et ses méthodes), dans le creuset de l'orientation systémique mais à côté du courant palo-altiste. Ceci nous obligera à perpétuellement suivre les séries d'affiliations et de «déprises» que l'approche bernienne effectue au regard de la psychanalyse, et de l'orientation systémique.

S'il est probablement vrai qu'on ne puisse situer l'épistémologie systémique toujours en filiation même partielle avec la psychanalyse, il reste probable qu'elle doive beaucoup à ce qu'a suscité la prolifération des courants post-psychanalytiques. Suivant en cela Castel, on comprendra sous ce terme toutes les orientations et les courants qui sont post-freudiens au triple sens qu'ils « supposent l'existence de la psychanalyse comme condition historique de leur possibilité, qu'ils lui ont succédé tout en cœxistant avec elle, et qu'ils en retiennent une part de son message »[3]. Sont concernées par l'héritage freudien et sa remise en cause, l'ensemble du courant des psychothérapies brèves et des dissidences psychanalytiques, mais aussi les thérapies non-directives, les existentialismes et les phénoménologies, les orientations freudo-marxistes, et plus largement tout ce qu'on englobe à l'heure actuelle sous le «mot-valise» de «Nouvelles thérapies». En fait, pour la plupart, ces orientations sont celles dont Bertalanffy disait, sinon qu'elles étaient des théories systémiques, du moins qu'elles représentaient le point de vue du système!

Entre la relation et l'interaction : la transaction

L'approche systémique revendique son affranchissement épistémologique tant de la psychanalyse que du behaviorisme. En passant « du fantasme au système » (Goutal), on fait plus que quitter l'intra-psychique pour l'extra-psychique; on marque en effet (et c'est peut-être plus ambitieux) le refus critique d'une méthodologie invérifiable et d'une vision de l'homme marquée par le pessimisme freudien. En même temps on porte l'accent désormais sur les frontières et les rapports entre *l'ego* et *l'alter*, l'interne et l'externe, le conscient et l'inconscient, etc.. Psychiatrie sociale »[4], l'Analyse Transactionnelle travaille avec et pour des individus qui souffrent, prenant en compte (dans sa vision du monde, dans ses concepts et dans ses méthodes) la dimension intra-psychique et la dimension extra-psychique, tenant en même temps aux exigences d'une phénoménologie (centrée sur le vécu et l'expérience intime) et d'une science expérimentale (soucieuse d'observable et de faits).

On pourrait, en schématisant grossièrement, situer bon nombre des courants thérapeutiques contemporains sur un axe qui va de l'idée de la «relation» à celle d'«interaction» selon la manière qu'ils qualifient et/ou qu'ils appréhendent le lien social : la psychanalyse met l'accent sur la «relation d'objet», les thérapies post-freudiennes sur la «relation», les systémiciens palo-altistes sur l'«interaction» ou sur la «communication». Entre les deux derniers courants se situerait l'Analyse Transactionnelle qui insiste, comme elle l'indique elle-même, sur la «transaction».

Bien évidemment, certaines orientations usent de plusieurs termes à la fois, et parfois en les prenant l'un pour l'autre ; mais on ne trouvera guère de thérapeutes rogériens faire références à des interactions ou à des transactions, et on serait étonné d'entendre un membre du Collège Invisible évoquer autrement qu'incidemment la relation (considérée dans son acception psychanalytique ou existentialiste). Malgré les glissements de sens, on peut néanmoins tenir pour acquis que ces différents termes renvoient à des conceptions différentes de ce qui réunit les êtres humains et de ce qui permet d'en rendre scientifiquement compte.

A la conception freudienne d'une relation en termes de « relation d'objet » s'est substituée d'abord la conception des approches phénoménologiques, existentialistes, non-directives, freudo-marxistes, etc. En mettant l'accent sur la relation à l'autre, dans l'échange inter-subjectif, dans la « rencontre », ces courants soutiennent l'idée d'une possible authenticité de l'individu dans ses rapports avec lui-même et aux autres. Dans leur refus d'une certaine « philosophie négativiste » qu'ils disent identifier dans l'œuvre freudienne, ces courants s'édifient sur l'affirmation de la bonté native de l'homme, sur une philosophie des « potentialités humaines » et de la réalisation de soi, d'une responsabilité individuelle, bref d'un certain « libre-arbitre ». Au pessimisme freudien (implicite) répondent des paris optimistes, des actes de foi humanistes. Au sujet traversé, perpétuellement déstabilisé par les pulsions ou les conflits psychiques, on préfère la « personne en développement » dont les potentialités permettent, pour peu qu'elles soient travaillées, activées, une unification de son être, une « croissance ».! A une épistémologie des pulsions et de l'affectivité répond dès lors celle de la cognition et d'une certaine rationalité.

Brisse-Magerand évoque, pour sa part, les quatre grands principes sur lesquels se constituent les dispositifs théorico-pratiques des thérapies post-freudiennes : le choix et la responsabilité comme éléments constitutifs de tout individu, la rencontre dans l'ici et le maintenant comme base de travail effectif, l'empathie et le feed-back comme moyens, le comment (et non plus le pourquoi) comme point de focalisation[5].

Le point de vue psychanalytique insiste sur le poids et la prégnance de ce qui s'est passé ailleurs et avec d'autres : l'histoire du sujet, mais aussi ses relations actuelles et quotidiennes ne pouvant s'entendre autrement que comme « saturées » de cristallisations du passé dans le présent. En développant l'idée que la relation s'éprouve dans la « rencontre », expérience fondamentale où chacun se découvre à soi-même en étant disponible à autrui, le point de vue humaniste fait plus que donner du sens à l'«ici-maintenant». Avec lui en effet s'affirment aussi de réelles possibilités pour une démarche rigoureuse, scientifique, expérimentale : Elles prendront de plus en plus d'importance et de sens au fur et à mesure qu'elles substitueront le regard et l'observation à la parole et à l'écoute.

Il y donc construction progressive, en quelque sorte, des conditions nécessaires à la recherche scientifique. Le processus commence avec l'abandon de l'intimité secrète du cabinet du psychanalyste et du dispositif spécifique qui structure la relation transférentielle; il aboutit au dispositif actuel des thérapies systémiques où la famille, devant la glace sans tain, s'offre en même temps qu'à l'œil machinique de la caméra, aux regards de spécialistes avec lesquels elle n'a que de rares transactions.

Evidemment, les passages d'un point à l'autre existent. L'approche non-directive a beau mettre en relation exclusive, privilégiée, incommunicable à d'autres, le clinicien et le patient de telle manière que le premier, par un effort de disponibilité à l'autre, cherche à en saisir et à en comprendre le monde (dans ses dimensions expérientielles et non purement rationnelles); elle ne renvoie pas pour autant aux abîmes du subjectivisme. On connaît en effet avec quelle ténacité et quelle rigueur Rogers a voulu construire des protocoles expérimentaux pour (in)valider une approche compréhensive qui se caractérise pourtant bien par un refus de toute réduction scientiste de l'être humain aux observables en même temps qu'aux vains schémas de l'abstraction théorique.

En mettant l'accent sur les processus relationnels, sur les projets de la personne, on supprime du même coup la nécessité d'un long détour plus ou moins hasardeux par la reconstruction des causes et des raisons; on cherche dans le présent à laisser émerger les besoins fondamentaux de la personne, à en aider la prise de conscience, à favoriser le développement. Reconnaître la cohérence et l'intérêt de telles approches suppose de garder constamment à l'esprit les convictions humanistes sur lesquelles elles se fondent et à partir desquelles elles travaillent : «l'organisme est auto-régulé, écrit ainsi Rogers. Dans son état normal, il s'achemine vers son propre épanouissement et vers une indépendance libre de tout contrôle extérieur»[6].

Il serait intéressant de montrer comment se fondent avec cette idée une épistémologie et une méthodologie qui se distinguent, ou en tous cas ont les moyens de le faire, de celles qui constituent la psychanalyse : le concept d'interaction débouche sur une distanciation de fait entre le chercheur/praticien et l'autre personne. L'interaction lie définitivement l'un à l'autre dans un système dont seule une ponctuation arbitraire va permettre la saisie; néanmoins si le concept d'interaction présuppose, tout autant que celui de relation à autrui, une situation de co-présence des individus, il n'évoque plus cette situation où l'un au moins tente de voir le monde de l'autre avec les yeux de l'autre. Si le dispositif psychanalytique se situe « à côté » d'une situation intersubjective, le point de vue interactionnel, lui, est d'emblée « au delà »; les individus sont des participants au jeu qui se déroule, ils sont des « auteurs arbitraires » de la communication.

L'idée et le concept d'interaction déplacent le point de vue de l'intérieur vers l'extérieur; l'idée et le concept de « transaction » incitent au contraire à aller, selon la recommandation de Mead, « de l'extérieur à l'intérieur ». Si l'interaction présuppose l'idée d'une modification simultanée de l'un et de l'autre des sujets, la transaction suppose, elle, l'échange, la réciprocité entre eux (souvent entre deux). En même temps qu'elle induit l'idée d'un échange, la transaction nous ramène à l'individu et à la singularité qui est la sienne dans l'interaction. S'il arrive évidemment de prendre l'un pour l'autre ces deux mots, il semble néanmoins plus courant d'utiliser celui de transaction pour désigner un certain type d'échanges dans une interaction et certaines modalités de ces échanges : on parlera ainsi de « disqualifications transactionnelles », « de familles à transactions psychotiques » mais on n'évoquera guère une éventuelle « interaction psychotique ». L'idée de transaction reprend donc celle de « relation » mais elle lui donne un sens nouveau parce qu'elle la situe dans une autre perspective : celle de l'analyse fine et du découpage minutieux des unités de l'échange. La transaction n'est pour autant ni l'équivalent d'un simple comportement, dépouillé de tout autre qualité que celle d'être observable, ni l'équivalent de ce que les psychologues ont l'habitude aujourd'hui de nommer la « conduite », qui reste trop générale et synthétique.

Les fondements spécifiques de l'approche transactionnelle, qui sont aussi ses exigences méthodologiques et éthiques, touchent à la question de la finalité des thérapies (la guérison exige le pragmatisme), à celle des convictions fondamentales sur la condition humaine (la thérapie exige une philosophie humaniste) et enfin à celle de la pertinence de la théorie (comprendre et expliquer, valider ses intuitions). Sur ces trois points, l'Analyse Transactionnelle se démarque d'autant plus de la psychanalyse qu'elle se rapproche des orientations systémiques.

Les exigences pragmatique, humaniste et scientifique de l'AT

L'approche transactionnelle ne vise pas tant à connaître qu'à guérir; sa finalité n'est pas tant de comprendre que de développer des moyens pour agir : « La vraie connaissance, répète Berne, consiste à savoir comment agir »[7]. En ce sens, l'analyse transactionnelle partage le point de vue des partisans des thérapies brèves, marquées par l'intervention active, stratégique du thérapeute et par une recherche de validation des résultats obtenus. Aussi Berne se méfie-t-il explicitement de ce qu'il appelle du « jazz », c'est-à-dire toute élaboration théorique n'ayant aucune incidence sur la pratique ; il rejette ainsi tout langage dont le caractère ésotérique n'a pas d'autre fonction que de charmer l'auditoire, d'occuper le temps et de masquer l'incompétence de la pratique thérapeutique[8].

Mais il convient, pour sortir de la passivité des discours, de refuser aussi l'attentisme de certaines pratiques qui, cherchant à mettre à jour « l'exhaustivité de l'inconscient », en viennent à ne plus pouvoir envisager de travail ponctuel. Ces pratiques se trouvent alors limitées par les élaborations conceptuelles auxquelles elles se réfèrent ! Berne, qui dit avec humour se considérer lui-même comme un « médecin de la tête », voire comme un « ingénieur »[9], refuse de considérer qu'à la souffance du patient, on ne puisse offrir comme réponse thérapeutique qu'une mise à jour de l'inconscient. Ainsi faut-il, selon lui, « reconsidérer le caractère fallacieux du concept de personnalité totale » car « à partir du moment où toute la personnalité est engagée, comment pouvez vous espérer guérir quiconque, en particulier en moins de cinq ans ? »[10]. Le modèle bernien est strictement médical : L'acte thérapeutique consiste en effet à repérer et à « enlever l'écharde » au patient qui, du fait de la généralisation de l'infection, se plaint de troubles et de symptômes divers. Ce n'est pas dire là autre chose que ce que signifie Waztlawick lorsqu'il indique que bien souvent ce sont les mauvaises solutions apportées à une difficulté qui créent un problème[11] qui apparaît de ce fait insurmontable et amène certains à des traitements totalement disproportionnés avec le mal lui-même.

Avec l'analyse transactionnelle, Berne cherchait à mettre la psychiatrie et la psychanalyse à la portée de tous[12], pour guérir le plus de gens possible. Et la compétence du thérapeute, qui ne se contente pas d'aider les patients mais qui doit les guérir[13], peut d'ailleurs s'évaluer dans la qualité de son diagnostic, dans la validité de son plan thérapeutique et dans les résultats obtenus effectivement.

Mais par son acharnement à guérir ses patients, l'approche que Berne a développée s'avère assez critique à propos des points de vue sur lesquels reposent un certain nombre des thérapies habituelles. Pour Steiner, l'un des premiers analystes transactionnels, les diverses orientations psychiatriques se rejoignent sur trois postulats fondamentaux : la différence entre personnes normales et personnes anormales, l'étiologie interne de la maladie mentale et l'existence de maladies incurables, l'incompréhension par les malades de leur propre maladie et leur incapacité de contrôle sur celle ci. A ces trois postulats, il oppose les convictions fondamentales sur lesquelles se fonde l'analyse transactionnelle, au niveau éthique, méthodologique et technique :

1) « les gens sont nés OK »; c'est là une « exigence minimale » pour une psychiatrie. Il ne s'agit point du « mythe du bon sauvage » mais d'un principe méthodologique et d'une affirmation éthique.

2) Les individus qui ont des troubles émotionnels restent humains et peuvent comprendre leur propre destin, ce qui leur arrive; ils doivent ainsi être impliqués dans le processus de leur guérison.

3) Enfin, tous les troubles émotionnels peuvent être guéris avec un savoir adéquat et une approche correcte. La non-guérison traduit plus l'incompétence du thérapeute, son non-savoir que l'incurabilité de la personne » [14].

On voit ici une convergence étroite entre la philosophie de l'approche transactionnelle et celle des courants humanistes d'une part, celle des courants contestataires anti-psychiatriques d'autre part. Mais il convient de bien voir qu'il s'agit là bien plus de **principes d'action** que de simples croyances métaphysiques.

L'approche transactionnelle se donne pour une méthode nouvelle de changement qui ne dénigre ni la nécessité d'une élaboration conceptuelle et théorique (avec évidemment le travail épistémologique qui s'y adjoint), ni celle d'"une méthodologie de la preuve. Si le refus de la théorie est une attitude assez répandue dans le courant humanistique, qui tend à rejeter en même temps les pratiques classificatoires de la psychiatrie et les élaborations conceptuelles de la psychanalyse, l'Analyse Transactionnelle, quand à elle, ne refuse ni les unes ni les autres, même si elle prend à leur égard certaines précautions.

Le cadre épistémologique

L'élaboration par E. Berne, médecin et psychiatre, de l'Analyse Transactionnelle ne se fit pas d'un jour, à la faveur d'une illumination ou d'une soudaine intuition géniale. Comme toute véritable découverte, ce fut bien au contraire le résultat d'un travail de longue haleine, l'aboutissement imprévu des recherches opiniâtres d'un praticien de la psychothérapie, motivé par l'envie d'être plus efficace, intéressé par un certain nombre de questions originales et influencé par plusieurs courants. Paraphrasant

Chazaud, disons de Berne qu'il fut « comme tout savant, le produit d'une lignée. C'est le produit des influences déterminantes définissant le milieu scientifique de son temps. Son œuvre s'y insère selon le processus classique de continuité/dérivation/rupture qui marque chaque progrès des connaissances, en remodelant l'acquis et en lui ouvrant de nouveaux développements »[15].

Situons dès à présent le terreau conceptuel et théorique sur lequel s'appuie l'approche bernienne. Le tableau ci-dessous regroupe la quasi-totalité des auteurs cités dans les différents articles que Berne publia dans les années qui suivirent la deuxième guerre mondiale et dont il fit un livre important : *Intuition and Egostates : the origine of T.A*[16].

Rhine			**Federn**				
Poincaré			**Fenichel**		**Reik**		
Darwin					Jones		
		Berne	Wiess		Jung		
			Freud				
			Kestemberg	Brever		Shilder	Kris
			Deutsh	**Kahn**			
			Silberer	Bion			
Ashby	Ross		E. Erikson				
Brillouin	**Wiener**				Bergler		
Shannon	Weawer						
Bateson	Walter Gray		Spitz				
			Piaget				

On percevra à la simple lecture de ce tableau que le cadre épistémologique dans lequel Berne élabore ses premiers travaux de recherche se situe au carrefour de l'héritage freudien et des nouvelles théories cybernétiques et informationnelles.

Berne n'a pas sans doute été membre du Collège Invisible, mais il ne fait aucun doute que certaines des idées portées et diffusées par ce mouvement lui aient été en grande partie familières, tant celles d'information et de communication sont centrales dans son approche. On sait qu'il fut au courant des recherches de Milton Erikson, qui influencèrent directement les travaux de Palo-Alto; il cite Bateson, Hall, etc.. à plusieurs reprises dans ses ouvrages.

Même s'il est médecin psychiatre, il est d'abord et avant tout psychanalyste. En 1947, son premier livre témoigne d'une orientation nettement marquée par la psychanalyse freudienne; près de 10 ans plus tard, après un nouvel échec devant le comité d'investiture, il renonce à être reconnu comme psychanalyste par ses pairs et se sépare définitivement des instances psychanalytiques officielles. Néanmoins, s'il s'en détache, c'est selon ses propres mots « dans les meilleurs termes ». C'est qu'en effet, comme le note Hosty, « jusqu'à la fin de ses jours, Berne proclame son attachement indéfectible à la psychanalyse [17] ». Berne est resté fidèle à la psychanalyse. Durant de longues années (une quinzaine) en analyse auprès d'Erikson puis de Federn, il utilisera jusqu'à la fin de sa vie le divan comme outil de travail. En même temps, ses préoccupations, ses concepts sont marqués par l'orientation des recherches sur la communication.

On peut se demander, au vu de ces informations, si Berne ne se trouvait pas dans les conditions les meilleures pour édifier une théorie qui assure justement un point de rencontre, sinon de passage, entre la psychanalyse et le modèle systémique de Palo-Alto.

Envisageant le rapport entre les théories de la communication et la théorie psychanalytique, Perron (qui procède d'ailleurs à l'amalgame classique entre approche systémique et modèle interindividuel de Palo-Alto), entrevoit très justement « un point de contact possible » entre ces deux perspectives difficilement conciliables : il suggère de considérer l'individu comme un « sous-système » du système interindividuel et évoque à ce niveau la pertinence d'une des instances décrites par Freud dans sa seconde topique. « On pourrait soutenir, écrit-il, que le Moi de la seconde topique freudienne est un tel sous-système : il est en effet défini par sa double fonction, d'une part en tant qu'il contrôle les échanges avec l'extérieur (ce sont les fonctions adaptatives du Moi, sur lesquelles Hartmann en 1939 avait mis l'accent) et d'autre part en tant qu'il s'efforce de maintenir l'équilibration interne, le Moi est l'instance qui s'applique à assurer des compromis entre les expressions de la poussée pulsionnelle et le refoulement » [18].

Son enthousiasme s'arrête, malgré tout, bien vite. « Cependant, poursuit-il en effet, une généralisation théorique, où la personne serait considérée aux deux niveaux (en tant que système, celui de l'appareil psychique, et en tant que sous-système partie prenante d'un groupe) apparaît bien malaisée. La difficulté majeure réside dans la divergence, et peut-être le caractère inconciliable de deux postulats fondateurs que sont d'une part la notion d'inconscient dynamique (le conflit psychique est pour l'essentiel inconscient, du moins fait de processus où le refoulement joue un rôle majeur) et d'autre part la notion de communication (le conflit entre personnes et sa reprise interne est de l'ordre du malentendu dans la transmission d'un message) ».

Or la notion d'«Etat du Moi», pierre angulaire de l'analyse bernienne, tout en même temps marquée du sceau systémique et psychanalytique, est peut-être justement à même de dépasser cette incompatibilité.

LA PSYCHANALYSE DES ÉTATS DU MOI

On ne saurait saisir le sens et l'importance du travail de Berne à partir d'une simple présentation des différents «états du moi», qu'on effectuerait à partir de quelques définitions, fussent-elles pertinentes; le risque en effet est de laisser croire que ce fut là une «découverte géniale». Là encore il en est en effet pour Berne comme pour Freud ou n'importe quel scientifique de renom; à en faire des génies qui, un beau jour, découvrent *ex nihilo*, on condamne leurs «découvertes» à n'être prises que pour de simples gadgets. Le mieux, pour rendre compte du lent travail de Berne, est encore d'en revenir à celui qui fut son analyste durant des années, P. Federn; on verra mieux ensuite ce que fut le travail de Berne et l'originalité de ses concepts.

Le morcellement du moi et sa réalité phénoménologique

Psychanalyste de psychotiques, de ceux là dont justement son grand confrère viennois disait qu'ils «étaient fâcheux pour la psychanalyse», Federn ne se démarqua jamais — du moins officiellement — d'une stricte fidélité à Freud; il s'en éloigna pourtant de manière assez conséquente dans le «recadrage» qu'il fit tant des idées et théories psychanalytiques que de la pratique même de la cure. Au niveau des idées, Federn mit l'accent sur le Moi, soutenant l'idée de son extrême morcellement, celle de sa réalité phénoménologique, et de ses lésions comme préexistantes à toute pathologie mentale. Au niveau de la cure, il en bouleversa le cadre et les techniques.

La conceptualisation que donne Federn de l'appareil psychique évoque une infinité de variations du moi, des «états du moi», aux frontières et aux modes d'investissement différents»[19]. «Dans toute émotion, écrit par exemple Federn, deux états du moi s'influencent mutuellement ou sont influencés l'un par l'autre». Ainsi que l'écrit l'auteur, «parler de frontières du moi revient à dire que le moi se sent lui-même non seulement comme un tout indéterminé mais comme possesseur de mille "nuances" différentes de sentiments, selon l'aspect ou l'état ou le secteur du moi qui domine les autres et les influence»[20].

Le moi en effet « se sent lui-même », il est une « évidence phénoménologique » pour la personne, non un construct du chercheur. En parlant de « sentiment » ou de « sensation du moi », Federn veut signifier qu'il ne s'agit pas là seulement d'un savoir ou d'une conscience que le moi aurait de ses propres qualités, mais qu'un élément sensoriel est aussi inclus dans l'expérience du sujet. Si les individus n'ont pas d'ordinaire conscience de leur moi, ils en éprouvent des « sensations » particulières dans le cadre de leur vie quotidienne lorsqu'ils sommeillent, sont fatigués, distraits, rêvent éveillés ou lorsqu'ils souffrent de pathologies névrotiques ou psychotiques. Dans ces états particuliers de conscience, ordinaires ou pathologiques, une sorte de « sentiment d'étrangeté », qui marque une « perte de la fermeté interne du moi », se manifeste au sujet et le fait se sentir bizarre dans le rapport qu'il noue soit à lui-même, soit à la réalité extérieure. Chez les patients perturbés, Federn observe des identifications du moi qui ne s'effectuent pas seulement aux sensations internes, mais parfois à des stimuli qui viennent de l'extérieur; il y a chez eux des identités multiples, en rapport avec ce qu'il nomme des « influences psychiques ».

Federn, en insistant sur la réalité expérientielle du moi, rejoint des perspectives philosophiques ou phénoménologiques [21], mais il s'écarte assez nettement du même coup du cadre de la métapsychologie freudienne. « Bien que la théorie freudienne du moi et du ça soit bien formulée, souligne-t-il, ce n'est pas cette théorie, mais le phénomène familier du sentiment du moi qui démontre l'existence du moi. Le moi n'est pas un simple concept, une distinction établie par contraste avec autre chose, que ce soit le ça ou la représentation d'objet; il y a en tout individu un moi unité qui demeure le même, bien que les contenus du moi changent de façon rapide ou lente, éphémère ou durable » [22].

L'analyse que mène Federn a des conséquences au niveau de sa conception tant de l'étiologie des pathologies mentales que de leur traitement. Comprenant d'une même manière l'étiologie de la psychose et de la névrose, il réfute en effet l'explication classique de la psychanalyse qui fait de la perte de la réalité (du désinvestissement de la libido d'objet) la cause première (ou en tout cas le signe avant-coureur) de la pathologie. Selon lui, « toutes les psychoses et toutes les névroses sont précédées par des troubles du moi qui prennent la forme de l'étrangeté mais (...) ceci a disparu pour la plus grande partie quand la névrose et la psychose se sont installées ou c'est arrivé le plus souvent dans la première enfance et a été oublié » [23].

Si, comme Federn le dit, « le sentiment du moi permet à l'individu de faire la distinction entre le moi comme sujet et le monde extérieur et aussi entre le moi comme objet et les représentations objectales », l'activité du sujet devient une donnée fondamentale. Le sujet n'est plus seulement traversé par l'inconscient, destructuré par des forces qui lui échappent; bien au contraire, ce sujet fait l'expérience du conflit psychique, il perçoit, ressent, éprouve, et il réagit à sa propre déstructuration, etc.

On pourra s'interroger sur ce que fait en fin de compte Federn, en tant que psychanalyste, avec les patients psychotiques : il propose en effet d'abandonner presque tout ce qui caractérise classiquement la cure (abandon de l'association libre, de l'analyse du transfert positif, de la mise en place de la névrose de transfert, de l'analyse des résistances [24]), et ne voit pas d'inconvénient majeur à utiliser de méthodes comme celles de l'analyse de groupe de Burrow ou de Schilder ou la méthode scénique de Moreno. On le comprendra mieux si on considère que, de son point de vue, « le temps est proche où il n'y aura plus de faille entre le psychanalyste et le psychiatre », l'analyste devant faire passer au premier plan le souci thérapeutique et tenir pour secondaire celui de mener une analyse « parfaitement réussie », ou « parfaitement clinique » [25].

Reconnaissance de la réalité phénoménologique du moi et du sujet comme « figure de l'expérience », souci thérapeutique remettant en question en même temps les principes techniques de la cure et un certain esthétisme des soignants, voilà ce que Berne lui-même continuera de soutenir, à travers l'élaboration de l'Analyse Transactionnelle.

La découverte bernienne des états du moi

Patageant ainsi la perspective de Federn, Berne invite à considérer que les « états du moi » ne sont pas des concepts comme le Surmoi, le Moi et le Ca, ou comme les constructions de Jung, mais des réalités phénoménologiques [26]. Aussi, dit-il, un état du moi peut « se décrire phénoménologiquement comme un système cohérent de sentiments liés à un sujet déterminé, et opérationnellement comme un système de comportements; de façon pragmatique, il s'agit d'un système de sentiments qui détermine un système correspondant de types de comportement » [27]. Mais alors que Federn envisageait une multitude d'états du moi, Berne en vient progressivement à différencier trois « organes psychiques » pour désigner les différents « états du mental et les patterns de comportement qui y correspondent ».

Si nous devons, pour la clarté de nos analyses ultérieures, préciser quelque peu la nature des trois états du moi, nous ne développerons pas

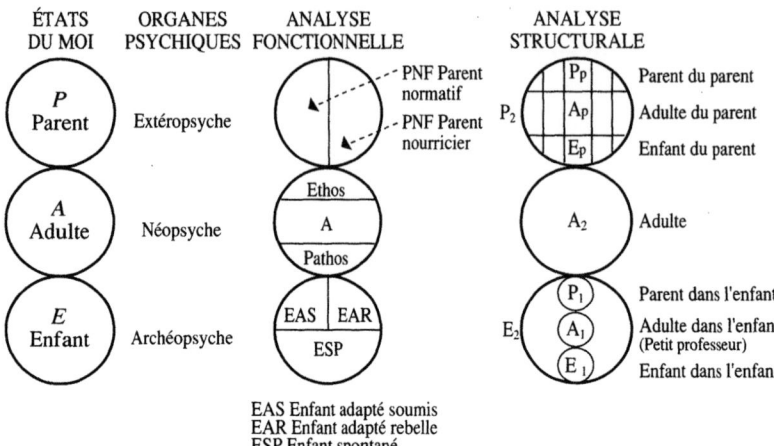

EAS Enfant adapté soumis
EAR Enfant adapté rebelle
ESP Enfant spontané

pour autant en détail leur analyse ni dans sa dimension structurale, ni dans sa dimension fonctionnelle. On se contentera de donner la figuration conventionnelle de l'une et de l'autre.

L'« état du moi Adulte » est caractérisé par un ensemble autonome de sentiments, d'attitudes et de patterns de comportement adaptés à la réalité courante[28]. Son fonctionnement n'étant pas altéré par des « mois » archaïques, introjectés, une personne qui se trouve dans cet « état du moi » est en contact avec ce qui se passe tant en elle (expériences présentes, expériences passées, influences psychologiques de personnages importants, identifications avec eux) qu'à l'extérieur d'elle (ce qui se passe dans la relation).

L'« état du moi Enfant » est « un ensemble de sentiments, d'attitudes et de patterns de comportement qui sont des vestiges de l'enfance de l'individu ». Même s'il apparaît comme étant en contact avec la réalité présente, un individu dans cet « état du moi » perçoit les stimuli internes et externes, traite les informations et réagit dans la situation avec des capacités réduites tant au niveau comportemental qu'émotionnel ou qu'intellectuel ; ces capacités sont celles de l'enfant qu'il était à l'âge où se sont produites des fixations. Dans les aléas de son développement, dans les multiples et diverses situations rencontrées, l'enfant éprouve des besoins, sensations, impulsions, pensées et comportements, y réagit par des mécanismes variés de défense du moi : déni, clivage, etc. C'est l'ensemble de cette expérience, de cette personnalité qui est ainsi désigné par l'«état du moi Enfant»; la personne qui est dans l'Enfant n'est pas *comme* l'enfant qu'elle a été, *elle est cet enfant.*

L'«état du moi Parent» caractérise un «ensemble de sentiments, d'attitudes et de pattern de comportement qui ressemblent à ceux d'une figure parentale». Federn évoquait des «présences psychiques» dans l'expérience des psychotiques; Berne marquera les contenus du Parent comme des intériorisations ou des introjections effectuées inconsciemment par l'enfant à partir de sa propre perception des figures parentales.

Du fait de leur fixation à un âge révolu, les états du moi archaïques (Enfant) ou introjectés (Parent) demeurent non cohérents et non intégrés à ce «mental actuel» qu'est l'état du moi Adulte. Le sentiment que l'individu a de ce qui est son moi, (en termes plus modernes, son sentiment d'identité) englobe les trois états du moi, mais le sujet le plus souvent n'en a même pas conscience. Comme le disait Federn, «nous n'avons pas plus conscience de notre moi que de l'air que nous respirons, c'est seulement quand la position devient difficile qu'on reconnaît le manque d'air»[29]. A un moment par exemple, le sujet s'observe en train de réagir à une situation d'une manière qu'il ressent comme étant en même temps sienne et étrangère à lui (par exemple se met dans une colère folle tout en ressentant une profonde tristesse), ou bien, ayant l'impression de traiter les stimuli actuels et d'éprouver des sensations et des émotions «ajustées» à l'ici-maintenant, il ne se rend pas compte que son expérience actuelle est perturbée par des idées, des sensations introjectées ou archaïques.

En affirmant l'existence de frontières plus ou moins perméables aux différents type d'investissement psychique, Berne cherche à rendre compte en outre de certaines expériences particulières. L'énergie psychique, souligne-t-il, peut se déplacer graduellement d'un Etat du moi à un autre (par exemple de l'Adulte à l'Enfant), jusqu'à ce qu'elle aboutisse à transférer à cet état du moi le «pouvoir exécutif»; mais cet état du moi n'est pas forcément ressenti comme «Soi véritable». Une personne poussée au chapardage peut par exemple se sentir elle-même progressivement piégée par une partie d'elle-même qui peu à peu prend le contrôle de ses pensées, de ses émotions et de ses actes, mais elle n'identifie pas pour autant cette partie d'elle-même comme son «Soi véritable». Par ailleurs, en ce qui concerne l'état du moi Parent, Berne différencie le «Parent actif» (qui a le pouvoir exécutif et qui est reconnu par le sujet comme son «Soi véritable») du «Parent influent» (pouvoir exécutif à l'Enfant, le Parent n'agissant que comme influence) : si, dans le premier cas, l'individu agit comme son père par exemple, il agit dans le second comme son père aurait désiré qu'il le fit. Il en va de même concernant l'état du moi Enfant qui se différencie lui aussi en «Enfant Adapté» ou «Enfant Libre» selon la présence ou non de cette influence [30].

Les états du moi ne sont pas des constructions conceptuelles, mais des réalités phénoménologiques; on ne peut donc les réduire à n'être qu'une sorte de réplique plus ou moins gadgétisée des trois instances décrites par Freud. Au contraire, selon Berne, chacun de ces états du moi, comprenant en lui-même des influences qui proviennent du Moi, du Surmoi et du Ça [31], se trouve traversé et fondé dans ses processus intra-psychiques, par des mécanismes de défenses.

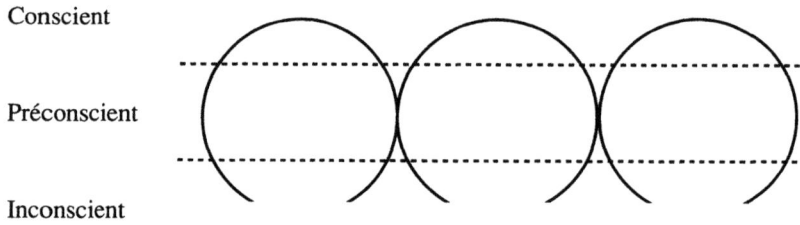

L'opérationnalisation de la psychanalyse

Aussi l'approche bernienne des «états du moi» n'a rien d'une théorisation qui se prétende anti-psychanalytique, bien au contraire. Malgré l'originalité de ses avancées théoriques, malgré sa méthodologie thérapeutique particulière, Berne reconnaît la dette qui est la sienne à l'égard de la démarche psychanalytique. On peut sans aucun doute affirmer que, de son point de vue, l'A.T est «para-freudienne», mais jamais «anti-freudienne». Il reconnaît pleinement l'existence de l'inconscient et les enjeux d'une telle option.

Les analystes transactionnels sont fidèles à Freud tout en s'abstenant d'être de simples propangadistes d'une théorie érigée en doctrine. Ainsi, souligne Berne, «les analystes de scénario croient à l'inconscient, mais ils mettent l'accent sur le conscient en traitant des patients pour qui la psychanalyse orthodoxe est plus ou moins contre-indiquée, selon la propre déclaration de Freud» [32]. Berne et ses collaborateurs (Steiner, Holloway, Goulding, Schiff, etc.) développèrent la démarche de l'A.T vers des pathologies délaissées par la psychanalyse : le concept de «jeux transactionnels» permit de travailler efficacement avec des patients paranoïaques, celui de « scénario » et de « reparentage » permet de guérir effectivement des schizophrènes [33], etc.

En agissant ainsi, ils ne cherchent pas à réfuter les avancées opérées par la psychanalyse, mais à les accentuer. Berne indique [34] que la plus fréquente des objections qu'on puisse faire à la théorie du scénario est celle qui consiste à énoncer qu'on « ne peut pas guérir, au sens psychanalytique du terme, en ne travaillant que sur du matériel conscient ». S'il ajoute que « c'est exact », il souligne néanmoins deux points. Après avoir remarqué qu'« en devenant à la mode, l'inconscient a été grossièrement surestimé » et que ce qu'on nomme inconscient n'est bien souvent que de l'ordre du pré-conscient, il écrit qu'« en tout cas, rien n'interdit à l'analyste de scénario de travailler sur du matériel inconscient (c'est-à-dire sur certains dérivés « primaux » de l'angoisse originelle de castration et de la colère œdipienne originelle) s'il est armé pour cela. Et il le fera, bien sûr, car ce sont ces expériences qui constituent le protocole fondamental du scénario »[35]. Par ailleurs, enlevant aux seuls psychanalystes le droit de « légiférer » sur ce que représente vraiment la guérison, il note que l'analyse du scénario est « au moins aussi fréquemment » efficace que la psychanalyse si l'on ramène les critères de guérison à une définition pragmatique de type : le patient, exempt de symptôme, peut aimer et peut travailler efficacement [36].

A l'origine, Berne considère l'A.T seulement comme un préalable, ou comme un complément possible, à une cure psychanalytique. L'analyse structurale des états du moi, qui aboutit au contrôle social et au soulagement des symptômes des patients, effectue le même travail que la psychanalyse : « en termes structuraux, (elle signifie) la substitution du thérapeute au parent originel ; en termes transactionnels, ceci signifie que le thérapeute offre au patient la possibilité de reprendre avec lui le jeu qui a été interrompu lors de son enfance par la mort ou le départ prématuré du parent originel, ou encore de le jouer sous une forme plus bénigne que ne le fait ou le faisait le parent »[37]. Peu à peu, sous l'influence des résultats obtenus et sous la pression de ses collaborateurs, Berne en viendra à considérer l'Analyse Transactionnelle comme ayant une spécificité à part entière et une valeur autonome. Bien plus, il affirmera que « l'on peut facilement considérer la psychanalyse, du point de vue méthodologique, comme un aspect hautement spécialisé de l'analyse structurale »[38].

La conviction de Berne, c'est sans doute de contribuer à développer les recherches commencées par Freud. On pourrait en effet dire de l'analyse transactionnelle ce qu'il écrit à propos de la « doctrine du scénario»; elle «n'est pas étrangère à la psychanalyse et n'en est pas même indépendante. Elle en est un prolongement»[39].

Car comme il le remarque non sans humour, «un progrès en matière de psychanalyse n'est pas plus anti-psychanalytique qu'une amélioration des avions ne fait offense aux frères Wright»[40].

LE MODÈLE DES TROIS ÉTATS DU MOI

Mais il reste néanmoins que, pour séduisante qu'elle soit, cette théorie des «égostates» a besoin d'être légitimée. Une question importante en effet se pose sitôt qu'est connue la littérature transactionnelle : si Berne, à propos des états du moi, indique qu'il s'agit de «réalités phénoménologiques» et non de concepts, n'y-a-t-il pour autant là aucune «construction» théorique? Ou la même question, sous une forme plus incisive : d'accord pour reconnaître des états du moi, mais pourquoi **trois**?

Berne appuie la légitimité de son élaboration conceptuelle sur différents travaux : sur ceux de Federn et de son collègue Weiss, mais aussi sur des expériences en neurologie. Si toutes ces références à d'éventuels sous-bassements biologiques témoignent bien de son adhésion à une conception résolument classique de la science, elles ne permettent pourtant pas de valider ce qu'il faut bien dès lors appeler l'«hypothèse» des trois états du moi.

La légitimité des trois états du moi

Federn et Weiss ont montré comment des «complexes perceptifs» passés pouvaient être ré-actualisés, ré-investis à l'occasion de certaines expériences bien particulières comme celles que procurent le rêve, la situation hypnotique ou la crise psychotique. S'il évoque les expériences menées sous LSD par Chandler et Hartman, Berne insiste surtout sur sa dette à l'égard de Federn qui fut «le premier à avoir affirmé sur le plan psychiatrique ce que Penfield a démontré plus tard par ses remarquables expériences neuro-chirurgicales, à savoir que la réalité psychologique s'appuie sur des états du moi intégraux et discontinus»[41]. Pour sa part, le neuro-chirurgien Penfield avait en effet découvert que la stimulation électrique de certains points précis des lobes temporaux de patients épileptiques amenaient ceux-ci non seulement à ré-évoquer des souvenirs précis, mais encore à revivre des scènes entières de leur passé : les patients étaient alors à la fois acteurs et spectateurs, conscients de la situation présente tout en étant conscients de revivre du passé.

Mais Brilleaud, qui s'est penché sur la question de la légitimité du modèle des états du moi[42], note avec raison que Berne a trop tôt fait de passer de l'idée de «complexes perceptifs» soutenue par Federn et confirmée par Penfield à celle d'états du moi. En effet, si Federn évoque bien l'état du moi en parlant de «cette réalité telle que la vit effectivement un sujet, de son moi mental et corporel, avec le contenu qu'y a déposé sa vie passée», il s'agit chez lui d'une multitude d'états du moi différents et non pas de *trois* systèmes définis et repérables, jouissant d'une certaine cohérence. «La citrouille, écrit avec humour Brilleaud, a été transformée en carrosse avec tant de subtilité qu'apparemment personne ne s'est encore avisé de la métamorphose».

L'opération de substitution n'a pourtant pas *à priori* été facile pour Berne : pour assurer une assise biologique au système des trois états du moi, il est contraint de postuler l'existence d'«organes psychiques». «Alors que l'exposé théorique est assez complexe, souligne-t-il, les applications pratiques de l'analyse structurale et transactionnelle font appel pour tout vocabulaire ésotérique à six mots seulement. L'extéro-psychè, la néo-psychè et l'archéo-psychè sont considérés comme des organes psychiques qui se manifestent phénoménologiquement comme des états du moi extéro-psychiques (par exemple d'identification), néo-psychiques (par exemple d'élaboration des données) et archéo-psychiques (par exemple régressifs). En langage familier, on appelle respectivement ces types d'état du moi le Parent, l'Adulte et l'Enfant à partir desquels on pourra passer au repérage des «phénomènes observables et éprouvables». Pourtant, on reste quelque peu dérouté par ce qui apparaît plus comme un tour de passe-passe que comme une véritable démarche fondatrice. Berne a beau en effet déclarer que «les problèmes méthodologiques mis en jeu par le passage des organes aux phénomènes et aux substantifs ne concernent pas les applications pratiques», on reste avec un sentiment de gêne en ce qui concerne la validité, non seulement au niveau méthodologique mais à celui de l'épistémologie, des élaborations de cette approche qui s'appuie sur de telles bases incertaines.

Et pourtant c'est le point de vue de Berne, contre celui de Brilleaud, qui mérite d'être soutenu. Que fait en effet Brilleaud pour offrir le «chaînon manquant» à l'édifice bernien? Il cherche dans les travaux neurobiologiques contemporains et s'enchante de ce que la «théorie des trois cerveaux» développée par Mac Lean convienne tout à fait à ses exigences. En défendant l'idée que l'homme possède «un système hiérarchique de trois cerveaux-en-un, un triple cerveau», Mac Lean semble en effet permettre une analogie facile avec le système des trois états du moi. En d'autres termes, comme le dit Brilleaud, «nous possédons trois bioordinateurs (bio-computers) interconnectés, qui ont chacun leur propre type d'appréhension du temps, de mémoire, de fonction motrice, etc. et qui, bien qu'interconnectés, sont capables de fonctionner indépendamment»[43]. Or, outre le fait que cette référence à la théorie des trois cerveaux ne va pas sans poser de graves problèmes[44], cet essai de légitimation forcenée nous masque l'essentiel.

C'est en se référant à des postulats, à ce qu'il appelle des «principes pragmatiques», que Berne légitime le mieux sa théorie des trois états du moi. Ainsi

1) «toute personne adulte a été autrefois un enfant;

2) tout être humain dont les organes cérébraux fonctionnent correctement est doué d'une épreuve de réalité convenable;

3) tout individu qui parvient à l'âge adulte a eu soit de véritables parents, soit des gens qui en tenaient lieu»[45].

On pourrait rétorquer que la thèse du cerveau tri-unique est nettement plus solide que ce simple argument pragmatique; on pourrait même aller jusqu'à dire que si, comme l'entend Berne lui-même, le principe pragmatique désigne «un état de fait auquel on ne connaît jusqu'à maintenant aucune exception», on devrait envisager de parler tout autant d'états du moi «Adolescent», ou «Vieillard» que d'Enfant, d'Adulte et de Parent!

Eh bien, c'est justement ce que Berne a été conduit à envisager à propos d'un éventuel état du moi Adolescent! Il n'a pas pourtant donné suite à cette idée, parce que comme il le signala «en l'état actuel des choses, il vaut mieux, semble-t-il, considérer l'«adolescent» comme un problème structural que comme une entité séparée ou comme un état du moi *sui génèris*»[46]. Mais, quoiqu'il en soit, qu'il ait songé à une telle éventualité élude radicalement toute entreprise de légitimation biologique ou neurologique des états du moi. On devrait alors inventer un quatrième cerveau!

Cependant le problème fondamental reste entier, une fois refusé l'argument d'une légitimation biologique : on ne sait toujours pas comment valider qu'il y ait *trois* états du moi. Avoir envisagé la possibilité d'un quatrième état du moi rend la question encore plus précise : si les états du moi sont les réalités phénoménologiques que Berne prétend, comment expliquer dès lors ces difficultés à les identifier à l'extérieur et à l'intérieur de soi?

En définitive, il s'agit bien, avec les «états du moi», de *modèles*, c'est-à-dire de *constructs*. D'un genre un peu particulier certes puisqu'ils veulent rendre compte de réalités phénoménologiques, mais tout à fait légitime pour autant qu'on accepte de ne voir là qu'une conceptualisation dont les finalités et les enjeux résident dans la pratique.

Les états du moi comme système

Bertalanffy prescrivait, rappelons le, à l'approche en termes de système, la mission d'étendre la méthodologie classique de la science à des domaines encore préservés, mais aussi le soin de décloisonner les concepts et les disciplines en permettant de rendre compte du mental et du matériel, du psychologique et du physique, de l'inconscient et du conscient, etc. On tentera dans les lignes suivantes d'indiquer, par quelques points, comment l'analyse transactionnelle répond à ces attentes.

Un système se caractérise par les multiples rapports qu'il entretient avec ses sous-systèmes internes, avec l'environnement extérieur et avec lui même. (Walliser)

Si en un sens, chacun des états du moi possède sa propre cohérence interne et ses manifestions externes spécifiques (pouvant même donner lieu à l'analyse de ses propres sous-systèmes), il va de soi qu'il n'existe pas pour autant d'état du moi isolé du système global de la personnalité, dont la cohérence même résulte des processus d'interaction, d'ajustement et de déséquilibre qui y ont lieu. On peut tout aussi bien parler en termes d'énergie et des modalités selon lesquelles elle s'investit en chaque état du moi (égogrammes) qu'en termes d'information et des modalités selon lesquelles le dialogue intérieur a lieu (injonctions, permissions, etc.).

Le cadre de référence de la personne, sa «rationalité» (aux dimensions à la fois cognitives, émotionnelles et relationnelles) amène le sujet à filtrer La réalité objective et à se construire Sa propre réalité (qui, en même temps que totalement personnelle, intègre des dimensions qu'il partage avec les groupes sociaux et culturels dans lesquels il s'est lui-même constitué). On voit ici s'estomper la césure radicale que certains maintiennent abusivement entre réalité externe (LA réalité) et réalité interne (SA réalité); l'une dérive en fait de l'autre, elle est avec elle en induction réciproque. Par Sa réalité interne (son Own World, dans le langage de Lerbet), le sujet maintient son équilibre intérieur et modifie La réalité : l'exemple est banal du sujet craintif et apeuré qui, persuadé que les gens lui en veulent, attirent de ce fait des regards de méfiance sur lui. Mais La réalité peut aussi confronter le sujet sur la fiabilité et la pertinence de son cadre de référence : l'approche non-directive qui permet au sujet de se sentir inconditionnellement reconnu par l'autre bouleverse ainsi la solidité des filtres, des méconnaissances, etc. L'analyse transactionnelle qui a les outils nécessaires pour mener l'analyse au niveau interne et externe est ici particulièrement pertinente et adéquate. Elle peut en effet tout aussi bien éclairer la structure des états du moi (dans quels états du moi l'individu se sent engagé, dans quels glissements, exclusions, contaminations, etc.) que s'appuyer sur l'analyse des relations que le sujet entretient avec son entourage (ses amis, mais aussi les autres, ceux qui ne font pas partie de son monde).

Mais l'analyse transactionnelle, c'est surtout l'analyse des relations entre les gens ; la notion d'état du moi implique nécessairement celle de transaction et celle là s'appuie tout aussi nécessairement sur la première. Il est impossible de définir les transactions sans les référer aux « systèmes » qui les émettent et/ou à ceux qui les reçoivent, impossible d'identifier les états du moi sans repérer les types de transactions qu'ils nouent avec d'autres états du moi, que ceux ci relèvent d'un système extérieur (rapport avec autrui) ou du même sytème (le monologue étant dès lors dialogue intérieur où l'externe intériorisé est évidemment présent).

C'est dans l'échange que les gens se reconnaissent ou non comme partenaires valables, se confirment comme personnes humaines ou comme « presqu'humaines », ou « non-humaines » : les transactions sont en même temps vecteurs d'information (des stimuli) et chargées d'énergie (des caresses) physiques ou symboliques. L'approche bernienne évoque ces transactions comme des « signes de reconnaissance », dont la charge émotionnelle, le degré de gratification, dépend de l'état du moi duquel elles émanent mais aussi de l'état du moi qui les reçoit. Rejoignant par là les résultats de recherches contemporaines, Berne parle d'une « véritable soif de stimulations et de caresses »[47] chez tout être humain, car « l'aptitude de la psychè humaine à conserver des états du moi cohérents semble dépendre d'un flux de stimuli sensoriels toujours nouveaux »[48].

Ces trois états du moi ne sont pas des structures dont le sujet hérite à la naissance ; ils se construisent progressivement, dans le processus social lui-même, restant marqués par les expériences vécues (c'est-à-dire tout à la fois par les conflits, tant internes qu'externes qui se sont présentés et par les défenses/ajustements plus ou moins appropriés du sujet). La genèse des états du moi commence dans la symbiose, dans le ventre de la mère.

On saisira mieux les remaniements progressifs des sous-systèmes du fait de leur « intégration » successive au fil de l'ontogenèse en donnant une analyse structurale de deuxième ordre.

Stéphanie a cinq ans; on peut évoquer ainsi ses états du moi.

P Parent 1. «ce n'est pas bien!» grondant son petit frère en pointant son index
A Adulte 1. «dis, papa, qu'est-ce que c'est cela?» demande-t-elle intéressée
E Enfant 1. «j'en ai marre, marre» en tapant du pied sur le sol

Vingt-cinq ans plus tard, les structures sont sensiblement différentes. Jeune mère, Stéphanie peut être prête à s'occuper de son bébé de multiples manières...

à partir de l'état du moi Parent
– du Parent dans le Parent : «c'est bien d'avoir des enfants!»
– de l'Adulte dans le Parent : «il y a des choses à faire pour bébé, je sais les faire»
– de l'Enfant dans le Parent : «c'est amusant de jouer avec un bébé»

à partir de l'état du moi Adulte
– utilise le lait approprié, détermine la bonne température, etc.. «tiens, prends cela»

à partir de l'état du moi Enfant
– du Parent dans l'Enfant : «j'ai peur et c'est ta faute, si seulement tu n'étais pas là»
– de l'Adulte dans l'Enfant : «si je chante, peut-être tu vas t'arrêter de pleurer?»
– de l'Enfant dans l'Enfant : «areuh, areuh....guili, guili,...»

Enfin, ce système que forme la personnalité est finalisé au sens qu'il porte en lui-même des mécanismes d'auto-régulation. Ils permettent certes l'équilibration du cadre de référence mais peuvent conduirent l'individu jusqu'à un point dramatique de non-retour. On a ici la théorie développée par Berne (et par Steiner) du «scénario», ou «plan de vie» qui reprend l'idée développée par Adler, ou par Szondi, et par Freud lui-même d'une sorte de compulsion chez certains individus à être les acteurs de leur propre malheur[49].

L'idée freudienne qui «prête en pareil cas à l'automatisme un caractère démoniaque» met l'accent en même temps sur deux phénomènes que l'AT distingue pour les mettre en rapport : «certains individus, écrit Freud, répètent invariablement au cours de leur existence les mêmes visibles réactions ou bien (...) ils semblent poussés par un destin implacable». L'AT appréhende d'une part ces répétitions de phénomènes visibles à travers la théorie des jeux et à travers celle du mini-scénario, tandis qu'elle évoque d'autre part cette sorte de dynamique d'un inéluctable destin par celle de scénario. A l'histoire du sujet, à son «destin», correspondent dans le présent des modalités spécifiques d'interaction avec autrui : le scénario se déroule plus ou moins inexorablement selon ce qu'accepte ou non le sujet de faire (et d'être) dans ses relations quotidiennes. Dans un langage dépouillé, Berne écrit que «chacun décide dans sa petite enfance comment il vivra et comment il mourra, et ce projet qu'il transporte dans sa tête, où qu'il aille, est appelé son scénario. Ses faits et gestes courants obéissent peut-être à la raison, mais ses décisions importantes sont déjà prises, quelle sorte de personne il épousera, combien d'enfants il aura, dans quel genre de lit il mourra et qui sera présent à ce moment là. Ce n'est peut-être pas ce qu'il veut, mais c'est ce qu'il veut voir arriver»[50].

On retrouve alors pleinement les conceptions psychanalytiques et on quitte assez ouvertement la perspective systémique, du moins si l'on se réfère à ce principe d'équifinalité cher à certains systémiciens : il semble en effet que, malgré que soit assez partagée l'idée que l'économie psychique de la personne puisse être redistribuée par la qualité et la quantité des rencontres, la force du destin soit souvent si forte qu'elle conduit irrémédiablement le sujet vers un point-limite[51]. Perron pose de manière fort claire la différence fondamentale entre l'approche «systémique» (au sens classique) et l'approche freudienne du développement : la «première pose qu'une structure, lorsqu'elle s'organise, résorbe les structures de niveau précédent, qui disparaissent en tant que telles; tandis que pour la seconde rien en fait ne disparaît jamais. Même si le modèle prévoit une organisation fonctionnelle en strates successives, et leur intégration hiérarchisée dans le cas de l'évolution «idéale», chacune de ces sous-structures historiquement datées peut rester fonctionnelle»[52]. La théorie du «scénario», c'est-à-dire de la «programmation» inconsciente de son destin par le petit enfant au cours de ses premières années, s'inscrit en rupture avec une systémique qui se referrerait aux lois d'un «système général» sur lequel devrait se modeler toute conceptualisation.

L'analyse transactionnelle et l'approche palo-altiste

L'analyse transactionnelle, dans la plupart de ses concepts, a les moyens de garder le contact avec une méthodologie véritablement scientifique : de multiples observateurs par exemple, préalablement exercés, feront une même analyse des transactions et de leurs règles, un même diagnostic des états du moi engagés dans une interaction vidéoscopée. Un peu comme Bateson, Berne pratique une observation scientifique et systématique, émettant des hypothèses et vérifiant la fiabilité de ses prédictions[53]. Mais à la différence de l'anthropologue étudiant les gens comme un biologiste étudie des gênes, le travail scientifique du thérapeute bernien passe par le contrôle de son intuition, celle-ci se nourrissant de cette dimension intersubjective qui (re)lie à autrui. Entre Watzlawick et Bertalanffy, l'approche transactionnelle choisit sans conteste le second.

Pour les systémiciens un geste, par exemple un sourire, est un observable qui se prête comme tel à l'analyse. On peut à partir de là mener une « lecture » de sa signification en tentant de prendre en compte les différents niveaux contextuels dans lequel il s'insère. Ainsi Scheflen et son équipe[54], en visionnant une bande vidéoscopique d'une séance de thérapie familiale où sont présents, outre le thérapeute, une famille composée du père, de la mère et d'une jeune fille, remarquent la redondance d'un sourire « énigmatique » de la jeune fille. Ils en donnent alors sept explications différentes : le sourire est le signe d'un trait de caractère, il est une réponse de la fille à stimulus antérieur (le père s'est effectivement tourné vers elle), il est lui-même le stimulus d'une réponse de la mère (qui critique sa fille), il est un élément d'une interaction (en effet le père comme la fille, répondent à une critique par une même attitude de retrait), il est un élément d'une interaction programmée, d'un pattern, qui se répète plusieurs fois dans l'entretien (ainsi c'est parfois le père, parfois la mère qui prennent contact, la jeune fille sourit, le père boude ou la mère critique), il est une « méta-réponse » à l'approche paternelle.

Les différentes explications reposent, toutes, sur des observables (la première n'est qu'une pseudo-explication), sur une distanciation objectiviste entre le chercheur et son objet. Pour les analystes transactionnels, l'observable n'a de sens que par la structure qu'il manifeste et ils référeront le comportement à tel ou tel état du moi en prenant en compte la totalité de la personne. S'ils pourront, pour une analyse fonctionnelle, se mettre rapidement et aisément d'accord sur le fait de savoir quel état du moi est engagé dans ce sourire, ils devront requérir pour l'analyse structurale d'autres éléments d'appréciation. Il sera nécessaire d'observer les transactions engagées par la personne et les réponses qu'elle obtient (diagnostic social qui porte sur l'adaptation), de s'appuyer sur des informations concernant le passé de la personne (diagnostic historique) et sur des éléments expérientiels que la personne elle-même tire de sa propre expérience présente (diagnostic phénoménologique).

Aussi, malgré le fait qu'elles convergent sur un certain nombre de points (la dimension pragmatique, scientifique), malgré le fait qu'un certain nombre de notions soient sensiblement les mêmes (transaction, commmunication, jeu, etc.) et que d'autres semblent s'appeler réciproquement (Minuchin évoque l'« enfant parental », l'AT évoque des « règles de la communication » spécifiques à sa lecture en termes d'états du moi, mais se réfère sans problèmes à la « logique », aux « axiomes » palo-altistes, etc.), on ne peut manifestement pas situer la perspective palo-altiste et celle de l'AT dans une même orientation.

Pour ne prendre qu'un exemple, la théorie des « jeux » semble si proche de la perspective palo-altiste qu'on aurait tendance à l'y intégrer sans plus de précautions, car on y retrouve bien l'idée d'une « logique », d'un « calcul », d'une « grammaire » de la communication[55]. Pourtant on comprendra aussi que certains sytémiciens fassent à ce propos une moue dégoutée. Il est vrai que le point de vue envisagé n'est pas le même ici et là : si le « jeu » est bien un pattern de communication qui structure selon une « logique » les échanges, il a surtout pour fonction, d'un point de vue dynamique, de préserver l'équilibre psychique du sujet (Berne) et il est directement lié à son univers scénarique. L'analyse des transactions, ainsi que la connaissance des « règles de la communication » (transactions parallèles, croisées, angulaires, « à double-fond ») peuvent permettre de prévoir l'issue de la relation, le cheminement par exemple vers un « jeu »; la connaissance des différentes phases, des « coups » d'un « jeu » permet d'en prédire l'aboutissement. Le repérage d'un jeu habituel chez autrui permet d'anticiper non seulement la logique d'une interaction concrète qui commence mais aussi les bénéfices internes et externes que chacun des partenaires éprouvera à la fin.

L'approche transactionnelle mène donc l'analyse **du point de vue du sujet**. Ce qui la conduit naturellement à distinguer, dans la même interaction, le jeu de l'un de celui de l'autre, parce que sa compréhension ressort du sens et des enjeux qu'il a pour le joueur... **et non pour le chercheur**.

De plus, même si la théorie transactionnelle des jeux affirme que le jeu n'est pas le fait du sujet et qu'il ne fait qu'y participer (il faut être deux pour « jouer »!), il n'en reste pas moins vrai que, pour elle, le sujet est responsable de ses engagements, c'est-à-dire de la manière dont il s'investit lui-même (dont il investit ses états du moi). La question de savoir s'il est l'auteur ou l'agent de la séquence d'interaction, en fin de compte n'a pas de sens pour l'approche bernienne ; le sujet étant *en même temps auteur et agent* (c'est de lui qu'émanent les transactions, mais elles s'accrochent à celles de l'autre), il a la possibilité de jouer et de ne pas le faire. Fondamentalement, il est libre ; la réalité et la force des désirs inconscients d'un côté, de l'autre ses besoins et désirs fondamentaux de réalisation et de croissance (l'Adulte intégré)..

En fin de compte, on pourrait rendre compte assez grossièrement de la perspective bernienne à partir des orientations des deux psychanalystes qui ont certainement le plus compté pour lui : Federn et sa reconnaissance des « états du moi », Erikson et son souci de lier le développement psycho-sexuel au développement psychosocial.

Pourtant on montrera que son inscription dans la problématique systémique conduit l'analyse transactionnelle à osciller de manière permanente. Elle hésite en effet à s'y maintenir légitimement ou à la délaisser pour sombrer dans le mauvais usage de ses modèles : c'est que, perpétuellement, elle semble hésiter entre l'exigence d'une simplification de sa théorie pour une pratique aussi mesurée qu'efficace et la tentation d'un simplisme pour une pratique tant ambiguë qu'incontrôlable.

NOTES

[1] RACAMIER P., «La paradoxalité comme défense intra-psychique» in *Sur l'interaction, op. cit.*, p. 14.
[2] LERBET G., *Une nouvelle voie personnaliste : le système-personne*, Ed. Mésonnance, Maurecourt, 1978.
[3] CASTEL R., «Résistances à la médecine et démultiplication du concept de santé» Commissariat général du Plan, Rapport CORDES, nov. 1980, p. 30.
[4] BERNE E., *Analyse transactionnelle et psychothérapie*, Paris, Payot, 1981, p. 10 : «Par psychiatrie sociale, on entend l'étude des aspects psychiatriques de transactions spécifiques, ou d'ensemble de transactions qui ont lieu entre des personnes précises (deux ou davantage) à un moment et en un lieu donné». En France, on parlerait aussi de «psychologie sociale clinique».
[5] BRISSE-MAGERAND F., *Fondements et fonction des nouvelles thérapies dans la société d'aujourd'hui*. Thèse de sociologie, Paris V, 1983, 376p. L'auteur s'intéresse plus précisé-

ment aux Nouvelles Thérapies, mais pour l'essentiel, ce terme recouvre les mêmes approches que celles que nous désignons personnellement par approches post-analytiques.
[6] ROGERS C., *Un manifeste personnaliste*, Paris, Dunod, 1979, pp. 113-114.
[7] BERNE E., *Intuition and Egostates, the origine of T.A*, TA Press of San Francisco, 1977, op. cit., p. 28.
[8] Lors de son dernier discours, le 28.6.1970, il s'interroge ainsi : « Se pourrait-il qu'on s'occupe de psychiatrie parce qu'on n'a pas grand chose à y faire, si ce n'est d'organiser des discussions où il s'agit d'expliquer pourquoi on ne sait pas faire grand chose ? » in R. HOSTY. *Analyse transactionnelle, l'âge adulte. Sur les traces d'E. Berne, vingt ans après*, Paris, Inter Editions, 1987, p. 27. Et J.-M. DUSAY relate que « lors de présentations de cas au Séminaire de San Francisco, il mettait régulièrement fin à des discussions théoriques en demandant : « et alors ? Comment l'état du patient va-t-il s'améliorer plus vite ? » « Eric Berne : apports et limites » in *Actualités en Analyse Transactionnelle*, vol.6, n° 21, janvier 1982, pp. 17-21.
[9] BERNE E., *Que dites-vous après avoir dit bonjour ?*, pp. 277-315.
[10] BERNE E., discours public du 10-6-1970.
[11] Cf. WATZLAWICK P., « Dans ce genre de situation, nous avons d'abord une difficulté. Puis cette difficulté est affrontée de manière erronnée (...) ensuite les choses évoluent à partir de là, des solutions de plus en plus élaborées sont appliquées, mais qui ont pour seul résultat de faire de la difficulté un problème, puis de rendre ce problème de plus en plus complexe » « Entretien avec... » *La nouvelle communication, op. cit.*, p. 323.
[12] BERNE E., *Psychiatrie et psychanalyse à la portée de tous*. Paris, Fayard, 1971. C'est la traduction française du titre du premier des ouvrages de Berne, publié en 1946, *The Mind in Action*.
[13] BERNE dit à quelqu'un venu faire sa connaissance en étant intrigué de ses réussites thérapeutiques « Je ne me contente pas d'aider mes patients, je les guéris ». cité in R. HOSTY, *Analyse Transactionnelle, l'âge adulte, op. cit.*, p. 27.
[14] STEINER C., *Des scénarios et des hommes, op. cit.*, pp. 11-12.
[15] CHAZAUD J., *Les contestations actuelles de la psychanalyse*, Toulouse, Privat, 1974, p. 23. Chazaud entend défendre la respectabilité des idées freudiennes en insistant sur le fait qu'il ne s'agit pas d'une idée géniale, d'une invention sortie d'un coup de la cervelle d'un individu inspiré. Il suffit au lecteur de changer Berne par Freud pour retrouver la citation originale.
[16] BERNE E., *Intuition and Egostates, the origine of T.A*. T.A Press, San Francisco 1977. Les noms en caractère gras sont les plus fréquemment cités.
[17] HOSTY R., *Analyse Transactionnelle : l'âge adulte. Sur les traces d'Eric Berne, vingt ans après*, Paris, Inter-Editions, 1987.
[18] PERRON R., *Genèse de la personne, op. cit.*, pp. 120-121.
[19] FEDERN P., *La psychologie du moi et les psychoses*, Paris, PUF, 1973. Les différents écrits qui composent cet ouvrage ont été rassemblés grâce au soin de E. Weiss.
[20] *Ibid.*, p. 223.
[21] Il cite les analyses menées par M. BUBER dans son ouvrage *Ich und Tu* (note p. 223); il souligne que E. MINKOWSKI est arrivé aux mêmes conclusions que lui en utilisant l'apport bergsonien (p.296).
[22] *Ibid.*, p. 223.
[23] *Ibid.*, p 45. Il écrit ailleurs que « les psychanalystes qui expliquent l'étrangeté extérieure comme un retrait de la libido devant les objets eux-mêmes partagent l'auto-tromperie du patient et ne reconnaissent pas la projection », p. 259.
[24] *Ibid.*, pp. 163-166.
[25] Il est intéressant d'ailleurs que d'autres psychanalystes qui ont profondément modifié le point de vue freudien, l'aient fait souvent à partir de la seconde topique. Les analyses

de Fairbairn, un psychanalyste écossais sont trop importantes à propos de ce cheminement pour qu'on se prive d'en donner ici quelques extraits. Si Federn met l'accent sur la réalité phénoménologique du moi, Fairbairn en arrive, lui, à délaisser le Ça. Plus qu'au principe de plaisir, c'est au principe de réalité que se trouve lié, selon les vues de Fairbairn, le développement du psychisme; la motion pulsionnelle ne pouvant se développer qu'en présence d'une structure du Moi, ce dernier étant lui-même une structure pulsionnelle dès le départ. «Dès lors, interroge Fairbairn, dans quelle mesure la description freudienne de la structure psychique, en fonction du Ça, du Moi et du Surmoi, peut-elle être retenue sans être modifiée? Dès la question posée, il est évident que le statut du Ça sera le premier à être remis en cause, car s'il est vrai qu'aucune motion pulsionnelle ne peut être considérée comme existante en l'absence d'une structure du Moi, il n'est plus possible de maintenir la moindre distinction psychologique entre le Ça et le Moi».

Plutôt que de s'interroger sur la capacité du Moi à réguler les tensions qui naissent de ses rapports avec le Ça, Fairbairn tente de comprendre les rapports que le Moi a avec lui-même, inscrivant dès lors les processus inconscients qu'opère le refoulement à l'intérieur même de ce Moi. Il affirme ainsi que «alors qu'il est inconcevable que le Moi dans son ensemble se refoule lui-même, il ne l'est pas qu'une partie du Moi, ayant une charge dynamique, refoule une autre partie du Moi, ayant également une charge dynamique». Envisageant dès lors une conception «trinitaire» du Moi, Fairbairn développe l'idée de l'existence d'un «Moi central», d'un «Moi libidinal» et d'un Moi qualifié de «Saboteur interne», les deux derniers étant «secondaires» en tant qu'ils sont des productions du premier. Effaçant de sa «topique» le Ça, Fairbairn ne veut pour autant ni éluder complètement la seconde topique freudienne (le Surmoi, par exemple, reste présent, traduisant un degré d'organisation supérieur à celui du Saboteur interne), ni surtout s'éloigner de la première (le Moi étant lui-même constitué de processus conscients, préconscients et inconscients).

FAIRBAIRN R., *Psychoanalytic studies of the personnality*, Londres, Kegan, 1944. Les citations données ici sont tirées d'extraits de cet auteur publiés dans l'ouvrage collectif *Le Moi, le Ça et le Surmoi*, Paris, Tchou, 1977, chapitre 3 «La trinité du moi» (introd. de S. Lebovici).

[26] BERNE E., *AT et psychothérapie*, op. cit., p. 22.

[27] BERNE E., *Analyse transactionnelle et psychothérapie*, Paris, Payot, 1977, p. 15.

[28] *Ibid.*, p. 78. On a donné la traduction littérale de l'adjectif «autonomous», plutôt que la traduction française «lui appartenant en propre».

[29] FEDERN P., *La psychologie du moi et les psychoses*, op. cit., p. 255.

[30] BERNE envisage par ailleurs les rapports entre les «états du moi» et la «persona» de Jung, ainsi qu'avec l'«identité» telle que la décrit Erikson. «Les différences entre ces trois attitudes, écrit-il, semblent être liées aux rapports entre le Soi, le pouvoir exécutif et les gens de l'entourage et, d'après nos connaissances actuelles, sans doute constituent-elles tout autant un problème transactionnel que structural, qui tourne peut être autour de la distinction entre l'adaptation en général et la complaisance en particulier» in *Analyse Transactionnelle et psychothérapie*, op. cit., p. 81.

[31] BERNE E., *Intuition and Egostates*, op. cit., p. 48 : «Parent, Adult and Child are not synonymous with superego, ego and id. The latter are "psychic agencies" Freud while the farmer are complete ego states, each in itself including influences from superego, ego and id».

[32] BERNE E., *Que dites vous après avoir dit bonjour?*, op. cit., p. 333.

[33] A propos des résultats obtenus par les Schiff, voilà ce que dit Berne lui-même : «les schizophrènes étaient des malades menacés d'hospitalisation à vie; les voilà transformés en personnes saines, avec leur personnalité et leur idiosynchrasie individuelles, avec peut-être quelques incapacités résiduelles, mais saines», cité par PECK H.-B., «Analyse trans-

actionnelle et psychanalyse : amis ou ennemis» in *Actualités en A.T.*, vol 3, n° 11, juillet 1979, pp. 139-143.

[34] *Ibid.*, pp. 336-377.

[35] BERNE E., *Que dites-vous après avoir dit bonjour?*, *op. cit.*, p. 334-336.

[36] C'est d'ailleurs ce que dit un jour Freud.

[37] BERNE E., *Analyse transactionnelle et psychothérapie*, Paris, Payot, 1971, p. 165.

[38] BERNE E., *A.T et psychothérapie*, *op. cit.*, p. 9-10.

[39] BERNE E., *Que dites-vous après avoir dit bonjour?*, *op. cit.*, p. 332.

[40] *Ibid.*, p. 334.

[41] BERNE E., *Analyse transactionnelle et psychothérapie*, *op. cit.*, p. 16-17.

[42] BRILLEAUD J., «Qu'est-ce-qu'un état du moi?» in *Bulletin de l'IFAT*, Paris, 1978, n° 4, pp. 19-22. La suite de l'article est paru dans la même revue, n° 5.

[43] MAC LEAN P.D. «The brain in relation to empathy and médical éducation» in *Journal of Nervous Mental Disease*, n° 144, 1967, pp. 374-382. La traduction est de Brilleaud.

[44] Ainsi le biologiste J.-D. VINCENT (qui a publié *La biologie des passions*, Paris, Jacob, Seuil, 1987) affirme que le succès considérable de ce modèle tient à l'avantage qu'il donne de mettre d'un côté les instincts. «Toute une série de vieux stéréotypes se sont casés là-dessus». Poursuivant en une analyse que nous avons nous même mené à propos d'un certain usage des modèles, il souligne que «plus un schéma peut "pomper" de clichés, plus il a du succès parce que tout le monde l'utilise, tout le monde peut y mettre ses affaires. Un cerveau reptilien, c'est épatant pour le théologien, le physiologiste, le psychiatre, tout le monde peut s'en servir». «Pour une transdisciplinarité» in *Nervure*, février 1988, pp. 35-44.

[45] BERNE E., *Analyse transactionnelle et psychothérapie*, *op. cit.*, p. 34.

[46] *Ibid.*, en notes p. 81.

[47] Il s'agit par exemple des travaux de Spitz ou de ceux des Harlow. Lors du colloque sur l'«attachement», R. ZAZZO s'exprimait ainsi : «La sociabilité n'est pas à articuler avec les tendances physiologiques, voire en contradiction avec elles : la sociabilité fait partie du biologique, au même titre que la faim, la soif, la pulsion sexuelle». in *L'attachement*. Neuchatel, Delachaux & Niestlé, 1976, pp. 20-51.

[48] BERNE E., *Analyse Transactionnelle et psychothérapie*, *op. cit.*, p. 85.

[49] Cf. ADLER A., *Le sens de la vie*, Paris, Payot, 1979. SZONDI L., *Liberté et contrainte dans le Destin des individus*, Desclée de Brouver, 1975. FREUD S., *Nouvelles conférences sur la psychanalyse*, *op. cit.*, p. 141.

[50] BERNE E., *Que dites-vous après avoir dit boujour?*, Paris, Tchou, 1979, p. 35.

[51] On n'évoquera pas ici la question essentielle de savoir s'il y a des «bons» scénarios, comme il y a des «bons» jeux.. On peut néanmoins émettre l'hypothèse que ce serait assez démobilisant que de penser le contraire, mais assez illusoire de le penser, du fait même du fonctionnement du sujet. En tout état de cause, puisque les thérapeutes travaillent avec des patients, on peut admettre l'idée que ce sont justement des gens dont le scénario est hamartique (Steiner) sinon ils ne consulteraient pas... ce qui ne signifie évidemment pas qu'une analyse de scénario soit toujours nécessaire..

[52] PERRON R., *Genèse de la personne*, *op. cit.*, p. 239.

[53] Durant l'année 1945, BERNE fait office de médecin militaire; lors des examens obligatoires pour les recrues, il tente de deviner intuitivement le métier exercé par chacun d'eux. Le recueil des résultats obtenus (prédictions et vérifications) sont publiés dans *Intuition and egostates*.

[54] SCHEFFLEN A., «Suzanne a souri» in *Thérapie familiale*, Genève, 1981, vol 2, n°, pp. 197-123.

[55] C'est ce que font par exemple MARC & PICARD dans *L'Ecole de Palo-Alto*, *op. cit.*.

Chapitre 6
Modèle transactionnel et idéologie systémique

Les psychanalystes français ne sont généralement pas tendres avec l'Analyse Transactionnelle, et ce d'autant plus qu'ils n'en connaissent, semble-t-il, que la vulgate diffusée çà et là et qui bénéficie d'un certain succès auprès du «public»[1]. Bien souvent en effet, certains, tant parmi ses propagateurs que parmi ses détracteurs, ont fait de l'AT une telle caricature qu'elle n'a alors plus aucun intérêt, sinon idéologique.

L'objet de ce chapitre est d'étudier le glissement de l'AT d'une problématique systémique à une idéologie; si la première comporte déjà en elle certaines ambiguïtés, la seconde s'affirme dans une prétentieuse lecture du réel, qu'elle enferme et réduit dans les grilles de ses «modèles». Une telle analyse doit pourtant être précédée par la remise en cause, et parfois la réfutation, d'un certain nombre de critiques faites communément à l'AT, qui ne servent bien souvent qu'à cacher derrière de fausses querelles les vrais questions que cette approche soulève.

LES FAUSSES QUERELLES

Dans les controverses qui surgissent en même temps que les nouvelles théories, le point de vue des uns consiste habituellement à discréditer celui des autres en le réduisant préalablement à une caricature. L'Analyse Transactionnelle a le privilège incertain de se donner comme d'emblée discréditable, du moins aux yeux des «gens sérieux». Certains de ses aspects, qu'elle a recherchés comme autant de qualités, sont en effet perçus comme autant de défauts, sinon de tares indélébiles.

La présentation que fait Berne de son approche est ambitieuse : «- l'analyse structurale et l'analyse transactionnelle, écrivait-il, offrent de la personnalité et de la dynamique sociale une théorie systématique et cohérente construite à partir d'une expérience clinique, et une forme de thérapie active et rationnelle qui convient à la grande majorité des malades relevant de la psychiatrie, qu'ils peuvent comprendre facilement et qui se prête sans difficulté à leur cas»[2].

On peut pourtant aisément montrer que pour beaucoup, il y a là un résumé de nombreux points contestables : ainsi on refusera tout intérêt et pertinence à l'AT en soutenant

–qu'elle ne constitue pas une élaboration théorique à proprement parler, mais une morale;

–qu'ancrée dans l'activisme pragmatique, elle méconnait la réalité de l'inconscient, et en reste à la pure suggestion;

–et, enfin qu'elle ne constitue qu'une forme d'enrégimentement des consciences, constituant ainsi une nouvelle religion.

Une théorie ou un gadget?

Certains soutiennent en effet l'idée qu'il manquerait à l'approche de l'AT une hypothèse fondamentale, un «fil conducteur» en quelque sorte, comme l'a été pour la psychanalyse l'hypothèse de la sexualité infantile. Elle n'aurait «été construite et élaborée (que) par une suite de juxtapositions d'éléments empiriques n'ayant qu'une valeur descriptive et non interprétative des comportements, tel un petit "mécano" de la psychologie»[3]. Mais cette critique renvoie bien davantage aux dérivés et aux déviations de l'AT qu'à ses fondements (Berne et ses continuateurs). L'idée des «états du moi», on l'a montré précédemment, renvoie à un travail d'élaboration conceptuel, en filiation/rupture avec d'autres courants scientifiques; et une seule lecture, même superficielle, des textes des fondateurs de l'AT devrait suffire à quiconque pour se faire une autre idée des perspectives théoriques ainsi ouvertes. Pourquoi n'est-ce pas ainsi ?

La première explication tient au langage utilisé par l'approche bernienne : simple, aisé à comprendre, familier. Toutes qualités qui se retournent contre elle en de graves défauts. En eux-mêmes, les termes de

Parent, d'Adulte et d'Enfant que Berne choisit d'utiliser pour traduire les états du moi figurent une bonne illustration de cet étrange phénomène : alors que la théorie des états du moi ne peut s'entendre qu'en tant que résultat d'un long travail théorique et clinique, en filiation directe avec les travaux psychanalytiques, on va la situer soit comme une gadgétisation de la pensée freudienne (le Parent étant le Surmoi, l'Adulte le Moi, etc.), soit comme une naïveté anthropormohique (les états du moi sont des homoncules psychiques). Et la plupart des termes bénéficient d'une telle appréhension, amenant dès lors ses détracteurs à ne même pas se donner peine d'aller voir plus loin que les vagues explications données çà et là par le bouche à oreille...

Le langage de l'AT porterait donc la marque patente de sa naïveté, de son simplisme, sinon de ses effets débilitants. C'est que la simplicité des mots entraîne la disqualification systématique de l'approche qui les promeut : comment en effet prétendre être une théorie, qui plus est sérieuse, lorsqu'on invoque un Parent, un Adulte, etc.?

Berne n'était pourtant ni inculte ni paresseux, et ceux qui l'entouraient non plus. Le langage familier résulte, non d'un défaut linguistique ou d'un manque de compétence, mais d'un choix délibéré contre le jargon scientifique, plus prétentieux que nécessaire et plus souvent utile à masquer l'incompétence de son auteur qu'à autre chose. Les systémiciens ont eu quelques difficultés à ce propos, pour faire admettre que leur refus d'user de mots compliqués découlait d'un choix épistémologique et pratique. Berne donnait comme «garde fou» aux rédacteurs de la revue qu'il dirigeait l'idée que tout article traitant de problèmes humains puisse être lu et compris par le plus de gens possible; un enfant de douze ans, disait-il, devrait pouvoir comprendre les articles écrits par un analyste transactionnel. C'est que l'approche transactionnelle avait pour objet de mettre la psychiatrie et la psychanalyse à la portée de tous : «Les mots simples, affirmait Berne, peuvent exprimer ce que nous savons de l'esprit humain avec plus de concision, de force et de clarté que les mots savants, et la terminologie de Freud a été utilisée abusivement dans un but que Freud aurait lui-même critiqué : pour obscurcir les faits»[4].

En prônant l'usage exclusif de termes populaires et non spécialisés, la démarche bernienne a suscité donc, paradoxalement, de nombreuses réactions d'agacement, voire d'opposition farouche des uns et des autres. Déjà, en son propre pays, Berne avait quelques difficultés avec ses collègues thérapeutes; parce que l'AT utilise des mots simples plutôt que du jargon, disait-il, «on l'a dit "anti-analytique" pour cela»[5]. Quant à son accueil dans les pays européens, il s'établit encore plus difficilement : en effet, plus encore que les concepts, les termes familiers semblent traîner avec eux la socioculture dont ils sont extirpés. Le langage de l'Analyse Transactionnelle devient ainsi, par le simple fait de traverser les frontières un «jargon américain», paré dès lors de connotations de superficialité, de simplisme, de mauvais pragmatisme, etc. Ainsi en est-il du destin des termes aujourd'hui galvaudés : perdant/gagnant, OK/non OK, jeux transactionnels, etc.

La thèse d'une insidieuse «exportation idéologico-culturelle» comporte sans doute une part de vérité; mais, rendant d'emblée superflue toute analyse critique des théories elles-mêmes, elle prend le risque de ne plus se distinguer du simple préjugé culturel. Comme la plupart de ses détracteurs ne connaissent l'AT que de l'extérieur, c'est-à-dire n'en connaissent que des images véhiculées à partir de ce qu'on a dit de ce qu'elle dit, il est important de revenir aux enjeux qui se dissimulent derrière le caractère familier du langage.

Volontairement conçu familier pour être partagé avec chacun, le langage de l'AT, employé par des professionnels dans des contextes spécifiques, ne peut en effet échapper longtemps à un processus qui lui restitue la dimension technique qu'il avait justement préalablement condamné. Ce n'est pas là un cas exceptionnel. La psychanalyste américaine Karen Horney qui avait, elle aussi, choisi de bannir toute phraséologie compliquée de son vocabulaire aboutit au même résultat paradoxal. Comme le dit Yvon Brès, «la plupart du temps, Karen Horney décrit les traits de caractère avec des mots de la vie courante qui, du même coup, acquièrent une valeur technique»[6].

Or, deux phénomènes découlent de l'ambiguïté dès lors présente dans un langage en même temps technique (qui donc requiert une certaine traduction) et familier (qui se laisse appréhender en tant que tel) : on a l'impression générale qu'il diffuse plus un certain moralisme qu'il ne rend compte d'une analyse sérieuse et scientifique de la réalité, cette vague impression se nourrissant elle-même de la certitude des autres spécialistes de bien avoir compris ce dont il s'agissait. Ces deux phénomènes s'articulent et se renforcent l'un l'autre, creusant dès lors de plus en plus l'écart entre ceux qui utilisent ce langage (psychothérapeutes et patients) et ceux qui ne l'entendent que de manière superficielle[7].

A quoi tient en fin de compte cette impression de moralisme? Au langage volontairement non spécialisé du thérapeute, mais aussi à la spécificité d'un point de vue qui s'attache plus particulièrement à la forme des conduites du sujet.. Là encore voyons à quoi aboutit Karen Horney en menant l'analyse d'un souvenir de l'un de ses patients[8] qui revit un jour le regret qu'il avait eu, jadis, de ne pouvoir faire l'ascension d'une montagne. Une analyse de type freudien de cet épisode se serait orienté, souligne Y. Brès, vers la signification symbolique de ce fantasme, ou tout au moins l'association verbale aurait-elle permis de faire surgir quelque chose d'inattendu. L'analyse que conduit K. Horney ne va pas du tout dans cette orientation ; en effet, la psychanalyste traite le comportement de regret du patient « comme un cas particulier d'une conduite plus générale. Elle néglige ainsi totalement le contenu du fantasme pour simplement montrer au patient combien, dès lors qu'il a décidé d'obtenir quelque chose, il se refuse à ne point avoir satisfaction. Mettant l'accent plus sur l'actuel que sur le passé en rattachant le comportement plus au présent qu'au lointain, K. Horney se doit donc de délaisser les termes spécialisés pour user des termes dont elle se sert dans la relation thérapeutique elle-même »[9]. Or, en référant le comportement non au passé du sujet mais à un certain « style de vie » bien actuel, la psychanalyste culturaliste est conduite à une interprétation qui peut vite apparaître comme morale : si « à première vue, dit Brès, cette interprétation ne renferme aucun moralisme » puisqu'elle ne se distingue que par son caractère abstrait d'une interprétation de type freudien, « elle est exprimée avec les mots concepts de la psychologie courante (ne pas supporter de ne pas arriver à ses fins). Or ces concepts sont souvent peu distincts de ceux de la morale. Le glissement est facile ; ne va-t-on pas dire tout simplement que ce patient est un orgueilleux qui veut que tout plie sous sa volonté[10] ? ». Ces mêmes problèmes et les mêmes reproches ont préoccupé Virginia Satir elle-même : en se centrant sur les conduites (sur la communication) on aboutit à un moralisme, dont on trouve les répliques dans... le dictionnaire plein de bon sens (!) des proverbes... Que dire alors de l'analyse que mène l'AT des « jeux transactionnels » dont le déroulement rigoureux et prévisible peut être « cassé » par le recours à la confrontation, à l'"antithèse ? Et que penser de celui qui déclare que tel ou tel joue à « la jambe de bois », ou à « cette fois, je te tiens salaud ! », etc. ?

On comprend mieux dès lors pourquoi les réactions envers l'AT sont parfois aussi enfiévrées : somme toute, il n'y aurait là qu'un simple catalogue de recettes[11]. Nulle personne sérieuse ne saurait s'y intéresser sans se « stigmatiser » soi-même. On reproche, « en conséquence », à l'Analyse Transactionnelle d'être une thérapie simpliste et ne visant que des fins adaptatives et normalisatrices.

Un activisme thérapeutique ?

Mais une autre dimension de l'AT gêne, dérange, apparemment fait preuve en même temps de son inconsistance et, en quelque sorte, de sa dangerosité intrinsèque. Là encore il s'agit d'une qualité voulue, recherchée avec bien des efforts par Berne mais qui devient le signe le plus tangible de sa médiocrité : elle prône l'activité du thérapeute, le pragmatisme des élaborations conceptuelles et théoriques. L'Analyse Transactionnelle partage en effet le point de vue des thérapies stratégiques. Pour elle, le travail thérapeutique s'effectue dans un cadre contractuel entre le soignant et celui qui demande son aide, l'activité du thérapeute étant une condition nécessaire et minimale à toute guérison et la responsabilité des échecs rencontrés dans le processus clinique ne pouvant être qu'imputée au spécialiste, jamais au patient. Le projet bernien, avoué et explicite, c'est de « guérir » les malades : la clarté du langage, le refus des élaborations théoriques pour elles-mêmes, l'engagement actif et responsable du thérapeute envers le patient (contrat) représentent pour lui des gages de réussite.

Comment comprendre à partir de là qu'on reproche à un tel projet thérapeutique de ne constituer que pragmatisme éhonté, déniant toute reconnaissance de l'inconscient ? C'est que l'élaboration théorique des états du moi développe une perspective qui bouleverse la métapsychologie freudienne, et qui semble induire, par sa centration sur le « moi », le retour à une conception du sujet rationnel et maître de lui-même ; de ce fait, cette pratique semble trop exclusivement viser une certaine adaptation sociale.

On sait que Freud mit peu à peu l'accent, et de manière privilégiée, sur le Moi. Dès 1917, dans « Deuil et mélancolie », il fait allusion à une partie de ce qu'il nomme le « Moi global » qui s'opposerait si violemment à une autre qu'elle pourrait entraîner le patient au suicide. Mais c'est pour répondre aux problèmes posés par la reconnaissance des processus inconscients à l'œuvre dans le Moi et pour dépasser l'obstacle posé par les « réactions thérapeutiques négatives » que Freud développa à partir de 1920 la deuxième topique. Le Moi y est alors lui-même saisi dans sa dynamique inconsciente, il porte en lui « quelque chose qui se comporte comme du refoulé, c'est-à-dire qui produit des effets puissants sans devenir lui-même conscient et qui rend nécessaire, pour être rendu conscient, un travail particulier »[12]. En 1923, Freud indique que le Moi est bien « le véritable lieu de l'angoisse ». Avec la seconde topique, qui n'évacue pas la première, Freud envisage les modalités du conflit intrapsychique en ne rentant plus seulement compte de la nature des processus, primaire ou secondaire, et des degrés de la réalité psychique (conscient, préconscient, inconscient); il mène alors ses analyses à partir du repérage des différentes parties conflictuelles, cherchant à décrire « trois empires, territoires, provinces » entre lesquels il « partage » l'appareil psychique individuel.

Alors que les développements méta-psychologiques amènent Freud à corriger sans cesse son travail théorique, aucun changement n'est apporté au dispositif de la cure. Nombreux sont pourtant ceux qui estiment que la psychanalyse freudienne, trop limitée elle-même du fait de sa centration presqu'exclusive sur le conflit intra-psychique, doit être l'objet de remaniements importants.

Sans en revenir aux thèses systémiques, on pourrait à ce propos schématiquement distinguer le mouvement de dissidence des psychothérapies analytiques, qui a accompagné dès le début l'histoire de la psychanalyse, le courant de la psychologie du Moi et encore le courant personnologique (les post-freudiens). Les psychothérapeutes remarquent que, depuis Freud, on a pris l'habitude d'attribuer aux résistances du patient les échecs ou les difficultés rencontrés dans le traitement, se condamnant alors à des ramaniements successifs de la théorie sans jamais oser toucher au dispositif d'analyse lui-même. Quant aux psychologues du moi, ils considèrent que la psychanalyse échoue dans sa conceptualisation du sujet parce qu'elle ne peut prendre en compte les rapports qu'il noue à son environnement, qui ne sont pas tous interprétables en termes psychopathologiques. Enfin le courant personnologique insiste sur le sens de l'expérience humaine, sur le choix et la responsabilité, etc. On assiste depuis quelques décennies à un processus évident de « cognitivisation des théories psychodynamiques ».

On le voit, l'AT se situe nettement dans ce courant; les deux analystes de Berne, Federn et Erikson, cherchent à prendre en compte autre chose que le seul fonctionnement d'un appareil psychique : l'un et l'autre, à des sens différents, renouent avec la dimension phénoménologique du sujet, « retouchent » presque de fond en comble la théorie freudienne, sans pour autant cesser de se revendiquer comme psychanalystes. Il est cependant important de noter que, même si certains en font des tenants de la psychologie du moi, ils ne défendent ni l'un ni l'autre l'idée selon laquelle il existerait une « sphère du Moi libre de tout conflit » (Hartmann). Et il en va de même pour l'approche de la personnalité en termes d'états du moi : même s'il est vrai qu'elle se rapproche de la psychologie du moi[13], elle n'affirme en rien l'existence d'une sphère autonome;

même l'Adulte comporte du préconscient et de l'inconscient, se trouve perpétuellement déstructuré.

L'intérêt pour le Moi ne conduit d'ailleurs pas forcément à dénier la réalité de l'inconscient; et Freud lui-même en a donné l'exemple car comme le dit Fromm, tandis qu'il « montrait un intérêt toujours croissant pour le Moi, sa psychologie analytique restait centrée sur les pulsions inconscientes qui motivent le comportement et c'est pour cette raison qu'il fut et demeura toujours un "psychologue du Ça" »[14]. C'est que, malgré les réélaborations théoriques successives, « la dimension fondamentale de la psychanalyse, sans laquelle elle serait incapable de comprendre les processus pathologiques aussi fréquents que graves de la vie psychologique », c'est, aux dires de Freud lui-même, « la division du psychisme en un psychisme conscient et un psychisme inconscient »[15]; à cette reconnaissance s'associe d'emblée celle du conflit psychique et des difficultés qui ainsi surgissent dans toute pratique thérapeutique.

Berne n'est sur ce point aucunement équivoque : il présente l'AT comme cherchant à dépasser les difficultés sur lesquelles achoppent les thérapeutiques psychologiques et qui sont bien différentes selon que les psychothérapies « font intervenir des fonctions parentales comme donner des conseils, rassurer, etc. » ou bien sont « rationnelles » c'est-à-dire « fondées sur l'interprétation et la confrontation » comme le sont la psychanalyse et l'approche non-directive[16]. Selon lui, l'approche transactionnelle évite de sombrer dans la trop grande dérive temporelle propre aux thérapies rationnelles, et permet d'élargir le champ des indications à l'analyse. Loin de refuser les hypothèses freudiennes, il cherche à les constituer dans leur opérativité. Aussi, s'il reconnaît que son approche thérapeutique possède bien des caractéristiques de « thérapie parentale » (elle tend à développer l'aptitude des patients à contrôler leurs angoisses, etc.), il affirme que c'est sans pour autant perdre les acquis de la perspective rationnelle. En effet, souligne-t-il, « les approches parentales ont le défaut de négliger, voir de nier, les fantasmes archaïques du malade, si bien qu'au bout du compte le thérapeute perd trop souvent le contrôle de la situation, et est lui-même surpris ou déçu du résultat final de la cure[17] ».

On ne saurait alors comprendre les réactions d'agacement au regard de l'AT sans préciser ici, même sommairement, les glissements opérés dans la psychanalyse; ils constituent ce qui alimente de manière insidieuse les controverses.

Face à l'AT, une métaphysique de l'inconscient

Peut-être parce qu'il soulignait lui-même que les processus inconscients étaient de nature à les rendre proprement «inconnaissables», Freud convenait, en tentant d'en rendre compte, de rester extrêmement prudent.

Pourtant, certains n'hésiteront pas à greffer sur la méta-psychologie (qui reste malgré tout directement liée à une certaine visée de la psychologie) une véritable métaphysique de l'Inconscient. En tant que telle, celle que Freud appelait lui-même la «sorcière métapsychologique» porte déjà en son sein des connotations d'un registre plus proche de l'épopée que de la science : elle a conduit à insister sur le caractère conflictuel et épique de la psychanalyse, tant au niveau des processus psychiques (la lutte du Moi face aux autres instances) que de ceux qui traversent la cure elle-même (la lutte contre les résistances, contre le refoulement). Pourtant le problème que posent les élaborations métapsychologiques est de plus grande importance. En effet, partant d'une simple supposition de son existence, on en arrive à une description assez élaborée de l'inconscient : «puisqu'il existe, puisque c'est un fait, écrit Roustang, on entreprend de le faire parler, de le connaître, de le décrire comme on décrit les faits extérieurs, on établit les lois de son fonctionnement, on en donne la théorie, etc.»[18]. Le même auteur souligne avec raison que «du strict point de vue de l'épistémologie, tous ces développements sont illégitimes». Rendre compte de l'inconscient, en décrire la «géographie» (topique), en expliquer les processus (dynamique) et l'économie suppose qu'on ait préalablement prouvé qu'il existe véritablement. On est passé de l'hypothèse au fait. Faisant dès lors d'une abstraction théorique (comme moment nécessaire du travail scientifique) une réalité vraie, on cherchera à comprendre et expliquer le concret en le mettant à l'épreuve de cette essence imaginaire.

Sans développer davantage, on se contentera ici de pointer ce à quoi une telle conviction conduit subrepticement.

D'abord au dédain de la science (au profit de l'art ou de la religion) et surtout de la psychologie. Il ne fait aucun doute, écrit Brès que «d'une manière générale, Freud se soit voulu et cru psychologue en un sens qu'il croyait être celui de la psychologie naissante : celle de Wundt, de Fechner, de Helmholtz, de Ribot et de Janet»[19]. Or, poursuit le même auteur, «voilà que, vers le milieu de notre siècle, s'est répandue, dans une grande partie de la psychologie française, l'idée que la psychanalyse n'était pas de la psychologie, qu'elle appartenait à un ordre plus relevé, qu'il fallait éviter de "rabattre" les notions psychanalytiques sur le plan psychologique». C'est que la psychologie «scientifique» contemporaine qui cherche à développer des théories du «sujet psychologique» n'est plus considérée que comme erronnée, dépassée, en un mot pré-freudienne[20]. Nombreux sont aujourd'hui ceux qui considèrent la psychanalyse «irréfutable» (Lacan), ne cherchant plus à se démettre de toute vision du monde en s'appuyant sur les développements de la science, mais réfutant parfois la science au nom même de la psychanalyse[21]. L'idée est même venue de pouvoir élaborer une nouvelle théorie (psychanalytique) de la connaissance, «fondée sur un nouveau sujet, le "sujet du désir", qui viendrait se substituer au "je pense" de la philosophie transcendantale»[22]...

Contre une théorie générale du sujet, certains chercheront à fonder une «théorie» généralisée de l'Inconscient, qui est, plus justement dit, une métaphysique. L'inconscient ne constitue plus alors une qualité de la réalité psychique, mais l'Alpha et l'Omega, véritable hypostase qui n'a besoin du sujet que pour s'incarner. Conçu comme Grand Principe Explicatif, l'Inconscient sera dès lors tenu pour l'«agent effectif de tous les processus aberrants» (Roustang). Du temps même de Freud pourtant, personne n'a su développer avec autant d'insistance que ne l'a fait Groddeck cette conception selon laquelle «l'homme est animé par l'Inconnu, une force merveilleuse qui dirige à la fois ce qu'il fait et ce qu'il advient»[23]. Or, si la psychanalyse pose déjà problème à la science en reconnaissant la qualité en grande partie inconsciente de la réalité psychique[24], elle n'a plus rien à faire avec elle lorsqu'elle accepte d'affirmer que «la proposition "je vis" n'est que conditionnellement correcte, (parce qu')elle n'exprime qu'une part étroite et superficielle du principe fondamental : l'homme est vécu par le Ça»(Groddeck). En tant que telle, la psychanalyse freudienne, dans ses fondements comme dans ses méthodologies, oscille entre le fait d'être une théorie scientifique limitée par la nature spécifique de son objet et de ses méthodes et le fait de se constituer comme une pure spéculation d'allure philosophique[25]; mais Freud a néanmoins choisi la science contre la philosophie et contre l'herméneutique[26].

Faire de la reconnaissance de la réalité inconsciente une abstraction et puis lui conférer une vie propre et une autonomie, comme si elle constituait le fondement de l'homme, n'est-ce pas là une projection du même ordre que celles qu'évoquait Freud? Opération paradoxale puisque, comme le dit Brès, la psychanalyse et la psychologie participent d'un vaste projet de «dé-projection» commun d'ailleurs aux différentes sciences de l'homme; en effet, «lorsque Freud parle de «traduire la métaphysique en métapsychologie», il ne prétend à rien de moins qu'à replacer dans le psychisme de l'individu, les mythes relatifs au paradis et au péché originel, à Dieu, au mal et au bien, à l'immortalité, etc.»[27].

On ne s'étendra pas davantage sur cette mystification qui efface, en même temps que la prétention du sujet, l'idée même du sujet humain ; refusant de considérer que «l'être inconscient ne peut se révéler par rapport à l'actualité du champ de conscience que comme "événement" de la conscience déstructurée, en se dévoilant comme impliqué dans l'ordre et les degrés de la conscience[28]», certains en viennent à s'embourber dans de profondes ornières métaphysiques à propos de questions aussi essentielles que celles qui touchent à l'évaluation du traitement, à la guérison, au projet du thérapeute, à l'identité du sujet/patient/analysant, etc. La plupart des psychanalystes, soulignait H. Ey, se satisfont de rêver «à une sorte de praxis et de théorie généralisée de l'inconscient qui effacerait en effet les limites du normal et du pathologique, comme celles qui séparent la santé de la maladie, et, en dernière analyse, celles qui opposent dans l'existence le conscient et l'inconscient», concluant qu'il laissait, pour sa part, «à leurs méditations et à leurs contradictions ceux qui se contentent ainsi d'un monde sans valeurs et sans perspectives, c'est-à-dire sans réalité».

Une entreprise d'aliénation

En fin de compte, une bonne part des controverses repose sur cette intime conviction chez le psychanalyste d'être un «être à part», inclassable et toujours absent quand on cherche à en saisir le rôle, la fonction, l'identité. Il faut interroger en effet cette habitude qu'ont les psychanalystes de se situer perpétuellement dans la marge, dans l'«inquiétante étrangeté», si ce n'est dans la déviance : ni prêtre, ni éducateur, ni médecin, ni juge, ni philosophe, et aujourd'hui ni psychologue, ni psychothérapeute, etc. Ce faisant ils disent respecter le cheminement freudien...

En fait, une chose est de rejeter chacun de ces termes après avoir montré que, malgré l'éclairage qu'il permet de donner au travail de l'analyste, il ne peut en rendre compte ; c'en est une autre que de dénier à chacun de ces termes tout intérêt à situer même partiellement ce qui dès lors apparait comme insaisissable, partout et nulle part. Si Freud avait en son temps, aussi isolé qu'il pouvait l'être dans son travail de conquistador, opté pour la première solution (employant certains de ces termes pour chercher à cerner le rôle spécifique du psychanalyste, et montrant à chaque fois leur limites à le faire), certains psychanalystes, installés eux comme de vrais notables, choisissent régulièrement la seconde option.

Mais la façon dont ils se pensent comme «essentiellement bâtards, a-sociaux, clandestins», rejouant «les vieux prestiges de l'élection et du prophétisme»[29] les amènent, en ne voyant que leurs propres qualités, à attribuer du même coup tous les défauts aux autres dispositifs.

La question de l'asservissement, de l'aliénation du sujet est, par exemple, consubstantielle à toute pratique thérapeutique tant il est vrai qu'en un sens, c'est le «désir» du thérapeute, de ce qu'il engage dans son rapport au patient qui doit être élucidé. C'est là d'ailleurs la fonction de ce travail analytique que le futur praticien effectue lui-même, préalable à tout exercice professionnel. S'il est sans doute vrai, comme le souligne Mac Dougall, que «l'analyste qui se croirait "normal", s'accordant du coup le droit de préconiser des normes à ses analysés, risquerait d'être fort toxique pour eux»[30], on peut sans doute en dire autant pour celui qui se croirait «anormal». En fait, on ne devrait pas là confondre entre normalité et normativité, entre normalisation et pensée normative.

Si l'AT ne refuse pas, au titre de ses stratégies thérapeutiques, d'user de conseils et de directives, en un mot d'influence, en est-elle pour autant aliénante? Et si le psychanalyste, lui, refuse de faire pression, de conseiller, d'influencer, doit-on en déduire que tous les autres praticiens sont d'éhontés charlatans?

On peut soutenir sans risque d'erreur que, derrière tout thérapeute, psychanalyste ou non, l'«ombre du charlatan» se profile sans cesse et que toute thérapie se trouve aux prises avec ces questions difficiles du pouvoir et de son abus; même la psychanalyse ne saurait prétendre les régler par le seul usage des concepts de «transfert» et de «contre-transfert»[31]. Quant à cette idée que l'analyste ne saurait avoir d'attentes, ni de désir, ni de projet à l'égard de son patient pour ne point interférer avec la dynamique de celui qui (s')analyse, heureusement beaucoup la remettent vigoureusement en question[32]. De la même manière, la revendication au non-savoir (l'analyste étant supposé-sachant) est lui-même fortement critiquable; si les thérapeutes dont le travail se teinte de pédagogie, d'apprentissage et d'expérience soulèvent maintes défiances du fait de leur statut d'expert, on ne saurait pour autant attribuer à ceux qui disent ne rien savoir le bénéfice d'un positionnement clair. «Que l'analyste puisse en même temps se réclamer d'"un non-savoir" – à la différence du thérapeute (behavioriste par exemple) qui se situe en position claire, visible, de scientifique et de technicien – c'est précisément là, écrit Legrand, la source, ou tout au moins l'indicateur du "pouvoir manipulatoire"»[33].

L'habitude est prise chez la plupart des psychanalystes de considérer, sans autre forme de procès, les thérapies autres qu'analytiques comme de vastes entreprises de normalisation. On ne reviendra pas sur ce qui, dans leur raisonnement, tient à certaines adhérences à cette métaphysique de l'inconscient que nous évoquions. Même Gentis, qui s'est donné la peine d'aller sur le terrain des nouvelles thérapies, conclut qu'il s'agit là de véritables «techniques d'aliénation» : à la différence du psychanalyste, qui appuierait son travail sur un corps de connaissances scientifiques, les nouveaux thérapeutes en appeleraient volontiers au mythe pour restaurer faussement, dans l'illusion, la cohérence psychique des individus en les liant en quelque sorte à l'idéologie dominante. Les nouvelles thérapies défendraient en fait l'idéologie d'une société qui mécanise et rationalise. Elles postulent en effet, selon Gentis, pour certaines, l'existence d'un homme naturel, d'un «sujet imaginaire supposé normal», pour d'autres, «un sujet adulte porteur des valeurs pragmatiques d'une certaine culture : celle des classes dominantes de notre société où, au-delà du pragmatisme et du souci d'efficacité, ce qui apparaît en filigrane est une idéologie du libre choix ou de l'auto-détermination : l'individu qui se fait lui-même, (le self-made-man)»[34]. Or, poursuit l'auteur, si le mythe d'origine d'un individu autonome et volontaire est nécessaire au fonctionnement d'un grand nombre de psychothérapies, c'est qu'il «correspond aux exigences individualistes du monde occidental»[35].

Que ces analyses portent en elles une part de vérité, aucun doute; le glissement vers l'idéologie systémique rencontre de plein fouet de tels agissements. Mais le problème est pour l'instant de savoir si la psychanalyse échappe elle-même à ce travers, car, si ce n'est pas le cas, inutile alors de condamner ailleurs ce qui se trouve chez soi...

On sait que, depuis Freud, les choses ont bien changé, et de l'avis de presque tous. Un changement subtil s'est introduit dès les années 40 dans la nature des demandes d'analyse (fût-elle didactique[36]), et dans la symptomatologie des patients («le "bon névrosé classique" se faisait rare[37]». Moins de vingt ans après la mort de Freud, Lévi-Strauss prenait acte de l'évolution surprenante de cette psychanalyse dont le corpus théorique au départ hypothétique et centré sur un objet circonscrit et défini se transformait progressivement «en une sorte de mythologie diffuse compénétrant la conscience du groupe». Dès lors, soulignait-il, la psychanalyse «transforme ses traitements en conversions car seul un malade peut sortir guéri, un inadapté ou un instable ne peuvent qu'être persuadés»[38]. Et voilà que, malgré tous les efforts faits par certains pour empêcher toute analyse critique du dispositif analytique (la psychanalyse, c'est ce qui se passe entre le psychanalyste et le patient, et c'est intraduisible, inobservable, irréfutable), le «travail analytique» se trouve lui-même interrogé. Loin de chercher des effets idéologiques à l'extérieur de la cure, Castel décèle à l'intérieur même de la cure ce qu'il nomme le psychanalysme[39] : des normes sociales, de l'idéologie traversent et structurent la relation analytique. L'inconscient que décrit la psychanalyse a des rapports ambigus avec les rapports sociaux, avec l'histoire[40]. Deleuze et Guattari accuse la psychanalyse d'«œdipianiser», c'est-à-dire de «couler les discours et affects du patient dans le moule de la culpabilité»[41]. Et Mendel conclut une étude par ces mots terribles à l'égard de «la peste freudienne» : «En somme, une analyse = être un peu plus bourgeois, et moins névrosé, si l'indication a été bien posée»[42]. La psychanalyse ne fait pas de promesses explicites à celui qui s'y engage, mais qu'elle ne veuille ou ne puisse formuler les avantages que celui ci en retirera en premier lieu ou «par surcroît» n'empêche pas qu'elle promette; sinon il n'y aurait plus depuis longtemps personne au cabinet de l'analyste!

En ce qui concerne l'action effective du psychanalyste (pas ce qu'il dit faire, mais ce qu'il fait), Brès propose de la considérer à partir de la référence à trois tâches essentielles qu'il assure en même temps dans la conduite de la cure : «une première, qu'il ne remplit que rarement sous sa forme brute, mais qui lui sert de modèle épistémologique : dénouer les conflits par la mise à jour des souvenirs traumatiques oubliés. Une deuxième qu'il remplit contre son gré le plus souvent mais de manière beaucoup plus amplement qu'il ne voudrait : instituer chez le patient un état de dépendance affective et de distorsion intellectuelle qui présente bien des inconvénients et dont les effets heureux ne sont pas ceux dont on voudrait se vanter[43]. Une troisième qui consiste à être pour l'analysant l'occasion d'une expérience de valeur irremplaçable et d'un développement affectif et intellectuel à porter au registre de la culture»[44].

Sans aller jusqu'à réduire le dispositif freudien à n'être que de l'idéologique et du religieux, «il importe, plus modestement, écrit encore Brès, de souligner que, de nos jours, une grande partie de l'action exercée par la psychanalyse sur notre culture tient à sa frange idéologico-religieuse».

Aussi reconnaître qu'une bonne part des critiques assénées du dehors à l'approche transactionnelle relève de jugements globaux que portent certains psychanalystes sur ce qui ne relève pas de leur propre orientation ne suffit pas, encore faut-il remarquer qu'un bon nombre de ces critiques pourraient se valider dans le champ même de ceux qui les profèrent. C'est signifier là que certaines problématiques sont transversales à la pratique thérapeutique, et que, si chaque approche les saisit forcément de son point de vue, il convient de refuser d'emblée que l'une ou l'autre s'attribue, de par sa position hégémonique (au plan social) une qualité intrinsèquement supérieure (au plan éthique, épistémologique, pratique).

C'est dire qu'évidemment, après avoir refusé de critiquer l'AT à partir du superficiel, il faut bien l'envisager de l'intérieur pour en éclairer les failles, ou plutôt les déviations. C'est un certain usage des modèles qui va servir de pivot à ces glissements d'une problématique à une idéologie systémique.

L'USAGE IDÉOLOGIQUE DU MODÈLE

Pour se justifier comme tel, rappelons que tout modèle doit répondre à certaines conditions bien précises : ajustement aux données expérimentales, unicité, minimalité, réfutabilité et valeur prédicative[45].

Berne conteste l'usage non scientifique consistant, pour ajuster le modèle aux données du terrain, à ne choisir finalement du réel que ce qui est appréhendable et justifié par la théorie. Cette «menace de Procuste», Berne la voit jouer un «rôle très actif dans toutes les sciences du comportement. Le chercheur a une théorie, et il rallonge, taille ou fait pencher les données pour les y faire entrer, parfois en négligeant des variables cachées, d'autres fois en passant sous silence des faits qui n'y correspondent pas, voire en manipulant les données sous de méchants prétextes afin qu'elles concordent mieux»[46]. Aussi soutient-il la nécessité de regarder «le terrain, puis la carte, et non le contraire»[47].

Si plusieurs modèles peuvent en outre s'ajuster aux données expérimentales, il est absolument nécessaire pour la validité d'une démarche scientifique de raisonner et d'argumenter un seul et unique modèle à la fois. Berne lui-même refuse de mener un débat à propos des états du Moi qui ne clarifie pas d'emblée les points de vue à partir desquels on travaille : ainsi faut-il s'interdire sur un même raisonnement de se référer indistinctement et selon les besoins ponctuels de l'argumentation à l'approche structurale et en même temps à l'approche fonctionnelle des états du Moi[48].

Une multitude de modèles différents peut expliquer une même donnée, mais, à pertinence égale, le plus simple est toujours préférable. Le principe d'économie n'est pas seulement esthétique, il est aussi pragmatique ; c'est ce qui conduit Berne à refuser de «construire» un quatrième état du Moi (Adolescent)!

Quant à la nécessité pour le modèle de donner lieu à prédictions et d'être réfutable, il va de soi que le modèle des états du Moi répond fondamentalement à ces exigences, ou, en tout cas, à un point suffisamment plus élevé que bien d'autres orientations psycho-thérapeutiques (psychanalyse, psychologies humanistes, Nouvelles Thérapies...).

En tant que modèle inscrit dans le champ des références systémiques, le système des « états du Moi » (et peut-être la théorie AT en son ensemble), laisse pour autant, entrevoir d'importants risques de glissements idéologiques sitôt qu'il se détourne du socle épistémologique sur lequel il s'est fondé : celui de la psychanalyse et celui de la problématique systémique.

A la différence de Berne qui met toujours en avant son allégeance aux idées fondamentales de Freud et dont le choix d'un langage familier ne constituait qu'une option pratique, certains de ses continuateurs, en insistant plus sur les divergences entre psychanalyse et analyse transactionnelle que sur leurs convergences, ont très vite oublié que leur langage « facile » et pragmatique devait pouvoir se justifier, ou tout au moins se partager avec les autres spécialistes. Or, éloignés des repères psychanalytiques, beaucoup en viennent à se réfugier derrière les termes de l'AT, prétextant de l'incommunicabilité du « jargon psychanalytique » et de son caractère métaphysique pour rejeter toute la psychanalyse. A la très grande rigueur de Berne répond l'« ouverture d'esprit » de certains de ses « continuateurs », à la modestie scientifique de l'un, les prétentions purement idéologiques des autres. Berne avait développé les prémisses d'une « psychanalyse » et d'une « psychiatrie » à la portée de tous, d'autres en ont extirpé une idéologie à supporter par tous.

Il est un fait certain : l'ancrage freudien de l'approche transactionnelle s'évanouit au fur et à mesure que les modèles des « états du Moi » investissent le marché; avec la diffusion de l'AT, comme le souligne Erskine, « on en est venu à réduire les états du moi à des classes d'expériences subjectives, en négligeant le rôle des mécanismes de défense, des introjections ou des fixations aux étapes antérieures de la croissance »[49]. Mais cette négligence n'en est pas une, elle est plutôt un choix conçu en connaissance de cause; on le verrait assez facilement en ce qui concerne l'usage même de la notion d'états du moi. Car après avoir évincé la réalité des processus inconscients à l'œuvre en chaque état du moi, ce sont les états du moi eux-mêmes qui s'évanouissent de l'approche transactionnelle : on commence par exemple par délaisser l'analyse structurale au profit de l'analyse fonctionnelle, et puis on en vient à mener une analyse des seuls « canaux de communication ». On peut aussi garder les états du moi, en user et en abuser; on les aura auparavant «triturés» selon son objectif, et on les projettera là où le besoin s'en fait sentir. Et, dans la foulée, en investissant le social, on le réduira lui aussi à n'être que le pur reflet de ces arrangements de «modèles».

On avait pris précédemment une métaphore pour rendre compte du développement progressif de l'AT (le grain de l'analyse et le terreau systémique), elle reste ici encore d'actualité : on sait en effet que du terreau dépend soit la grande vitalité de la plante, soit son lent pourrissement.

A partir du modèle transactionnel, parfois s'entremêlant et se conjuguant les uns aux autres, mais rarement s'excluant les uns les autres, apparaissent dès lors trois risques majeurs de déliquescence de l'approche bernienne : le risque humaniste, le risque discursif, et le risque orthopédique.

Vers l'humanisme systémique

L'inscription de l'approche transactionnelle dans la perspective humaniste en tant que telle (c'est-à-dire dans les courants du Potentiel Humain, des Nouvelles Thérapies, etc.) ne va pas de soi. Berne n'a pas tenu, semble-t-il, à la voir se transformer en une thérapie du bien-être et de la chaleur humaine; pour lui, l'AT était avant tout une pratique thérapeutique, rationnelle et pragmatique. Mais les présupposés humanistes de l'AT, dont on a dit qu'ils constituaient des principes méthodologiques nécessaires à toute mise en œuvre thérapeutique, ont débouché peu à peu sur une philosophie de la vie...

Or qu'apporte le mouvement humaniste en mettant l'accent sur le développement et la réalisation de soi? L'exigence d'une approche normative, et la certitude d'un «savoir intérieur» que possède en lui-même tout individu, même s'il est réprimé et momentanément oublié[50]. On retrouve dans l'approche bernienne ces aspects, liés pour l'un à son caractère «parental» et pour l'autre au travail de (re)structuration des états du moi. Mais l'approche humaniste s'effectue dans l'intersubjectivité de la rencontre, alors que l'AT définit clairement les rôles et les outils et que le savoir dont il est question n'est plus seulement «intérieur». Thérapeute et patients s'entendent sur un référentiel commun qu'ils «explorent» et «travaillent» peu à peu. Mais, en tant que corpus de connaissances spécifiques, l'AT «parle» au patient et en même temps l'influence. En repérant ses «états du Moi», ses «transactions», ses «jeux», etc., le patient ne se réapproprie pas seulement sa propre expérience, il la voit se mettre en formes, il la sent se couler dans le moule des modèles. Le savoir sur soi s'expose, se découvre et s'«essaie» lors d'exercices structurés, «-d'exercices de prise de conscience», de jeux de rôle et de «jeux pédagogiques», etc.

En même temps que l'idée de l'inconscient s'effaçe peu à peu de la théorie transactionnelle, les patients se transforment en «clients», puis peut-être en «stagiaires», en «élèves»... Dérivant progressivement vers d'autres horizons que celui d'une pratique dont la référence première reste la pratique médicale, l'analyse transactionnelle se donne alors pour plus qu'elle ne peut vraiment être : plus qu'un simple langage, elle se prône comme «culture»[51]. Sa capacité à intégrer des techniques nées ailleurs, (en Gestalt, en bioénergie, en thérapie comportementale, en rêve éveillé, en PNL, etc.) pourrait déjà en elle-même poser question : les techniques se justifient après coup et sont utilisées autant parce qu'on en a l'usage que parce que le processus thérapeutique ne les requiert. On va sans doute plus loin encore lorsqu'on y associe peu à peu des voies d'accès à la sagesse (boudhisme, arts martiaux, etc.). On essaie alors «de donner à l'AT des dimensions au seuil desquelles Berne s'est arrêté : une intégration du travail corporel et surtout une ouverture du travail psychologique sur le spirituel, pour faire de l'AT un outil non seulement humaniste, mais aussi spiritualiste»[52].

Ce faisant, on retrouve les dénonciations portées par Gentis à l'égard des Nouvelles Thérapies : ces «sujets abstraits» qu'ils traitent par la médiation des techniques thérapeutiques, les modèles humanistes les «branchent sur une éthique, une philosophie de la vie qui dérive aisément vers une crypto-religion»[53]. Mais alors que la religion, traditionnellement, contrôlait par la culpabilisation, les nouvelles thérapies sont des «tentatives pour déraciner la culpabilité»; c'est bien en effet à la «diminution du péché originel que travaillent de façon plus ou moins accentuée les "psy", ils participent à la grande entreprise révolutionnaire de déculpabilisation»[54].

Aussi la question fondamentale des rapports entre individu et société trouve sa réponse dans la responsabilité que l'homme, *en tant qu'individu psychologique*, doit prendre envers lui-même et envers autrui. La thérapie devient, en quelque sorte naturellement, un instrument du changement personnel et, du même coup, du changement social et politique, dans la réduction du premier en un travail de «purification», et d'élévation de l'âme et dans celle du second en une série de conversions individuelles.

L'individu « homo-psychologicus » possède seulement des potentialités, il n'a ni droit, ni devoir, sauf peut-être ceux profondément ressentis d'évangéliser au hasard de ses rencontres et dans ses nécessaires stages de formation-développement. La « révolution » culturelle que transporte avec elle la révolution systémique trouve là son plein essor : avec de la bonne volonté et une perspective multidimensionnelle, multicausale (etc.), tous les problèmes peuvent être repris et traités de façon à ce que tous soient « gagnants ». Déracinant la culpabilité, c'est alors « le projet d'un individualisme heureux, sans mauvaise conscience »[55]. Et c'est là, c'est vrai, que l'attitude simpliste qui voit en tous lieux une possibilité et une nécessité de résoudre par la « communication claire » les problèmes psychologiques et les problèmes sociaux finit toujours par tomber sur les vieilles rengaines du sens commun.

En fin de compte, c'est au vieux psychologisme que cet humanisme systémique aboutit en voulant être révolutionnaire ! Inutile pour l'instant d'insister. Qu'il suffise ici de prévenir, avec Gaulejac, que « le psychologisme qui tend à considérer que la personne humaine est le moteur de l'histoire n'aurait pas tant de succès s'il ne rejoignait un fantasme profondément enraciné dans l'inconscient de chacun. Fantasme de toute puissance, conception narcissique du sujet, vision ethnocentrique du monde, croyance dans la capacité illimitée de l'homme à se réaliser indépendamment de toute contingence historique et sociale, ces différents éléments psycho-idéologiques s'étayent et se confortent provoquant des résistances à l'introduction d'une compréhension socio-historique »[56].

Ce psychologisme là, d'un humanisme de bon aloi, n'a pas pour objectif de comprendre le monde, il veut seulement jeter ses « grilles », préalablement épurées, pour « lire » ce qu'il souhaite, là où il veut.

Le glissement discursif

Il s'agit alors de substituer au contexte pragmatique qui fonde l'aspect systémique un tout autre contexte où le souci de connaître prend progressivement le pas sur celui de « guérir ». Ce glissement dans les finalités du modèle va de pair avec un intérêt marqué pour des « raffinements théoriques » qui prétendent apporter *de facto* des effets pratiques, c'est-à-dire thérapeutiques.

Ainsi peut-on essayer de traduire le langage psychanalytique dans le modèle de l'analyse transactionnelle, reportant ainsi en termes d'« états du Moi » la dimension du transfert et du contre-transfert. Ou bien va-t-on tenter d'aller plus loin, « en profondeur », dans l'analyse des différents états du Moi, perdant peu à peu toute précaution d'ordre expérimental et pragmatique[57]. Quant au diagnostic des différents états du moi, il est évident qu'autant il est facile de repérer les sous-structures de premier et de second ordre en les référant à des comportements observables ou à des investigations phénoménologiques, autant les structures de niveau inférieur (E_0, P_O) ou de niveau supérieur (P_3, P_4, etc.) relèvent d'hypothèses invérifiables et dont le caractère opératoire reste à prouver[58]. C'est là le risque pour l'analyse transactionnelle d'amorcer un mouvement de connaissance pour la connaissance, un mouvement déjà entrepris par la psychanalyse elle-même[59].

Ce glissement discursif, que certains ont très vite combattu[60], amène une telle réorganisation du cadre de référence dans lequel s'inscrit la pratique thérapeutique que parfois cette dernière se transforme peu à peu en une pratique de formation continue; les raffinements du modèle justifie la pédagogisation à outrance qui finalement se substitue à la démarche thérapeutique elle-même. La plupart des critiques relatives à une éventuelle perversion de la psychanalyse peuvent dès lors s'appliquer à la pratique de certains analystes transactionnels! Fromm, reprenant Laing, critiquait la «collusion inconsciente» du psychanalyste et de son patient; «de trop nombreux patients soulignait-il, ne représentaient pas un défi pour l'analyste et l'analyste n'en était pas un non plus pour eux. Inconsciemment les protagonistes de cet "gentleman's agreement" ne désiraient pas être un défi, puisque rien ne devait faire tanguer la barque de leur "paisible existence"»[61]. Aussi, tant que le client vient, «travaille» et paie, et que le thérapeute parle et explicite les apports du modèle, les règles du jeu sont observées, et le jeu convient aux deux partenaires[62]. Et l'aspect intégratif du modèle A.T. permet là de varier les plaisirs; on «visitera ensemble», au lieu et place du processus thérapeutique, d'abord les différentes écoles du courant transactionnaliste, puis celles d'autres modèles contemporains plus ou moins à la mode : Gestalt, Rebirth, Programmation Neuro-Linguistique, etc.

Cette déviation idéologique agrandit la portée du modèle; loin de se «limiter» à n'être qu'un outil thérapeutique, le modèle des états du Moi se voit promu dès lors outil d'enrichissement personnel, de développement spirituel. C'est là le glissement vers l'humanisme des nouvelles thérapies, qui font aussi, parfois... de nouvelles religions. Le glissement discursif de l'A.T. la fait quitter toute perspective systémique et si elle rejoint là la psychanalyse quelque part, c'est dans ses aspects les moins intéressants car les plus invérifiables.

Une autre modalité de ce glissement s'opère aussi par l'extension illimitée des domaines d'application des modèles; ce transfert généralisé du modèle AT, du contexte de son élaboration à l'ensemble des situations, s'effectue alors sans mauvaise conscience; de toute façon, la «grille conceptuelle» apporte bien quelque chose de nouveau, alors que demander de plus[63]? Dans une sorte de «compulsion de répétition», les concepts A.T. se répètent d'un domaine à l'autre, d'un ouvrage à l'autre; à partir d'une même carte, certains s'en vont identifier des territoires toujours nouveaux en ayant l'air de dire : «voyez, nous avons trouvé là quelque chose!» Cette «soif» modélisatrice opère aussi en sens inverse; alors, avec beaucoup d'efforts, certains vont à la pêche dans le réel et en ramènent des traces qu'ils «triturent» tant qu'elles collent enfin à leurs grilles d'analyse.

Outre le fait qu'il s'agisse bien souvent de traduire dans un langage AT ce qui est fort bien exprimable dans un langage plus courant, on assiste là à une perversion complète du but originel du langage familier de l'AT : il devient nécessaire de connaître un langage spécifique (et parfois les nuances de ce langage) pour comprendre le sens d'un discours qui recèlent des idées qui sont en fait, somme toute, bien ordinaires.

Le glissement orthopédique

Les «humanistes» de l'analyse transactionnelle ne se contentent plus de répondre à la demande d'aide, à la souffrance, mais sollicitent eux-mêmes chez l'autre, pour son bien, le besoin de thérapie. Ainsi Harris, l'un des premiers à introduire l'AT en France, redéfinit le postulat méthodologique de Berne selon lequel les individus naissent bons et beaux. Ce qui fait dire à Steiner que, «qu'il le veuille ou non, (il) se replie sur la notion la plus commune et la plus démobilisatrice selon laquelle nous serions souillés à l'origine et par conséquent incapables de vivre correctement notre vie sans une bonne dose d'entraide et de contrainte civilisatrice»[64].

En position de Maître diagnostiquant carences, défauts de fonctionnements chez l'autre dans ses rapports à soi ou dans ses relations[65], le «Transactionnaliste» se met en devoir de «permettre» à l'autre de prendre conscience et de croître. Pourtant, on sait bien que communiquer directement à autrui les raisons de son comportement, lui donner le sens de ses conduites est plus facile que de travailler à l'émergence du sens. Comme le dit bien Enriquez, on y gagne en sécurité et en pouvoir, mais on fait «comme si la théorie freudienne n'avait pas souligné et les résistances possibles engendrées par toute interprétation et les risques d'une rationalisation qui, en donnant une image trop claire et définie de ce qui est en jeu, prouve un sentiment illusoire de maîtrise, clôture le travail d'émergence du sens et, de ce fait, a partie liée avec le processus de refoulement»[66].

Ce n'est nullement là le fait seulement de ces nouveaux patients «accrochés» durant un temps par la prégnance du modèle AT; c'est aussi ce à quoi aboutissent certains «experts», persuadés que la «communication» ne saurait être qu'une série de transactions explicites et claires. Les reproches effectués à Virginia Satir par Selvini peuvent être généralisés sans aucun problème à nombre de «transactionnalistes» : un certain «moralisme de la communication» aboutit à transformer «certains travailleurs sociaux et soignants en de véritables prédicateurs et pédagogues de la communication claire, dans l'illusion d'avoir trouvé là la panacée de tous les problèmes psychologiques»[67]. Mais comme l'analyse transactionnelle n'est pas seulement une pragmatique de la communication, qu'elle repose aussi sur une certaine modélisation de la personne, on ne se limitera pas à y montrer aux autres comment faire dans tel ou tel contexte, comment dire, etc., mais on enseignera aussi comment être soi-même! Apprenant dès lors à reconnaître, à investir et à développer ses états du Moi, l'individu corrigera son égogramme, selon ses souhaits, c'est-à-dire le plus vraisemblablement selon les normes ambiantes.

Comprenons nous bien cependant : nous ne décrivons pas là la pratique des analystes transactionnels, mais le glissement de certaines pratiques qui ont relégué aux oubliettes les acquis de la pensée freudienne. Si la modélisation des états du moi est pertinente, c'est comme moyen pour parvenir à «aller mieux», sinon à guérir, non comme moyen d'être meilleur. Aller mieux, ce n'est jamais que découvrir soi-même, en soi, ce que l'on est et ce que l'on devient; c'est chercher à devenir le sujet de sa propre histoire.

Comment expliquer alors ces identifications extrêmement fortes à des modèles très normatifs, réels ou imaginaires? Par le transfert bien sûr, mais pas seulement et sans doute pas vraiment. On voudrait attirer l'attention sur un autre aspect du problème, bien plus spécifique aux modalités précises du travail en AT : se découvrir soi-même prend du temps, et nécessite de mesurer la distance de soi à soi, flirter doucement avec des morceaux de soi, des états de soi, les laisser remonter, les apprivoiser en parvenant à se sentir soi en eux. Mais, on peut apprendre de façon toute différente en se modelant et en mimant, en se corrigeant; en se forçant, on aboutira certainement à savoir «jongler» de manière adaptée («sous le contrôle de l'Adulte») avec des facettes qui ressemblent aux images idéales qu'on aimerait bien être. Berne, rappelons le, différenciait le «rôle» de l'état du moi; jouer le rôle d'un avocat n'est pas être un avocat comme jouer le rôle d'un enfant n'est pas être un Enfant. Il en va de même, c'est en tout cas notre hypothèse, lorsque la thérapie/formation aboutit non plus à l'investissement (à la «cathexis) des «états du moi» de chacun des patients/clients mais à l'apprentissage de ce qu'il faut bien désigner comme étant des «rôles» d'états du moi. Débarrassés de tout conflit psychique, ramenés à de simples manifestations observables se présentant elles-mêmes comme naturellement liées à des réalités internes sans interférences, les états du moi peuvent dès lors s'acquérir par la simple maîtrise du geste.

Travail d'acteur, pourrait-on dire, s'il n'y avait, chez les acteurs aussi, plusieurs manières de l'être[68]! Nous en notons en tout cas au moins deux qui ne présentent ni les mêmes modalités d'investissement de la personne, ni les mêmes dangers quant à son propre équilibre psychique. L'acteur peut, en allant chercher au fond de lui des expériences plus ou moins archaïques, les utiliser pour créer un personnage dans toute l'intensité dramatique et la singularité ainsi permises; mais c'est là prendre le risque d'être bouleversé profondément par ce qui vient de lui. L'acteur peut aussi chercher, et c'est un tout autre travail, à mimer le personnage en lui construisant une palette de rôles, en réfléchissant à ce qui convient le mieux. Bref, ou bien chercher et trouver le personnage au fond de soi, ou bien épouser ce que les «conserves culturelles»(Moreno) dictent comme idéal du rôle (ce qui correspond le plus souvent à des stéréotypes).

Les modalités du «travail de changement de soi» qu'opère l'AT, du moins pour ce qui relève plus directement de ce qu'on nomme la «thérapie pour normaux» semblent s'éclairer de cette référence au travail de l'acteur. Manière pour l'un de se faire une face conforme au rôle attendu par la pièce, sans flirter avec cet Autre, personnage étranger et pourtant intime et intérieur, sans toucher à ses émotions, à ses sentiments, à ses pensées; manière pour l'autre de refuser de s'entraîner à cette figure de la maîtrise, à cette puissance du «self-made-man» qu'évoquait Gentis, à ce risque de se perdre soi-même. L'une s'ancre sans conteste dans la déviation du modèle systémique, l'autre reste arc-boutée au socle de la pensée freudienne. L'une se rapporte au traitement des informations, au «turn-over» des modèles, à l'apprentissage du «comment être», à la conviction sinon à la certitude et au renforcement narcissique par le regard satisfait des autres joueurs; l'autre relève plus de la durée, de l'incertitude des rapports à soi dans le remaniement identitaire, de la solitude et du regard surpris que le «je» porte au «moi».

Profitant du caractère systémique (modèlisateur) et de la dimension psycho-sociale de l'approche, certains vont développer en effet une «lecture» psycho-sociologique du social qui s'avèrera être une «mise en grille unidimensionnelle» des rapports humains et sociaux, en transportant le modèle bernien à la classe, au travail social, à l'entreprise, à la marchandise, au management, etc.

On sait que la pratique de l'Analyse Transactionnelle est une pratique contractuelle où les deux partenaires, le thérapeute et son client, s'engagent l'un envers l'autre. L'exercice libéral permet un déroulement relativement correct de cette pratique : le «contrat» conclu entre le thérapeute et le patient n'a de valeur qu'en tant qu'il est négocié volontairement ; à la limite, si l'un veut s'en aller, il le peut. Dit autrement, c'est le contrat légal (au niveau social et juridique, en rapport aux statuts et aux rôles attendus et prescrits) qui permet au contrat thérapeutique d'exister entre des personnes et de prendre sens pour elles.

C'est déjà bien autre chose pour ce qui surgit dans la sphère privée, lorsque certains, passionnés par les outils de l'AT, et motivés soudain par un puissant désir d'aider ceux qui les entourent, se donnent pour mission de révéler leurs défauts cachés en même temps que les moyens concrets de les effacer. En fin de compte, il n'y a là en fait qu'une variante de ces jeux que Berne a su si bien décripter et analyser : le jeu de celui qui veut faire le bien d'autrui même contre son désir, le jeu qui veut montrer à l'autre que vraiment il a tort et enfin le jeu de celui qui désespère devant l'ingratitude des autres envers ses efforts évangélisateurs de thérapeute/éducateur/manager, etc.

Mais la question est autrement plus complexe, on s'en doute, quand le lien n'est plus seulement interpersonnel, mais qu'il s'inscrit dans un rapport social, lequel peut être méconnu, voire dénié par l'un ou l'autre des deux acteurs. Prenons comme exemple l'école ou le travail social. On peut évidemment passer des contrats avec les enfants qui posent problèmes, on peut faire signer des engagements entre un bénéficiaire des services sociaux et un professionnel de l'aide. Ce peut être une bonne chose. Ce peut aussi être la pire. Les recherches actuelles sur les «théories de l'engagement» en psychologie sociale montrent bien comment on peut extorquer à autrui, après un simple comportement (aller parler dans un bureau, signer) une conduite plus importante (signer, s'engager à), en créant chez lui le «sentiment de liberté», et en ayant en soi les meilleures intentions. L'essentiel est de dire ici que l'AT n'a pas de concepts, pas d'outils spécifiques, pour éclairer une relation qui ne peut plus seulement s'exprimer en tant que simple interaction interpersonnelle, mais qui est surdéterminée par des rapports sociaux où le pouvoir existe et dicte littéralement un certain nombre de conduites (comment refuser le contrat si on risque encore plus ?). L'idéologie, en même temps que le contrôle social, montrent le bout de leur nez.

La tendance existe, au sein même de l'AT, de se passer de tout accord de l'autre pour s'engager dans un travail avec/sur lui (ce qui va de pair évidemment avec le fait que c'est toujours, néanmoins, « pour son bien » !) : ainsi certains « outils » (cf. matériel de T. Kahler) permettent-ils de manager des hommes en constituant leurs équipes selon certains critères psychologiques, et sans même qu'ils s'en doutent!

Pourtant, dit clairement Steiner, « l'Analyse Transactionnelle a été définie comme un processus bilatéral et coopératif. Son usage comme outil unilatéral pour le contrôle du comportement est un abus de pouvoir comme le fait d'endormir l'acheteur en mettant un sédatif dans son verre pour lui vendre une voiture hors d'usage »[69].

Eh bien, à ce propos justement, deux transactionnalistes françaises affirment que les « domaines d'utilisation de l'analyse transactionnelle pour les différentes fonctions de l'entreprise peuvent être tout aussi bien :

– l'AT et le management : styles de direction, développement des organisations, animation d'une équipe de travail, motivation, conduite de réunion, prise de décision, critiques et encouragements...

– l'AT et la direction des relations humaines et sociales : enrichissement des tâches, communication interne, gestion ;

– l'AT et la relation pédagogique ;

– l'AT et la commercialisation : vente, innovation, communication et publicité, études et recherches [70] ».

Ainsi peut-on évaluer tel ou tel produit, tel ou tel emballage en en dressant l'égogramme! L'idéologie est encore plus perçante, parce que plus insidieuse, parce qu'en un sens déjà repérée en tant que telle et banalisée, acceptée. Berne est loin, mais qu'importe! « Certes, écrivent par exemple Gourdin et Jaoui, lorsqu'Eric Berne a créé l'analyse transactionnelle, il n'imaginait sans doute pas qu'un jour celle-ci serait utilisée pour comprendre et améliorer le discours publicitaire. A notre avis, c'est même là une utilisation qui doit le faire se retourner dans sa tombe. Pourtant, nous avons en France, développé ce "sous-produit" de l'AT qui s'est, à l'usage, révélé être un outil extrêmement performant »[71]. Une éthique au ras du sol du pragmatisme donc...

La notion d'état du moi n'a de signification qu'au regard d'une personne humaine (à la limite, avec des précautions, pour un groupe humain); c'est en ce sens que les principes pragmatiques qui légitiment ce «triple moi» sont acceptables. Mais les problèmes se posent d'une autre manière sitôt que ce n'est plus de personnes qu'il s'agit, mais d'objets ou même de rôles professionnels : comment être un bon vendeur, comment être un bon patron, comment être un bon maître, etc.[72]?

Tout anthropomorphisme dans la recherche scientifique présente des dangers : anthropomorphiser des objets, c'est déculturaliser l'homme, c'est le déshumaniser, ou, comme le disait avec violence Bertalanffy, le «décérébrer». En se glissant dans les filières du marketing, de la publicité, les états du moi bernien se voient privés de toute respectabilité scientifique; ils sont délestés également d'une bonne part de leur humanité. Car céder de la personnalité aux choses et aux institutions, c'est leur refuser le statut de «nœud», produit des rapports sociaux de production et, en cela, riche des contradictions et des conflits sociaux. Mais c'est aussi témoigner d'une conception de la personnalité humaine comme inessentielle à l'homme, comme non-spécifique; c'est faire de la personnalité un simple artifice, une «surface psycho-sociale publicitaire», un «look» moderne et désincarné. En faisant de l'objet un être humain, l'évacuation du politique est consommée.

Nous avons évoqué le transfert généralisé du même modèle quels que soient les secteurs du réel; il nous faut aussi montrer l'adaptation du modèle lui-même à la réalité (à l'idéologie). On a vu certains palo-altistes faire dire n'importe quoi à Freud, on verra ici faire de même avec Berne... Déjà, nous l'avons dit, Harris transforme radicalement le sens de l'AT en prônant la nécessité pour chacun de se guérir. Mais on ira, pour s'ajuster aux besoins plus industriels que sociaux et aux idéologies dominantes, jusqu'à peaufiner l'analyse structurale et fonctionnelle des «états du moi». Ainsi, alors que pour Berne et Steiner, la colère et l'esprit de rébellion peuvent être des manifestations de l'Enfant Libre (ou Spontané)[73], elles ne sont plus aujourd'hui que des expressions, fortement connotées négativement, de l'Enfant Adapté[74] : ce simple aménagement du modèle (processus que l'AT appelle d'ailleurs «redéfinition») est lourd de conséquences. Toute colère, toute rébellion, tout désaccord portent désormais en eux une tare originelle; dans l'Enfant Adapté, ces manifestations sont le signe d'une opposition systématique, ce sont des «adaptations automatiques ou des réactions aux figures d'autorité et à l'influence des autres, plutôt que l'expression de ses objectifs, désirs, émotions et valeurs propres»[75]. La disqualification de tout type de comportement de contestation est dès lors assurée. On ne s'étonnera donc pas qu'une fois débarrassé de ses colères, haines et revendications, l'Enfant Libre soit convié dans l'entreprise : «un des signes de la présence de l'Enfant Spontané est de disposer, dans le temps présent, de toute l'énergie de la personne. Ainsi, de donner à un Enfant Spontané la possibilité de s'épanouir dans son cadre professionnel est (paradoxalement) un facteur de réalisme et d'énergie résolutoire de problèmes»[76]! Pragmatisme et opportunisme font donc bon ménage avec la thèse d'un certain humanisme !

On voit bien combien l'usage des modèles est facile, escamote les problèmes, assume les contradictions en réussissant même à en tirer profit. Le praticien en entreprise pourra mettre en avant son pragmatisme, tout en affirmant son idéal du changement et son humanisme; n'invite-t-il pas les acteurs à laisser s'exprimer leur authenticité, à exprimer leurs besoins fondamentaux? Mais cet usage de la modélisation, occultant toute la problématique des rapports entre le tout et les parties, se situe dans la droite ligne de toutes les idéologies de persuasion et de contrôle social.

Que ce soit la promptitude de certains à repérer les états du moi, les transactions et les jeux, de celui qui n'a rien demandé (sauf peut-être de l'amitié), que ce soit la performance de ceux qui, consciemment ou non, évacuent le pouvoir et les rapports sociaux dans un espace structuré par eux, ramenant tout, et plus ou moins habilement, à du psychologique, on aboutit souvent à un même résultat : ne laisser à autrui qu'une seule alternative. Celle là même que Winnicott voyait la seule possible face à une interprétation dogmatique : «soit l'autre accepte ce qui est dit, à titre de propagande, soit il rejette à la fois l'interprétation, celui qui l'a émise et la structure toute entière»[77].

NOTES

[1] Ainsi la présentation insidieuse de l'AT dans l'ouvrage *Les Ecoles psychanalytiques* Tchou 1981 sous la direction GRUNBERGER B. et CHASSEGUET-SMIRGUEL J. est à cet égard exemplaire : «L'AT semble connaître un certain succès en France malgré les naïvetés irritantes qu'elle contient à l'évidence, naïvetés auxquelles on aurait pu croire le public français assez réfractaire», p. 273.

[2] BERNE E, *Analyse transactionnelle et psychothérapie, op. cit.*, p. 19.

[3] CHANDEZON G & LANCESTRE A, *L'analyse transactionnelle*, Paris, PUF, Que-sais-je?, 1983, p. 120.

[4] BERNE E., *Que dites-vous après avoir dit bonjour?, op. cit.*, p. 333.

[5] *Ibid.*

[6] BRES Y., *Freud et la psychanalyse américaine : K. Horney, op. cit.*, p. 123.

[7] Et ce n'est certes pas sa «qualité» pédagogique (là encore qualité recherchée par Berne) qui va aider ce rapprochement : «Du point de vue pédagogique, écrivait-il, il est beaucoup plus facile d'enseigner avec de bons résultats l'analyse structurale et transactionnelle que bien d'autres approches cliniques. On peut en saisir les principes en dix semaines..» in *Analyse Transactionnelle et psychothérapie, op. cit.*, p 20. On remarquera néanmoins qu'il s'agit ici pour lui d'évoquer un enseignement à des cliniciens, et qu'il est évident pour lui que ceux ci intégreront facilement alors une approche volontairement forgée à partir de la pratique clinique.

[8] HORNEY K. a publié ce «cas clinique» dans son livre sur *L'auto-analyse*, Paris, Stock, 1953, pp. 114-115. Nous suivons quant à nous l'analyse qu'en effectue Brès Y. dans *Freud et la psychanalyse américaine : Karen Horney, op. cit.*, p. 123.

[9] *Ibid.*

[10] *Ibid.*

[11] Ainsi C. DREYFUS, qui reconnaît avoir travaillé à partir d'un «week-end d'initiation» et de quelques ouvrages et non à partir d'une expérience vécue, conclut sa présentation de l'approche transactionnelle par ce sévère jugement : «c'est de toutes les techniques de groupes développées aux Etats-Unis, celle qui évoque le plus la «manie des recettes» à l'américaine» in *Les groupes de rencontre*, Paris, Retz, 1978, pp. 182-194.

[12] FREUD S., «Le Moi et le Ca» in *Essais de psychanalyse*, Paris, Payot, 1951, p. 150.

[13] Comme le disait BERNE. «Chez quelqu'un ayant une formation psychanalytique rigide, il peut se développer une forte résistance, au début tout au moins, aux principes de l'analyse structurale, *sauf si cette personne nourrit un intérêt particulier pour la psychologie du moi*» in *Analyse transactionnelle et psychothérapie, op. cit.*, p. 20. Les italiques sont de nous-mêmes.

[14] FROMM E., *La crise de la psychanalyse*, Paris, Denoël, 1971, p. 31.

[15] FREUD S., «Le Moi et le Ca» in *Essais de psychanalyse, op. cit.*, p.179... A. WEISS qui lui demande son avis sur un article qu'il a écrit pour présenter la psychanalyse, Freud répond en 1933 par ces lignes très intéressantes : «je commencerais autrement que vous, non par le Moi et le Ca, mais en disant que tous les phénomènes sont en eux-mêmes inconscients. A partir de là, définition du degré de conscience : inconscient, préconscient, conscient et fondement dynamique de cette distinction qui permet d'introduire la notion de résistance. Ici donner tout de suite la formule de la thérapeutique : par la victoire remportée sur les résistances, remplacement de l'inconscient par le préconscient et le conscient».

[16] BERNE E., *Analyse transactionnelle et psychothérapie, op. cit.*, pp. 19-23.

[17] BERNE E., *Analyse transactionnelle et psychothérapie, op. cit.*, pp. 19-23.

[18] ROUSTANG F., «Sur l'épistémologie de la psychanalyse» in *Le Moi et l'Autre*, Paris, Denoël, 1985, pp. 151-158.

[19] BRES Y., *L'être et la faute, op. cit.*, p. 194.
[20] HUTEAU M., *Les conceptions cognitives de la personnalité*, Paris, PUF, 1985.
[21] Rappelons, en soulignant les termes fort précis employés par Freud que, pour ce dernier, «En tant que **science spécialisée, rameau de la psychologie**, -psychologie abyssale ou psychologie des profondeurs, l'analyse n'est **nullement capable de créer une conception particulière du monde, elle doit se conformer à celle que lui offre la science**», in *Nouvelles conférences sur la psychanalyse, op. cit.*, p. 209.
[22] Cf. la critique serrée que fait Y. BRES de cette déviation tant de la lettre que de l'esprit freudien. «Une théorie psychanalytique de la connaissance?» in *Critique des raisons psychanalytiques, op. cit.*, pp. 189- 218.
[23] GRODDECK G., *Le livre du Ca, op. cit.*, p 20. Loin de s'en écarter, FREUD lui-même dira textuellement «nous n'hésitons pas à assigner aux vues de GRODDECK leur place dans le corps de la science» in *Essais de psychanalyse, op. cit.*, p. 235.
[24] Comme le dit GUILLAUMIN dans sa préface au livre de J. COSNIER, elle est «le mouton noir du troupeau des méthodes et théories scientifiques de la psychologie» in *Nouvelles clefs pour la psychologie*, Lyon, PUL, 1981, p. 13.
[25] Cf. BRES Y., *Critique des raisons psychanalytiques*, Paris, PUF, 1985, p. 224. L'auteur insiste sur l'impossibilité de dissocier l'un de l'autre ces deux fondements et méthodologies, remarquant qu'«on est bien obligé de prendre en compte (...) tous les aspects non expérimentaux et même anti-expérimentaux de cette discipline», p. 225.
[26] Ainsi, alors que s'opposent en Allemagne, à la fin du XIXe siècle, ceux qui réclament avec DILTHEY et RICKERT la séparation entre sciences humaines et sciences naturelles et ceux qui avec HAECKEL optent pour leur convergence dans la perpective du réductionnisme physico-chimique, FREUD choisira de suivre le point de vue alors le moins légitimé, celui des sciences de la nature.
[27] BRES Y., *L'être et la faute*, Paris, PUF, 1988, p. 200. La citation de FREUD est extraite quant à elle de *Psychopathologie de la vie quotidienne*, Paris, Payot, 1960, p. 299.
[28] EY H., *L'inconscient, VI Colloque de Bonneval*, Bruxelles, Desclée de Brower, 1966, pp. 268-343.
[29] On reprend là ce que dit R. CASTEL à propos d'un psychanalyste parisien célèbre : «qu'un des membres les plus connus de l'Establissement pense encore le psychanalyste comme «essentiellement bâtard, a-social, clandestin» prête aujourd'hui à sourire. Cette manière de rejouer les vieux prestiges de l'élection et du prophétisme n'a maintenant plus guère de prises sur la réalité». *La gestion des risques, op. cit.*.
[30] MAC DOUGALL J.- *Plaidoyer pour une certaine anormalité*. NRF, Gallimard, Paris, 1978, p. 222.
[31] Le psychanalyste jungien Adolf GUGGENBÜHL-GRAIG témoigne de la dangereuse «ombre du charlatan» qui risque toujours de doubler la figure du psychanalyste, et qui n'est pas réductible à ce que les freudiens pourrait conceptualiser en termes de «contre-transfert», cf. *Pouvoir et relation d'aide*, Mardaga, 1985.
[32] CASTORIADIS C.- «La psychanalyse, projet et élucidation. "Destin" de l'analyse et responsabilité des analystes», in *Topique*, 1977, pp. 25-75 : «Depuis des années, on bavarde en France sur le désir de l'analyste», mais le désir de l'analyste, on s'en moque. Ce qui importe — et ce que ces bavardages visent à occulter — c'est la visée, la volonté, le projet de l'analyste. Il est faux et mystificateur de dire que l'analyste ne «veut» rien pour son patient; s'il n'est pas capable de vouloir quelque chose quant à son métier et donc à ses patients, s'il en reste au pur et simple désir, il doit retourner d'urgence sur le divan ou changer de métier».
[33] LEGRAND M., *Psychanalyse, science et société, op. cit.*, p. 136.
[34] GENTIS R., «De l'idéologie aux mécanismes d'action des Nouvelles Thérapies» in MEYER R. et al. *Portrait de groupe avec psychiatre*, Paris, Maloine, 1984, pp. 59-72. Cf.

aussi l'article que publie PAGES M. « Une nouvelle religion : la psychothérapie » in *Le Monde* du 30 septembre 1979.

[35] GENTIS R.- De l'idéologie aux mécanismes d'action des Nouvelles Thérapies, *art. cit.*, pp. 69-70. Il n'est d'ailleurs pas du tout évident que la psychanalyse échappe à une telle analyse; Gentis mentionne évoque que « peut-être le freudisme lui-même » pratiquerait cet appel au mythe.

[36] En 1974, A. FREUD remarquait que « les choses ont bien changé » pour la psychanalyse, et que, selon elle, cela ne tient pas tant « à la modification de ce qui se passe dans la cure, à ce que la psychanalyse propose aujourd'hui, mais bien plutôt à la modification des attentes et de l'état d'esprit de la jeunesse », les candidats-psychanalystes voyant une « carrière » là où leurs aînés voyaient « danger » et « défi », « Des difficultés survenant sur le chemin de l'analyse » in *Nouvelle Revue de psychanalyse*, Paris, Gallimard, 1984, pp. 203-224.

[37] Cf. à ce propos les ouvrages de J. Mc DOUGALL. *Plaidoyer pour une certaine anormalité*, Paris, NRF Gallimard, 1978, p. 8 et de C. LASCH. *Le complexe de Narcisse*, Paris, Laffont, 1981.

[38] LEVI-STRAUSS C., *Anthropologie structurale*, *op. cit.*, p. 202. L'auteur souligne que si la diffusion de cette mythologie perdure, « La valeur du système cessera d'être fondée sur des cures réelles, dont bénéficient des individus singuliers, mais sur le sentiment de sécurité apporté au groupe par le mythe fondateur de la cure, et le système populaire auquel, sur cette base, son univers se retrouvera reconstruit ».

[39] CASTEL R., *Le psychanalysme*, *op. cit.*

[40] Comme le souligne CASTORIADIS, « est-ce que, psychanalytiquement, rien ne change lorsqu'on passe du Parisien contemporain au Balinais ou au Dogon ou, si on le pouvait, au Babylonien? Dire oui, c'est affirmer qu'il n'y a pas essentiellement d'histoire; dire non, que l'inconscient lui-même est en un sens historique. Ni l'une, ni l'autre de ces assertions ne peuvent, par principe, être légitimées à l'intérieur du champ propre à la psychanalyse et encore moins par les méthodes qui lui sont spécifiques et dont elle tire plus que son originalité, son droit à l'existence ». Pourtant, « la question, elle, reste légitime, et trace la frontière d'un champ qu'ignorent les démarcations conventionnelles entre disciplines »..« Science moderne et interrogation philosophique » in *Encyclopaedia Universalis*, tome 17, pp. 43-73. Notons que l'état du moi Parent reprend en d'autres termes cette question.

[41] DELEUZE G. & GUATTARI F., *L'Anti-Œdipe*, Paris, Minuit, 1972. Mais les analyses d'Y. BRES sont à cet égard plus « serrées » in *Critique des raisons psychanalytiques*, chap. 3 « la psychanalyse comme idéologie religieuse ».

[42] MENDEL G.- « La crise de la psychanalyse », *Pouvoirs*, Paris, n° 11, 1979, pp. 89-104.

[43] Le psychanalyste offre un « soutien psychologique » et aide à la disparition du symptôme.

[44] BRES Y., *Critique des raisons psychanalytiques*, *op. cit.*, p. 250. Ces questions font l'objet du chapitre 3 « la psychanalyse comme idéologie religieuse » et de la conclusion de l'ouvrage.

[45] DELATTRE P., cité in PARAIN-VIAL J., *Philosophie des sciences de la nature*, *op. cit.*, p. 142.

[46] BERNE E., *Que dites-vous après avoir dit bonjour?*, *op. cit.*, p. 339.

[47] *Ibid.*, p. 340. Pour bien situer la difficulté de l'ajustement scientifique du modèle aux données expérimentales, Berne use de la métaphore suivante :Un aviateur regarde du haut du ciel sa carte et y voit un pylône téléphonique qu'il identifie par la suite sur le sol. « Ca y est, dit-il, je sais où nous sommes! ». Mais son coéquipier lui fait remarquer qu'au sol il y a bien le pylône et le silo mais qu'il y a aussi un derrick qui devrait, lui aussi, être porté sur la carte. L'aviateur rétorque que, sans doute, la carte est imparfaite et qu'en tout

cas elle porte bien mention des deux repères premiers ! Prenant alors la carte, son coéquipier élargit son angle de recherche et trouve à une quarantaine de kilomètres à l'écart de leur itinéraire de vol, un pylône, un derrick et un silo ; ils sont là où justement ils croyaient ne pas être ! Dans cet exemple le réel a toujours le dernier mot ; si l'aviateur avait persisté dans sa lecture erronée de la carte, il se serait totalement égaré. Mais pour ce qui concerne nos théories scientifiques il en va autrement puisque modifiant par elle-même le réel et contribuant à le construire, elles tendent par là-même à s'auto-confirmer naturellement. Mais ce sont moins alors des théories scientifiques que des idéologies !

[48] Cf. à ce propos, les remarques qu'il effectue dans *Que dites-vous après avoir dit bonjour ?*, pp. 341-344.

[49] ERSKINE R.-G., « Structure du moi, fonction intra-psychique et mécanismes de défense : les concepts originels de Berne » in *Actualités en Analyse Transactionnelle*, janv 1990, vol 14, n° 53, pp. 16-22.

[50] Cf. l'ouvrage de C. ROGERS, *Le développement de la personne*, Paris, Dunod, 1968, chapitre XI « L'apprentissage authentique en thérapie et en pédagogie », pp. 200-216, ou encore celui de A. MASLOW, *Vers une psychologie de l'être*, Paris, Fayard 1972.

[51] CARDON A., *Jeux pédagogiques et Analyse Transactionnelle*, Ed. d'Organisation, 1981. p. 16. « Ceci dit, écrit l'auteur, l'AT est plus qu'une langue ou une théorie, et c'est ce que je me propose de développer ci-dessous : l'AT est une culture ».

[52] LENHARDT V., *L'Analyse transactionnelle*, Paris, Retz, 1980. Et il poursuit ainsi « je souhaite que cette démarche contribue, pour sa modeste part, à l'instauration de l'Age du Verseau, nouvelle ère cosmique où nous entrons à l'heure actuelle ». pp. 24-25.

[53] GENTIS R., De l'idéologie aux mécanismes d'action des Nouvelles Thérapies, art. cit.

[54] BRISSE-MAGERANT F., *Fondements et fonction des Nouvelles Thérapies dans la société aujourd'hui*, Paris V, 1983, pp. 207-208 (thèse ronéotypée).

[55] *Ibid.*, pp. 365-369.

[56] GAULEJAC V. de., Pour une sociologie clinique : recherche sur la névrose de classe in *Bulletin de psychologie*, Tome XXXIX, n° 377, p. 836.

[57] Ainsi VERRIER J. s'interroge-t-il sur le fait que l'état du Moi soit lui-même indivisible et il propose d'y différencier des sous-structures. «L'Adulte est-il indivisible ?» in *Bulletin IFAT*, avril 1981, n° 15, pp. 7-11.

[58] Cf. par exemple TRAUTMANN R. et ERSKINE R., « Modèles et analyse des états du Moi », in *AAT*, vol. 6, n° 22, avril 1982, pp. 60-66.

[59] Aussi ne sera-t-on guère étonné que BERNE, malgré son refus de tout jargon et sa méfiance devant les élaborations trop gratuites, ait lui-même à ce propos donné le ton.

[60] C. STEINER a très tôt violemment critiqué les « raffinements » purement gratuits de modèles qui justement s'efforçaient à la clarté la plus grande ; nous l'avons personnellement entendu réfuter l'intérêt de certaines « améliorations » apportées contre son gré à sa propre élaboration de la matrice de scénario.

[61] FROMM E., *La crise de la psychanalyse*, op. cit., p. 10.

[62] Il s'agit d'une transposition adaptée à notre propos de ce que dit FROMM lui-même à propos de certaines cures : « Tant que le malade vient, parle et paie, et que l'analyste écoute et «interprète», les règles du jeu sont observées, et le jeu convient aux deux partenaires », *Ibid.*, p. 10.

[63] Car s'il y a « glissement discursif », il n'y a pas pour autant de véritables travaux qui cherchent à dépasser la « mise en grilles de lecture » (« mise en cage » ?) de toujours nouveaux terrains d'application du modèle !

[64] STEINER C., *Des scénarios et des hommes*, op. cit., p. 21. L'ouvrage de T. HARRIS porte le titre *D'accord avec soi et les autres*, Paris EPI, 1978.

[65] Car s'il est vrai qu'en agissant là comme toute Nouvelle Thérapie, l'approche transactionnelle se constitue comme « tentative pour déraciner la culpabilité que les religions

s'efforçaient traditionnellement de développer ou d'utiliser» (Brisse-Magerand F.- Thèse citée pp. 207-208), il est utile de voir que le processus de déculpabilisation de soi a rapport très souvent avec celui inconscient de culpabilisation de l'autre !

[66] ENRIQUEZ E., Petite galerie de formateurs en mal de modèle, in *Connexions*, n° 33, 1981, pp. 93-110, p. 102.

[67] Mattéo SELVINI *Mara Selvini Palazzoli, Histoire d'une recherche, op. cit.*, p. 76, note 17.

[68] Les analyses menées ici doivent beaucoup à la méthodologie du Théatre de l'Opprimé d'A. BOAL, ainsi qu'à ma rencontre avec ce réalisateur. Cf. en particulier son dernier livre *Méthode Boal de théatre et thérapie*, l'arc-en-ciel du désir, Paris, Ramsay, 1990.

[69] STEINER C., *Des scénarios et des hommes, op. cit.*, p. 23.

[70] JAOUI G. & GOURDIN M.-C., *Transactions. Exercices de l'AT dans la vie professionnelle*, Paris, 1982, Inter Editions, p. 13.

[71] JAOUI G. et GOURDIN M.-C., *Transactions, op. cit.*, p. 90.

[72] Cf. la prolifération des ouvrages AT sur ce thème. CHALVIN M.-J., *Comment réussir avec ses élèves*, Paris, ESF, 1982. JAOUI H., *Créatprat*, Paris, EPI, 1979. Cegos-Ippsos., *Analyse transactionnelle et relations de travail*, Paris, ESF, 1979. CHALVIN D., *L'entreprise négociatrice*, Paris, Dunod, 1979. JAMES M.,*The Ok Boss*, Reading, Addison-Welsey, 1975, etc.

[73] BERNE E., «L'Enfant Naturel se manifeste par des formes indépendantes de comportement comme l'esprit de rébellion ou l'indulgence envers soi-même». *Analyse Transactionnelle et psychothérapie*, PBP, 1977, p. 80.

[74] Cf. RAYMOND C., «L'Enfant Rebelle soumis à la question» in *Bulletin de l'IFAT*, vol. V, juillet 1981, n° 16, pp. 7-9. Cet auteur évoque judicieusement que la lecture des 15 bulletins ne laisse percevoir aucune critique, aucun mécontentement, aucune rébellion, seulement quelques articles ironiques...

[75] CARDON A. & MERMET L., *Vocabulaire de l'analyse transactionnelle*, Paris, Les Editions d'Organisation, 1982, p 75. Les mêmes auteurs décrivent ainsi L'Enfant Spontané : «On dit qu'une personne est dans son ES lorsque les conditions internes et externes permettent à ses désirs réels, sa créativité, ses sentiments et ses émotions de s'exprimer de façon fluide et naturelle. Dans ces moments, la personne privilégie l'expression, la fantaisie, le plaisir, l'enthousiasme, la recherche de nouvelles options, etc»

[76] *Ibid.*, p. 77.

[77] WINNICOTT R., *La consultation thérapeutique et l'enfant*, Paris, Gallimard, 1971, pp. 12-13.

C'est ce qui donne du sens aux lignes acerbes que J.M. Genz écrit à propos de l'AT. Après avoir remarqué avec ironie que «les vendeurs de formation qui écument la petite bourgeoisie intellectuelle dans son ensemble font des affaires particulièrement avantageuses avec les professionnels du secteur», cet auteur développe un jugement dont on ne peut dire qu'il soit nuancé. «J'oubliais, écrit-il, l'analyse transactionnelle : c'est quoi, l'analyse transactionnelle ? C'est un gros Américain hilare (une sorte de Kissinger), en manches de chemise, qui vous tombe dessus, tape amicale dans le dos; «I am OK, you are OK, we all are OK» et soudain, comme par miracle, l'agressivité tombe, le contact est établi, on peut communiquer. On peut aussi lui cracher à la gueule, mais là on quitte le domaine de l'AT». *Mauvaises pensées d'un travailleur social*, Paris, Seuil, 1977.

Chapitre 7
Les modèles systémiques : des idéologies pratiques

On a situé jusqu'ici le développement contemporain des modèles systémiques en confrontant leurs prétentions à leurs ambiguïtés ; de l'approche systémique à l'idéologie systémique, nous avons cherché à révéler les glissements.

On ne saurait pourtant se satisfaire d'une analyse qui, après avoir mis à jour certains de ces errements, n'en référerait le sens et les risques auxquels ils donnent lieu qu'à la seule responsabilité des chercheurs-praticiens. On doit en effet aborder la question du dispositif psycho-thérapeutique comme le faisait Mauss à propos de la magie, en refusant de le saisir « par la forme de ses rites, mais en éclairant les conditions dans lesquelles ils se produisent et qui marquent la place qu'ils occupent dans l'ensemble des habitudes sociales »[1]. Si la responsabilité de chaque thérapeute est évidemment à prendre en compte, elle doit se comprendre à l'intérieur d'un mouvement non seulement des idées ou de la socio-culture contemporaine mais encore des rapports sociaux[2].

Les dispositifs thérapeutiques tendent non plus seulement à s'ajuster à ce que requiert le fonctionnement social, mais à s'instituer comme des espaces majeurs du travail de production de la socio-culture et des rapports sociaux. C'était déjà la constatation que la psychologie représentait dans le monde moderne « une force sociale de premier ordre qui modèle l'image que se fait l'homme de lui-même et qui dirige la société »[3] qui avait amené Bertalanffy à se préoccuper d'une discipline auquel il était, en tant que scientifique, étranger.

Dans leurs impacts sur la socio-culture et sur le fonctionnement social, les modèles systémiques vont beaucoup plus loin que ne le fait la psychanalyse et que ne peuvent le faire tous les autres dispositifs post-freudiens; véritables «idéologies pratiques», ils constituent en eux-mêmes des «normes (règles et justificatons de celles-ci) qui énoncent ce qu'il convient de faire pour bien faire, autrement dit pour produire conformément aux rapports sociaux existants»[4].

A l'encontre des psychanalystes et des «post-freudiens», les systémiciens n'hésitent pas à se définir comme des techniciens, des spécialistes ou des «ingénieurs de la communication», des «mécaniciens de la tête» (Berne), etc. En fin de compte, comme des experts.

Tout en disant bien sûr ne pas le faire, la psychanalyse a elle-même essayé d'occuper ce même rôle : Une fois médiatisée, sa fonction nouvelle (mais peut-être était-elle jusque là seulement moins perceptible) de «conseillère d'éducation», d'«experte en relation humaine», d'«écrivain culturel» apparaît au grand jour. Aussi, après Taylor, mais en même temps sans doute que les psychologues humanistes et bien avant les sytémiciens, Freud est aujourd'hui «à l'usine»[5], au bureau de publicité et au supermarché...

Mais la psychanalyse ne put (et ne pourra sans doute) aller très (trop) loin sans se renier elle-même dans ses fondements éthiques et épistémologiques; c'est que, ni dans sa forme, ni dans ses contenus, elle n'est propice à une transmission de masse (mass-médiatique). Sa vulgarisation, même du fait de psychanalystes chevronnés, n'échappe pas au problème rencontré par ces approches thérapeutiques qui choisissent de tenir le langage de la rue : sombrer dans ce qui apparaît au mieux pour des conseils de bon sens, au pire pour un nouvel évangile[6]. Dans tous les cas, certains diront — non sans raison d'ailleurs — que «ce n'est pas ça, la psychanalyse», qu'elle ne saurait se réduire à ces modèles éducatifs, à ces schémas explicatifs, à ces verbalisations à prétention culturelle, etc. Certains, plus radicaux encore et s'inquiétant du sens et des enjeux de l'expansionnisme psychanalytique, dénieront toute pertinence à des pratiques psychanalytiques menées en dehors de l'espace spécifique de la cure, espace privé d'une relation librement consentie. Le «psychanalyste sans divan» est-il encore psychanalyste? Laissons cette question à d'autres[7].

Quoiqu'en disent les psychanalystes, nous n'en sommes plus là aujourd'hui. Comme le souligne Castel, «le destin de la psychanalyse en France introduit à la compréhension d'un état du monde et d'un vécu du monde dont toute l'épaisseur tient à ce qui en est psychologiquement interprétable et psychologiquement transformable»[8]. Car, dit avec force le sociologue, «de même que Marx a vu dans la religion le soleil d'un monde sans soleil, le psychologique est en train de devenir le social d'un monde sans social. Au même titre que, dans le religieux, s'investit tout le pouvoir que l'homme ne peut déployer dans le monde réel, le psychologique envahit et sature de nouveaux espaces libérés par le reflux social, *il fait fonction de social* en mimant le statut d'une sociabilité complète lorsque les facteurs sociaux échappent à la vie des acteurs»[9].

La même place sociale, dont les contours furent aussi dessinés par la psychanalyse, est aujourd'hui prise d'assaut par des «experts» qui, eux, se revendiquent comme tels. S'ils poursuivent ce long «travail» de substitution du psychologique au social qu'effectue aujourd'hui la plupart des dispositifs psycho-thérapeutiques, c'est en fournissant, eux, *une pseudo-théorie du social*. Il ne s'agit donc pas là, comme pour la psychanalyse, d'une opération réductionniste faute de concepts appropriés à saisir le réel social en tant que tel (et non en tant qu'il est «repris» à l'intérieur du sujet); mais d'une réduction explicite du social par des modèles qui prétendent eux-mêmes investir de plein droit la réalité.

L'usage inconsidéré des modèles, de leur tranfert d'un «objet» d'étude à l'autre, le raisonnement analogique et la démonstration métaphorique, habillés tant du souci humaniste que de la conviction d'être révolutionnaires, vont ainsi pouvoir réduire les contradictions et les conflits, supprimer les interrogations propres à l'épistémologie des sciences humaines : les modèles systémiques ramènent à de la communication les processus psychiques, les rapports sociaux et la culture, prétendant non seulement «dire» quelque chose sur tout, mais dire *ce qu'est* l'individu, le couple, la famille, le groupe, la société...

Si la psychanalyse fait de la «richesse intérieure» de l'homme le début et la fin de son point de vue, les modèles systémiques, quant à eux, après avoir réduit le social à du psychologique, constituent le psychisme comme lui-même inessentiel, comme un simple produit de l'interaction, simple surface sans intériorité. La démarche freudienne n'a de sens qu'au regard de l'histoire du sujet (même si en l'individualisant, en l'«œdipiniasant», elle l'expurge de tout le procès de l'histoire réelle); le systémisme évacue en même temps l'histoire du sujet et le sujet de l'histoire.

LA CONVERGENCE DES MODÈLES SYSTÉMIQUES

On pourrait croire que l'analyse transactionnelle et l'approche palo-altiste divergent radicalement; c'est en tout cas ce qu'affirmeraient certains sans hésiter en soulignant que l'analyse systémique (au sens abusif de «système interpersonnel») réfute toute perspective individuelle, fut-elle relationnelle. Et il est vrai qu'en un sens l'une relève d'un point de vue sociologique tandis que l'autre est plus nettement psychosociologique.

Mais, outre le fait que l'épistémologie durcie de cette sociologie interactionniste semble s'amollir pour peu qu'on jette sur elle un regard distancié et critique, la convergence s'effectue naturellement entre les deux modèles parce qu'ils découlent de mêmes convictions et s'appuient tous deux sur une même conception de la «logique des communications». Les modèles se rejoignent en effet si bien que la plupart des critiques faites à l'un peuvent être adressées à l'autre. Le système interpersonnel conduit à ne saisir des individus que ce qui ressort de son niveau d'analyse : ce sont des semblables-équivalents, de simples éléments. Le modèle transactionnel les réduit, lui, à n'être que des «modèles de sujets», des surfaces expressives saturées d'émotions ou/et tirées au cordeau, dans tous les cas remaniées selon les normes en vigueur. En fait des congénères, des «moi sociaux», interchangeables, «mondanisés».

L'une et l'autre des approches, en insistant sur la circularité des échanges ou des interactions (concept de «jeu» pour l'AT, de «système d'interaction» pour Palo-Alto), devraient logiquement aboutir à mettre l'accent, outre sur la responsabilité de chacun, sur la solidarité interhumaine. Mais les modèles recadrent bien souvent cette perspective : en fait, dans une interaction à deux, c'est plutôt de la responsabilité de l'autre dont il s'agit, de l'autre que de soi-même. Dans un jeu transactionnel, c'est bien souvent l'autre qui joue! Chacun participe à la communication, certes, mais comme dans tout orchestre, il y a le chef et sa baguette. Les modèles, l'un comme l'autre, dissolvent l'intersubjectivité, et la remplacent par des stratégies finalisées de communication, des tactiques d'écoute, de ciblage, voire de remodelage d'autrui. Dans cet humanisme métaphysique (Selvini), on erre entre l'abandon (que puis-je faire puisque j'y suis moi-même impliqué?) et la persécution (je te somme de le faire!)... Mais pour que cela fonctionne, il faut aussi dissoudre non le social, mais les dimensions historiques qui le constituent autrement et ailleurs que dans sa pure horizontalité.

On peut schématiquement résumer le point de vue des modèles systémiques sur le monde et sur l'homme en disant que, selon des modalités différentes et à des degrés divers, ils affirment que :
1) une société est faite de gens qui communiquent;
2) une relation humaine est faite de transferts d'information.

Scheflen exprime d'ailleurs de façon très explicite ce raisonnement : «La communication, écrit-il, peut en somme être définie comme le système de comportement intégré qui calibre, régularise, entretient et, par là, rend possibles les relations entre les hommes. Par conséquent, nous pouvons voir dans la communication le mécanisme de l'organisation sociale, tout comme la transmission de l'information est le mécanisme du comportement communicatif»[10]. Un tel point de vue constitue le sous-bassement épistémologique et idéologique des modèles systémiques de l'Analyse Transactionnelle et du courant de Palo-Alto, voire peut-être de l'approche systémique elle-même.

Intéressés par une sociologie de l'interaction - ou même plutôt par une épistémologie de la communication -, les chercheurs de Palo-Alto ont eu tôt fait d'évacuer de leurs problématiques les rapports sociaux eux-mêmes; s'ils reconnaissent le social, ils ne le voient, semble-t-il, qu'en tant qu'«arrière-fond» sur lequel se découpent les multiples communications. Délimitant le champ qu'il explore avec Bateson, le psychiatre Ruesch affirme pourtant que «l'unité considérée est la situation sociale»[11], mais c'est que pour lui une situation «sociale» se réduit à de la communication interpersonnelle[12]. Il y a d'ailleurs accord chez les interactionnistes à définir les situations sociales comme «des arrangements au sein desquels les personnes sont matériellement en présence les unes des autres»[13].

Derrière chacun de ces modèles, on retrouve «tout naturellement» la perspective de la psychologie sociale américaine, elle-même sur-déterminée par la tradition behavioriste qui s'est toujours préoccupée de réduire les fonctionnements sociaux et psychiques à des ensembles de comportements appris.

Le point d'appui behavioriste

Les théoriciens de l'interaction ont beau souligner que dans leur manière de comprendre la société et son histoire, la biologie et son évolution, «il ne peut y avoir de membres individuels» et que «la pluralité est un point de «départ essentiel pour toute recherche sur la communication»[14], ils n'en continuent pas moins de réaffirmer les postulats biologiques du behaviorisme. Fait paradoxal à première vue puisqu'ils insistent, eux, sur la culture, le social, etc. Mais comme le behavioriste, le systémicien, grâce aux postulats biologiques qu'il continue de promouvoir [15], ramène et réduit «inéluctablement le social à l'interaction immédiate ou indirecte d'un individu avec son ou ses congénères» [16]!

«Dominée par le behaviorisme S-R, écrit Poitou, la psychologie sociale repose comme lui sur la loi de l'effet» [17]. Nul besoin de requérir ce qu'aucuns nomment «intentionnalité», «perception» ou «prise de conscience» puisque le comportement social émerge du seul fait qu'un individu apparaît comme figure dans l'environnement d'un autre. Aussi, reprenant Engels, Poitou remarque qu'«à l'exemple des «robinsonnades» philosophiques du XVIIIe siècle, la psychologie sociale «décompose donc la société en ses éléments les plus simples, et... trouve ce faisant que la société la plus simple se compose de deux hommes. Avec ses deux hommes, *on opère alors par axiomes*» [18]. La perspective systémique s'appuie sur cette idée d'une possible décomposition du système en sous-systèmes eux-mêmes décomposables; l'idée de l'existence d'un «calcul du comportement» ou d'une «logique de la communication» fonde par ailleurs la possibilité d'une axiomatisation.

Quant à cette idée de l'«emboîtement» [19] des différents niveaux de la réalité, elle constitue le maître-mot d'une certaine appréhension psychosociale marquée par le behaviorisme. Rien de plus behavioriste que cette conception qui, partant de l'idée de deux individus mutuellement réactifs, en vient naturellement à celle du groupe (comme ensemble d'individus), puis à l'organisation (comme ensemble de groupes mutuellement réactifs) pour aboutir enfin à l'idée de société [20]. C'est là d'ailleurs le postulat sur lequel se fonde l'interactionnisme américain de Mead qui, à partir de la conversation (par gestes) entre deux individus, en vient à expliquer la société. La pensée palo-altiste reste sur le même schéma fondamental, mais y applique une «lecture» en termes de «réseaux de communication», de «canaux», etc. [21]

Ce que les théories du système apportent, en effet, c'est bien un ensemble de théories formelles et de théories appliquées. Ainsi, en fin de compte, la théorie de la communication qui postule l'échange de messages entre un Emetteur et un Récepteur ne représente-t-elle qu'une variante du modèle S-R, lui-même «affiné» par son inscription technoscientifique. Entre le modèle télégraphique de la communication et le schéma behavioriste, il y a similitude dans la «neutralisation» du social : S-----▶R ou bien E-----▶R. Beaud dénonce, dans le modèle de la communication de Shannon, «ce paradigme fondamental qui postule (...)

que la compréhension de toute situation sociale complexe peut être ramenée théoriquement et méthodologiquement à une structure de base simple qui est l'interaction entre deux individus à partir desquels se construit la complexité»[22], aboutissant ainsi à une «désocialisation du social»[23]. Malgré ses critiques à l'encontre du schéma télégraphique de Shannon, le «modèle orchestral»[24] du Collège invisible ne parvient pas à se débarasser de l'épistémologie qui le sous-tend; son modèle du «déterminisme interindividuel» manque en effet l'essentiel, le sujet vivant.

La logique de la transaction marchande

En réduisant la situation sociale à une série d'échanges entre partenaires d'une interaction, les «communicationnistes» font des «transactions» observables l'objet privilégié de leurs études et l'institue au fondement même de leur épistémologie. C'est que justement la notion de «transaction» évacue de manière avantageuse la réalité sociale, retranscrivant le rapport social comme simple échange. A l'idée de déplacement en vue d'un but, (c'est là le sens du terme transaction pour les Anglo-Saxons), elle ajoute l'idée d'une réciprocité envisagée comme norme : Postic souligne en effet que «le mot» transaction «a été adopté dans le sens d'une opération «économique» conclue par un accord entre ces parties, sur la base d'une mutualité d'avantages mutuels à en retirer»[25]. Echanger des transactions, c'est donc d'abord participer à un «échange (coûts et bénéfices) de dépenses d'énergie comportementale en vue de revenus éventuels». Mais c'est aussi reconnaître que ces échanges sont surtout «déterminés par un point d'équilibre final équitable entre les parties impliquées dans la transaction»[26].

Echange réciproque et satisfaisant (ou tout au moins pouvant l'être pour peu qu'on le veuille bien!), voilà la définition du rapport humain qui, véhiculée au travers des concepts et des théories technico-scientifiques modernes, permet de saisir la réalité humaine dans ses aspects tant interindividuels que sociaux. Ce n'est finalement là encore que la thèse qui sous-tend le point de vue behavioriste classique[27]. Ainsi, la relation d'un individu à l'autre se réduit en fait à un marché où chacun présente ses avantages et ses envies : chacun des partenaires offre et achète selon sa bonne volonté et ses choix. C'est toute la réalité du pouvoir et de sa répartition inégale dans les rapports sociaux qui se trouve être ainsi occultée idéologiquement; vendeur et acheteur sont tous deux également situés dans une relation d'échange où chacun décide et où chacun gagne. Tout échange est légitime sitôt que contractuel.

Pourtant, comme le dit bien Touraine, « le champ d'une interaction est défini par une intervention de la société sur elle-même, et par conséquent, toute relation met en rapport des acteurs inégaux ; du fait que toute relation relie, directement ou indirectement, un acteur associé à la direction de cette intervention et un acteur qui la subit »[28]. Il n'y a donc point de relation sociale sans existence d'une relation de pouvoir et « les acteurs sociaux ne sont pas des acheteurs et des vendeurs, placés dans de simples relations d'échange réductibles à un jeu à somme nulle »[29].

Ne faisant des structures et processus sociaux que simples affaires de communication ou de culture, ce point de vue ne prétend rendre compte du pouvoir qu'en le réduisant à de purs phénomènes d'influence. Le pouvoir serait l'influence qu'une personne a sur une autre, sa capacité à modifier autrui dans sa psyché, dans sa pensée ou dans ses comportements. En fin de compte, il n'y a là qu'une simple variante de cet axiome maintes fois répété : il n'y a pas de non-communication, ni de non-influence, ni de non-pouvoir, ni de non-responsabilité, etc. L'approche systémique nous apprendrait à reconnaître avec le multi-déterminisme et la multi-causalité, l'engagement et la responsabilité de tous dans la moindre « situation sociale ». Puisque tous contribuent « pareillement » au déroulement de l'interaction, ou tout au moins puisque tous (même les moins « impliqués ») y participent, on ne saurait, dit-on, en cas de dysfonctionnement, se contenter de recourir à cette logique « causaliste », « linéaire » (révélatrice d'un esprit quelque peu « borné », « primaire ») qui cherche des responsables, voire même des « coupables » !

On ne peut pourtant souscrire à cette approche qui, tenant très justement pour ridicule une démarche qui force le réel à n'être que blanc ou noir, en vient à tenir pour désuète une analyse qui prenne en compte les conditions réelles de l'engagement, de la participation de chacun à l'action collective : avec ces conditions réelles surgit évidemment l'idée de « degrés » dans l'influence, dans le pouvoir, etc.. A la méconnaissance de la réalité sociale (toute « situation sociale » est pré-structurée, extra-déterminée) s'ajoute ainsi la négligence de toute perspective dialectique. On sait depuis longtemps en effet que l'apparente continuité des phénomènes qui ne varient que de façon infime cache l'existence de *seuils* à partir desquels des différences de degré se transforment en différence de qualité.

Le champ de manœuvres : stratégies et tactiques

C'est bien parce que l'autre a du pouvoir, qu'il gère des « zones d'incertitude », qu'il faut de ce fait développer des stratégies, cibler et atteindre des objectifs. Le lien social, réduit à la dimension de simples interactions, devient alors un ensemble de tactiques finalisées et de stratégies commerciales. C'est que, de la psychologie nécessaire pour expliquer des situations socialement organisées, répétitives, on a fait en quelque sorte le modèle psychologique pour comprendre l'ensemble des situations humaines et des «systèmes d'interaction». Pour cela il a fallu en extirper l'humanité : réduire les sujets à n'être au plus que de simples congénères, en effacer la subjectivité et la dimension créatrice, évacuer la dimension de l'histoire qu'ils font et qui les fait pour lui substituer l'équilibre de l'ici-maintenant qui ne peut qu'être bousculé de l'extérieur.

Dans son étude sociologique des interactions, Goffman remarque qu'«en tant qu'interactant, un individu *agira* efficacement, ou bien - *s'effondrera*»[30]! La question est de savoir si on peut soutenir le même point de vue lorsqu'il s'agit non plus d'une étude sociologique, mais d'une pratique clinique qui porte non sur le système ritualisé des noces, banquets, etc. mais sur le quotidien des relations humaines! Ou encore, pour le dire autrement, la question est de savoir si cette «*psychologie dépouillée et étriquée*», qui convient certes à l'*étude sociologique* des inter-actions[31], suffit, comme telle, à fournir aux praticiens-thérapeutes, mais aussi aux gens en général un cadre de référence et des concepts permettant une compréhension du sujet dans ses dimensions subjectives autant que sociales?

Il n'y a aucun doute, cette psychologie étriquée satisfait une approche technologique et stratégique des «états du moi» réduits à n'être qu'un ensemble de fausses façades d'émotions, de pensées et de comportements ou du «système d'interaction» en tant que simple agencement d'éléments débarrassés eux-mêmes de toute subjectivité.

Les modèles systémiques rejoignent cette perspective dégagée par Goffman, laquelle supprime toute idée d'une relation structurée autrement que par une supposée incontournable alternative entre «perdre la face ou faire bonne figure»[32].Si la question du fondement de la relation interpersonnelle «au niveau le plus ultime» n'est pourtant pas seulement querelle d'écoles[33], ou purs problèmes de chercheurs, c'est qu'elle débouche, selon les prises de positions, sur telle pratique d'intervention ou sur telle autre!. Que la relation interpersonnelle soit ressentie par les sujets, au niveau le plus profond, comme mettant en jeu leur valeur personnelle, confirmée ou disconfirmée par le regard et la parole d'autrui, voilà une idée partagée sans doute tant par les rogériens, les existentialistes que par les interactionnistes ! Mais il est moins légitime de l'envisager, comme le font les modèles systémiques, en termes de relation stratégique où, à chaque moment, des objectifs vitaux sont en jeu, en termes de rapports de force et de pouvoir dont l'enjeu est l'existence elle-même. Si elles sont acceptables dans une approche de type phénoménologique et existentialiste [34], les idées de «partage», de «coopération», ou d'«authenticité» n'ont plus de sens dans une telle perspective stratégique... L'intersubjectivité, comme l'ont soutenu certains, ne serait plus alors qu'un leurre. Dans la rencontre, la relation ne constituerait plus qu'une séquence de transactions spécifiques entre «sujets psychologiques» dont les deux modalités, apparemment contradictoires, sont les deux faces d'une même réalité : «échange vibrant» d'émotions et de sentiments (c'est-à-dire pour lequel le subjectivisme fait office de subjectivité), «stratégies et tactiques» dans la «présentation de soi» à l'autre, dans l'interaction vitale pour la reconnaissance.

Peut être paraîtra-t-il étonnant de reprocher justement à ces modèles qui ont insisté sur l'évolution des systèmes de «refouler» l'histoire? Travailler en systémie avec une famille, c'est apparemment prendre en compte le temps, s'attacher à comprendre les bouleversements du système, obligé par des crises à se réorganiser face aux nécessaires ajustements vitaux (départs du conjoint, nouvelle naissance, mise en chômage, etc..). Mais s'agit-il d'histoire ou seulement de mouvements, de trajectoires de vie, de «cycles», de passages? L'insistance sur les crises obligées, sur les «cycles» du système dénie toute réalité historique, en réduisant le «système» réel à l'idée du système et les personnes réelles à celle de «membres du système».

De toute manière, on ne peut aller à la rencontre de l'histoire d'autrui qu'en passant à travers sa propre histoire, comme on ne peut comprendre une culture étrangère qu'en acceptant et en y confrontant la sienne propre.

En fait, les modèles systémiques ont pris parti pour cette conception du monde qui affirme la primauté de l'esprit sur la matière et qui est profondément liée à la thèse qui fait de la connaissance une manifestation active de l'esprit humain. Entre matérialisme et idéalisme, ils ont choisi l'option seconde : perpétuellement hésitants quant au statut de la réalité que leurs modèles découvrent et construisent, ils en arrivent à douter même de la «réalité de la réalité»» [35].

Réfléchissant sur les enjeux posés par «l'opérationnalité technicienne qui pose son empreinte au cœur de la réalité», Roqueplo évoque le fait que les modèles, «eux-mêmes intrinsèquement opérationnels, transfèrent leur propre opérationnalité dans le fonctionnement même de notre environnement. Ainsi vivons-nous, poursuit-il, au sein de créations mentales dont le caractère opérationnel embraie sur des procès matériels; au sein de créations mentales qui sont elles-mêmes des procès contenant en eux-mêmes et au-delà d'eux-mêmes, le mouvement général de notre monde artificiel concret. En sorte que *la notion même du concret flotte*, entre la matérialité et l'idéalité, dans cette opérationalité générale qu'est à la fois et indissociablement celle d'une *nature* technicisée et celle d'une *pensée* technicienne matérialisée»[36]. De fait, le *concret* s'abstrait de cette visée systémique qui pense à partir d'outils qui modélisent et de matériaux modélisés.

Que peut-il rester en fait de «réel» dans un monde où la substance a été délaissée pour la forme, la matière réduite à n'être que processus?[37]

La méconnaissance de l'histoire du sujet va de pair avec celle du sujet de l'histoire, et il n'est pas innocent que ces modèles, qui butent sur une conceptualisation du changement spontané, c'est-à-dire du changement lui-même, ne soient pas en mesure de concevoir autrement que comme révolutionnaire une perspective qui, en tant que sociologie fonctionnaliste, évacue l'hétérogénéité du social, ses fractures et ses rapports de force et, en tant que psychologie elle aussi fonctionnaliste, supprime le sujet en le réduisant soit à des aspects pseudo-sociaux (le moi mondanisé), soit à des aspects psychologiques (subjectivisme de l'essence humaine, émotionnalisme, corporéisme, etc.).

De la révolution systémique aux rapports sociaux

On sera d'accord pour dire avec Goldmann qu'il y a là «(...), sur le plan théorique, une tendance de plus en plus prononcée, à remplacer la sociologie par une sorte de pseudo-psychologie sociale qui déforme d'autant plus les faits qu'éliminant tout facteur historique et social de la vie psychique des individus, elle essaie, au contraire, de faire de celle ci la clef explicative des phénomènes sociaux»[38].

En définitive, affirmer que la communication constitue le mécanisme même de l'organisation sociale, celle-ci se donnant par ailleurs comme le modèle même à partir duquel comprendre l'individu, c'est donc faire l'impasse totale sur les rapports sociaux qui font que l'homme fait son monde et se produit lui-même dans des conditions bien déterminées.

La Communication devient la clef de toute explication d'un social débarrassé de tout procès historique. «De l'idée qu'il n'y a pas de société humaine sans communication («à travers laquelle les relations humaines existent») et accumulation («... se développent»), on passe à celle que toute société, quel que soit son stade de développement, n'est qu'un système plus ou moins complexe de circulation de l'information dont l'économie repose sur un schéma de base simple et propre à toute organisation sociale»[39]. Coupée de l'histoire, la communication devient la base d'une vision cosmologique; de la même manière, coupé de sa genèse, le système donne lieu à une vision révolutionnaire du monde. Dans les deux cas, le changement est occulté, incompréhensible.

Aussi, à ceux qui prétendent qu'«une société est faite d'individus et de groupes qui communiquent entre eux»[40], Fougeyrollas a bien raison de répondre que «rien n'est plus faux! Ce sont les individus et les groupes qui sont ce que la société, à travers un mode de production, les fait»[41]. En effet, poursuit cet auteur, loin de définir la société, les phénomènes de communication se définissent à partir de son mode de production. «La société, écrivait voici plus d'un siècle Marx, n'est pas constituée d'individus, mais exprime la somme de relations, des rapports où ces individus se situent les uns par rapport aux autres»[42].

Si on accepte l'idée de l'existence d'un «paradigme systémique», ou peut-être plus justement d'un «paradigme cybernético-informationnel»[43], il faut alors évoquer non seulement une éventuelle «*révolution* épistémologique», mais surtout une *évolution* du mode de production dans ses multiples aspects abstraits et concrets, c'est-à-dire tant dans ses productions scientifiques, dans son idéologie, sa vision du monde que dans ses rapports sociaux et ses productions et réalisations matérielles. Le bouleversement des attitudes, des espoirs et attentes de l'homme contemporain ne tient pas — en tout cas pas seulement — au surgissement génial de concepts nouveaux et révolutionnaires dans le champ de la science, mais répond aux nécessités de la réorganisation des rapports sociaux eux-mêmes. Si le concept d'«information», succédant à celui d'«énergie» propre au XIXe siècle a bouleversé sans doute notre démarche épistémologique, la réalité de «l'information» comme «marchandise» hyper-sophistiquée a permis une restructuration au niveau mondial des rapports sociaux de production[44]. Aujourd'hui la «communication n'est déjà plus une affaire entre l'homme et l'homme, mais entre agents de la communication humaine (groupes ou individus) à travers des dispositifs de communication plus ou moins complexes»[45].

Le terme de «communication» a subi une évolution sémantique à ce propos fort signifiante; son glissement depuis son origine lointaine à nos jours marque par lui-même le processus de développement de nos sociétés, dans leurs techniques, dans leurs rapports de force, dans l'édification de cette trame socio-culturelle à partir de laquelle se fonde et se délite le rapport que les sujets (sociaux et individuels) ont non seulement avec les autres mais aussi avec eux-mêmes.

« Communicare » marque en latin l'idée d'une participation commune à une même chose, dans un même espace-temps; l'idée de rapprochement physique des corps autant que rapprochement affectif et spirituel se maintiendra en deux mots de la langue française, « communiquer » et « communier »[46]. A la fin du XIVe siècle, si « communiquer » prend déjà le sens moderne de « faire part de quelque chose à quelqu'un », c'est encore avec l'idée d'un partage et d'un échange remplis de satisfaction mutuelle, de plénitude... Le développement intensif des transports et des moyens de communication marque peu à peu pourtant le terme de « communication » d'une connotation nouvelle, spécifique, spécialisée et réductrice : le terme évoque alors l'idée de transfert, de déplacement d'un lieu à un autre. La valeur intimiste, affective du mot disparaît sous la rationalité des découvertes scientifiques qui récupèrent, en les détournant, les significations usuelles. Après être passé aux mains de la science, le terme se technicise de plus en plus. Dès les premières décennies de notre siècle, on ne l'évoque plus que par détour, on ne parle plus bientôt que des « moyens de communication » et des manières de mieux communiquer par leur intermédiaire. L'abandon du registre proprement affectif, physique et spirituel est ainsi prononcé sans équivoque : la communication humaine ne met plus en jeu des corps humains en relation les uns avec les autres, elle refuse la référence proprement charnelle, incarnée, pour s'édifier en un sens où l'homme n'est plus qu'un élément dans un processus qui en réclame au moins deux. L'homme ne s'intéresse plus à son *Alter Ego*, distant de lui tant par sa vie concrète elle-même (sa mentalité, sa culture, ses désirs, etc.) que par son corps (communiquer, c'est vouloir dépasser les limites biologiques que la peau oppose à la fusion des êtres); il s'attache alors à faire en sorte que le moyen de transmission soit le meilleur possible pour un échange conçu comme définissable en temps, en durée, en informations et en monnaie.

Dès lors, le processus, la dynamique de la communication peuvent être réduits à de simples affaires de bon fonctionnement d'allers-retours informatifs, et de bonne gestion des différents canaux potentiellement définissables. Le registre ancien qui empêchait de concevoir la communication comme un phénomène en soi isolable d'un contexte culturel, économique et social s'effrite de façon irréversible; on ne parle plus que de rentabilité, d'efficacité et de performance, beaucoup moins de plénitude et de jouissance. Partant, en communiquant, on transfère des informations; et en informant, on s'adresse des communications. Les deux termes se marient ainsi dans leur appauvrissement réciproque et ne témoignent l'un et l'autre que d'une même réalité : celle d'un déplacement entre deux êtres qui communiquent; c'est le célèbre modèle de Laswell : « qui dit quoi, comment, à qui, avec quels effets ? »

Même dans ses rapports avec lui-même l'individu ne peut dès lors que « communiquer » : c'est ce à quoi le condamne une vision qui ne voit dans son identité que l'effet secondaire du jeu des interactions sociales. N'ayant plus pour objectif qu'une modification de l'état des acteurs, la communication se limite donc à n'être qu'instrumentale, alloplastique. Les dimensions explosives, auto-plastiques ne sont alors plus reconnues en tant que telles, puisqu'elles ne constituent en fait, elles aussi, que des communications instrumentales de l'acteur avec lui-même.

« L'empreinte de la technique »[47] s'est marquée tant sur les moyens actuels de parcourir physiquement le monde que sur les outils conceptuels et théoriques; conduisant à tout rendre interprétable pour mieux gérer, elle teinte même les relations les plus intimes à l'autre (et à l'autre en soi même).

Si Beaud dénonce la « connivence idéologique » entre modèles théoriques, fonctionnement des média et structuration du social, on ne saurait pour notre part éviter de noter l'étrange ressemblance entre certaines approches de la communication, le fonctionnement de certains outils d'influence et de certaines stratégies du marketing.

La théorie pragmatique développée par Palo-Alto se constitue elle-même comme un ensemble de développements déductifs et hypothétiques, à partir de constats présentés comme tellement « évidents » qu'ils n'ont pas à être démontrés; en effet, ce sont là, non des postulats, mais des « axiomes » de la communication. Et en un sens, la « vérité » d'un tel axiome éclate tant et si bien qu'on peut en demeurer stupéfait de n'y avoir pas songé plus tôt[48]! Sans remettre en cause l'intérêt heuristique de cette démarche axiomatique, il reste cependant nécessaire de soumettre à l'analyse critique ces « évidences » sur lesquelles s'appuie la logique de communications et dont les « axiomes » fournissent l'essentiel.

En effet, y-a-t-il une grande différence entre les trois types de propositions suivantes ?

1) dans toute communication, il y a le niveau du contenu et le niveau de la relation, de telle sorte que le second englobe le premier et lui donne sens[49] (Watzlawick).

2) « médium is message » (Mac Luhan)

3) « L'important, c'est le paquet » (concept de « packaging » en marqueting).

Etrange affinité puisqu'en chacune de ces trois affirmations, on souligne que c'est la «relation», le «comment», l'«emballage» qui donne son sens au «contenu», au «quoi», au «produit».

En une certaine mesure, l'axiome répète non seulement les discours des hommes de média, de publicité ou de marketing mais il reprend en un langage spécifique le fonctionnement même des mass média, de la publicité et du marketing, c'est-à-dire de ces entreprises d'influence, de persuasion et de manipulations tactiques.

Sera-t-on surpris de trouver sous la plume même de Goffman, des analyses qui cherchent à penser l'existence humaine à partir des stratégies commerciales?[50] C'est en effet à quoi le conduit forcément, outre ses préoccupations pour l'interaction répétitive, pour le rituel et les circonstances réglées socialement, une approche interactionniste qui découpe ses «objets» dans le réel sans prendre en compte ni l'histoire du sujet, ni le sujet de l'Histoire. De l'analogie qui fait de la vie un théâtre, on passe alors à celle qui fait de la vie un marché, un commerce. Goffman saisit la dynamique des relations humaines en l'identifiant à la stratégie du marketing. Qu'on en juge. «Les expressions naturelles, écrit-il, ne sont autres que des scènes commerciales, jouées dans le but de vendre une certaine version du monde, et cela dans des conditions au moins aussi douteuses et périlleuses que celles que connaissent les publicitaires»[51], car «tous comptes faits, le travail du publicitaire n'est pas tellement éloigné de la tâche d'une société qui imprègne ses situations de cérémonial et de signes rituels destinés à faciliter l'orientation mutuelle des participants»[52].

Dans cette perspective, marquée par la lutte incessante des uns et des autres pour vendre leurs visions du monde et pour ainsi survivre sur le marché, la société est finalement considérée comme harmonieuse. L'agissement des uns (les publicitaires) n'est pas référable aux lois du marché économique, à la nécessaire «mise en forme» et préparation des «cibles» du marketing. Les stratégies publicitaires, après «neutralisation»[53] de leurs fonctions et finalités (ce qui échappe évidemment au point de vue interactionniste), sont comprises comme de purs processus de communication, nécessaires puisqu'ils fournissent des repères pour s'orienter...

On comprend qu'à partir d'une telle vision du réel, rien n'empêche alors, «évidemment», de considérer la relation en termes de stratégie... publicitaire. Mais il est tout aussi vrai de dire que le plus important dans la communication humaine, c'est le «comment cela est dit» plutôt que «ce qui est dit» que d'affirmer que le plus important dans l'achat d'un paquet de soupe, c'est l'aspect du «package»; l'échec ou la réussite de l'échange en chacune de ces situations interactives dépend de la qualité de l'«enveloppe relationnelle», pour autant qu'on se situe d'emblée dans un point de vue où est prise en compte la finalité d'un seul des acteurs ! Car en fin de compte, la «vérité objective» de l'assertion publicitaire, la «réussite» de l'«interaction marchande» dépend évidemment du point de vue auquel on se place.

En un sens, si on accepte de ne pas tenir pour de l'inessentiel les enjeux sociaux d'une entreprise de manipulation des consciences et les enjeux psychologiques d'une telle aliénation, l'«efficacité» même de la technique publicitaire est tout aussi inquiétante que n'est fausse la vérité de son discours. Que «dans la société psychiatrique avancée», le désir s'aliène en désir d'aliénation[54], c'est certain; jamais le discours et la pratique publicitaire n'auraient tant d'importance ni d'influence s'ils n'étaient relayés à leur corps défendant par les gens eux-mêmes. Mais c'est peut-être là un *symptôme* véritable dont le caractère fonctionnel doit être reconnu pour être dépassé. Car, comme le dit Carrino, «le fait de reconnaître un symptôme fonctionnel est une prémisse qui devient réactionnaire si celle-ci n'est pas un moyen pour atteindre la dynamique qui rend ce symptôme fonctionnel»[55]. Sitôt qu'est prise en compte la réalité concrète du rapport inégal entre l'agent et son produit, on voit bien que celui-ci «se fait rouler» lorsqu'appâté par le produit, il achète tout autre chose que ce qu'il avait prévu; sitôt qu'est prise en compte la dimension subjective de l'être humain en tant que telle, on voit bien qu'une entreprise qui s'efforce scientifiquement de prendre cet homme aux pièges de son propre désir l'*aliène* d'autant plus qu'elle prétend s'offrir à lui comme support de ses rêveries, de ses fantasmes. Ce n'est qu'en raisonnant la «vérité» du discours publicitaire, «l'efficacité» de sa technique et la «réussite» de sa stratégie relationnelle à l'intérieur même du cadre de référence du publicitaire, ce n'est qu'en acceptant les *finalités* de son travail qu'il est possible de tenir tout ceci pour *évident*. Mais si on n'accepte pas de réduire l'homme en simple «agent de consommation», alors tout l'édifice s'écroule quant à sa vérité, à son efficacité et à sa réussite !

L'évidence de cet axiome -qui revient à dire que dans un message, c'est l'enveloppe qui détermine l'effet stratégique- tient peut-être avant tout au fait qu'il parle de façon apparemment «désengagée», c'est-à-dire de façon conforme à l'idéal scientifique de «neutralité», *le discours idéologique* dont les rapports sociaux ont nécessairement besoin pour fonctionner? Car, comme le dit Roqueplo à propos du système cognitif propre à l'idéologie, «*pour pouvoir justifier, il faut qu'il n'ait point à être jus-*

tifié. Il faut qu'il s'impose sans discussion possible, c'est-à-dire qu'il soit individuellement et collectivement perçu comme "allant de soi" et échappant par le fait même à toute mise en questions, à tout soupçon. (...) *De ce point de vue, le système de représentation propre à l'idéologie est vécu comme plus réel que celui de la science*»[56].

L'enjeu du systémisme : non seulement poursuivre l'expansion du discours auto-légitimant, quelque peu hypnotique et puissamment aliénant des «techniciens de la communication» sur la réalité qu'ils créent[57], mais surtout contribuer à produire une représentation sociale, une socio-culture où la relation de l'homme à lui-même est pensée/sentie/vécue de plus en plus de manière désocialisée et désocialisante, déshumanisée et déshumanisante[58].

DES IDÉOLOGIES PRATIQUES

En évacuant toute dimension socio-historique et toute profondeur psychique de leurs modèles, en opérationnalisant une pensée qui parle en fin de compte plus le discours de l'idéologie que celui de la science, les outils de l'AT et de l'Ecole de Palo-Alto aboutissent à renforcer les processus de «psychologisation» et de «naturalisation». Car, les outils systémiques sont bien ce qu'entend Althusser en évoquant des «idéologies pratiques», c'est-à-dire des «formations complexes de montages de notions-représentations-images dans des comportements-conduites-attitudes-gestes. L'ensemble fonctionne comme des normes pratiques qui gouvernent l'attitude et la prise de position concrète des hommes à l'égard des objets réels et des problèmes réels de leur existence sociale et individuelle, et de leur histoire»[59].

On ne saurait identifier l'activité scientifique contemporaine à celle de la fin du XIXe siècle; à la révolution industrielle succéda une seconde révolution — technologique — qui «ne peut être comprise (...) en termes d'innovations spécifiques (comme c'était le cas pour la révolution industrielle) mais doit l'être dans sa totalité comme un mode de production dans lequel les recherches des savants et des ingénieurs ont été intégrées comme éléments du fonctionnement normal»[60].

A la différence des modèles antérieurs qui furent importés au sein de l'entreprise pour «motiver les hommes», les modèles systémiques se sont développés dans un cadre où la machine, l'entreprise, l'organisation (et l'organisme) servent de points de référence. La science se trouve alors «enrôlée» dans un fonctionnement social qui lui prescrit une double fonction, de production et de contrôle social[61]. Aussi des théories et des modèles furent construits avec pour unique horizon la gestion prévisionnelle, le pilotage des machines, le contrôle de l'organisation, etc. Il est facile de constater que, tant en ce qui concerne l'approche transactionnelle que celle de Palo-Alto, les modèles sont bien différents de ceux qui se réfèrent à l'épistémologie freudienne par exemple, ou aux idées rogériennes.

Les modèles systémiques partagent les exigences même de l'entreprise ; ils se veulent rapides, efficaces, transférables d'un lieu et d'un objet à l'autre... Ainsi peuvent-ils accompagner le processus qui commande à l'organisation de gérer tant son environnement externe que son milieu interne : susciter les besoins par la publicité, fidéliser la clientèle par le marketing, améliorer le rendement et le climat de travail par la formation aux relations humaines et au management, etc.

Contrôler et produire suppose que soit rendu rationnel le processus de répartition des tâches et des fonctions, que soit rendu raisonnable le producteur lui-même. Il s'agit là, de fait, tout autant de morale que d'organisation du travail puisqu'il importe de contrôler, pour bien produire, l'ensemble des «facteurs» qui influencent le procès du travail, y compris ce qui relève du «facteur humain». Si Freud est bien entré à l'usine, on n'en a pas pour autant ni congédié, ni réfuté Taylor ; bien au contraire, bouleversant les principes de ce dernier, on en a gardé le projet et l'ambition. Lorsque le «facteur humain» résista face aux exigences portées à son encontre, on «inventa» ce que Montmollin appelle le «taylorisme à visage humain»[62] pour répondre au besoin de contrôler les machines, les produits et les hommes de l'organisation.

On voit bien alors les enjeux de cette nouvelle «cybernétique» qui se propose comme *science du pilotage et du contrôle tant du machinique que du vivant*[63], et peut-être même ce qu'elle induit au niveau des représentations du procès du travail.

Les vendeurs

Une sociologie des professions serait sans doute nécessaire pour clarifier les enjeux véritables de l'expansion systémique : on peut en effet penser que la tentative spécifique d'expliquer le social en usant des «modèles systémiques» est liée elle-même à un certain positionnement des gens qui l'effectuent dans la société. Nous laisserons le problème, faute d'informations suffisantes[64].

En tout cas, c'est un fait certain, de ces métiers dont Freud disait l'impossible exercice, on a fait des terrains d'excellence ! Dans leurs pratiques, les systémiciens contribuent à rendre concret ce qu'ils énoncent, c'est-à-dire la similitude de rôles sociaux différents et l'identité de réalités sociales pourtant fort peu semblables.

C'est évidemment le raisonnement analogique qui permet à certains d'affirmer en toute logique qu'entre le manager, le publicitaire, le thérapeute, le professeur ou le parent, il n'y a que d'inessentielles différences ! On ne saurait prétendre qu'il ne s'agit là que d'affirmations peu sérieuses et donc négligeables ! Car elles ne font qu'entériner un fonctionnement réel : les systémiciens peuvent être *en même temps* experts en management (ou en communication), en marketing, et thérapeutes, éducateurs, etc. Certains psychanalystes, dans ce qu'il faut appeler une « stratégie identitaire », jouent le mépris et l'irritation des justes lorsqu'on essaie de comprendre leur métier à partir de sa confrontation à d'autres rôles professionnels plus communs; les systémiciens, eux, cumulent parfois sans trop de complexes des rôles différents.

S'ils peuvent cumuler ces fonctions, c'est que leur connaissances et surtout le rapport qu'ils entretiennent à leurs savoirs les y invitent; à bien des égards, ils sont des « représentants » de ces modules-modèles qu'ils importent et exportent, et puis abandonnent au profit d'autres plus nouveaux, plus performants, au fil non du temps, mais de l'efficace rentabilité. Le repérage devient difficile : ainsi un spécialiste peut-il se présenter à de futurs clients en se disant « psycho-sociologue et psychothérapeute, formé au Groupe de Base, au Psychodrame Analytique, à la Psychologie intégrative, à la Sémantique Générale, à la Programmation Neuro-Linguistique, à l'Analyse Transactionnelle, au Process Communication Management (Matériel de Taïbi Kahler) et également au Marketing, à la Vente, au Management »[65].

Le produit

Il est lui-même marchandise, ce qui nécessite sa fermeture, donc son « empaquetage »; il est « produit plus ou moins personnalisé », il est « Concept » et on lui attribuera un « copyright ». En tant que conçu pour le marché, tant du normal que du pathologique, il répond à la logique des marchandises et à celle de leur « marketing » : empaqueté en des modèles clos sur eux-mêmes, attrayant dans sa simplicité de démonstration, pragmatique dans ses finalités, d'applications multiples dans ses usages tant dans le cabinet du psychologue que dans le bureau du manager, dans l'entreprise, dans l'institution ou dans la famille.

Toute science postule la relativité sociale et historique, la «fragilité» épistémologique de son savoir. S'il y a bien, comme le souligne Roqueplo, une «intention de vérité» propre à toute tentative scientifique, jamais une construction conceptuelle et théorique ne prétendra se présenter comme pure «manifestation de la réalité»[66]. Pourtant c'est bien ainsi que s'offrent les modèles systémiques qui évitent d'apparaître comme «constructions» de la pensée, ce qui les forcerait à expliciter le processus de leur élaboration.

Les axiomes se prévalent de leur portée heuristique et du caractère opératoire de leurs assertions; l'approche en termes de système participe de cette forme de pensée moderne dont Marcuse disait déjà qu'elle se "technicise", qu'elle «opérationnalise les concepts en les rendant synonymes d'un ensemble d'opérations»[67]. Leur légitimation conceptuelle, théorique et épistémologique importe peu, puisque de toute façon «on ne croit pas à un concept opérationnel, mais il se justifie lui-même dans l'action»[68]. Les axiomes étant par définition clos sur eux-mêmes autant que ces concepts opérationnels dont Marcuse disait qu'ils refusent «de rester ouverts aux autres concepts»[69], on voit bien la difficulté, sinon l'impossibilité, d'un travail qui tenterait de l'intérieur du paradigme de clarifier ces ambiguïtés. Les axiomes permettent de «durcir» l'épistémologie en coupant toute éventuelle confrontation dialectique avec d'autres options théoriques[70]. Si le concept est «opérationnalisé», c'est qu'il doit se justifier par son efficacité et non par une quelconque rigueur; peu importe l'épistémologie, la méthodologie et même sa «vérité» pourvu qu'il aboutisse effectivement aux effets recherchés : «Il permet au travail de se faire, il permet de vendre et d'acheter»[71] disait déjà Marcuse. On ne peut juger le modèle qu'en rapport à son aptitude à aboutir à ses fins, c'est-à-dire aux fins que décide l'auteur. Débarrassé de tout souci épistémologique, voire même de toute ambition de cohérence interne, il n'a de pertinence qu'au regard de son opérativité.

Vérité évidente par elle-même, l'idée que développe l'axiome se réduit rapidement à un «schéma de pensée»; l'axiome devient «cliché» : On ne peut pas ne pas communiquer, on ne peut pas ne pas organiser, ne pas coopérer, ne pas influencer, etc. Les clichés succèdent alors aux clichés; et les axiomes font office de pensée. L'axiome, vérité évidente qui ne saurait être démontrée, devient une vérité indiscutée, et surtout indiscutable. Celui qui tenterait d'en discuter la pertinence, sinon même l'évidence, d'en définir les limites de validité, se verra très vite accusé de faire preuve de «mauvaise foi», de vouloir «couper les cheveux en quatre», etc. Pour le faire, il faut évidemment sortir des conceptions systémiques elles-mêmes, car il est aussi difficile d'évaluer de l'intérieur d'une approche qui se dote d'un axiome la pertinence de celui-ci que de tester la valeur d'un modèle lorsqu'on porte en soi-même son idéologie ! L'effet de prégnance domine ; la nécessaire « vigilance épistémologique » s'émousse. Ayant accepté l'axiome (ou l'idée de sa pertinence *a priori* incontestable) on accepte, bien au-delà du seul contenu, les formes de pensée qui y sont associées. C'est pourquoi la formalisation des phénomènes humains — ou plus simplement le transfert de modèles mathématiques ou cybernétiques d'où est censée tomber la vérité comme une illumination — participe de ce même état d'esprit qui refuse à la pensée de se penser elle-même. C'est pourquoi, chaque fois qu'une idée se trouve être ramassée en une phrase qui résonne comme un axiome, elle devient de ce fait sinon incontestable, du moins quelque peu hors de portée de la pensée critique, voire même déjà un peu taboue. Couplé au raisonnement analogique, l'axiome exclut toute perspective de recherche scientifique ; il n'est pas innocent à cet égard que Freud, dans sa lente et laborieuse mise en place des théories psychanalytiques, n'ait pas formulé (ni songé, semble-t-il, à le faire) d'axiomatique du fonctionnement psychique[72].

Les idées diffusées à l'entour de ce double réductionnisme qu'opère la modélisation systémique (l'organisation sociale comme ensemble de communications inter-individuelles ; la relation humaine comme série d'opérations quasi-techniques) se trouvent être ainsi renforcées dans l'axiomatisation d'une pensée bouclée sur elle-même et profondément marquée par « l'opérationnalité technicienne » (Roqueplo). Avec l'essor des modèles, c'est la théorie elle-même qui n'est plus appréhendée que comme un « outil ».

Prenons cet exemple de l'analogie de l'AT avec l'outil. Si on pose la question de la légitimité de l'application des théories de Berne à la publicité et au marketing aux thérapeutes et/ou à leurs « clients », la réponse ne variera guère, prévisible, stéréotypée, comme incluse elle-même au fonctionnement du modèle : « l'AT est un *outil* et, comme tout outil, sa pertinence dépend de l'usage qu'on en fait ! ». Cette réponse, qui empêche tout questionnement à propos de la pertinence d'un tel modèle, (ou à tout le moins d'un certain usage), toute interrogation sur ses contradictions, se donne non seulement comme une bonne réplique, mais encore comme La solution évidente, incontournable dans son bon sens et dans sa vérité quotidiennement vérifiée.

Astucieusement, dans cette référence à l'outil, lequel en général est un outil tranchant (le couteau ou la hache[73]), la réponse renforce le contentement de soi : c'est *parce qu'elle est un outil efficace qu'elle peut être utilisée de manière inadéquate*. Posée comme telle, cette réponse a en outre le mérite de préserver tous les enjeux que la question soulevait au regard d'une perspective qui prétend être humaniste et œuvrer pour un changement tant social qu'individuel et qui s'inscrit en même temps dans le droit fil des pratiques les plus idéologiques. Inutile de dire enfin que cette ritournelle de l'outil bon ou mauvais selon l'usage peut être utilisée pour n'importe quel «outil» : le couteau, la charrue, la bombe atomique, le fouet, etc.; d'emblée sa portée explicative est donc plus que suspecte. On pourrait évidemment rétorquer à l'évidence de la réponse, que l'outil lui-même porte en lui plus que sa simple fonctionnalité technique[74], que de toute façon il convient de différencier radicalement la question de sa pertinence au regard d'objectifs définis et celle de son mésusage. Ou, autrement dit, qu'on ne peut à la fois dire de l'AT qu'elle n'est qu'un outil et qu'elle est une «culture».

Les stratégies du marketing

Les «outils systémiques» ressortent de ces entreprises d'influence et de manipulation, de ces «technologies psychologiques» évoquées par Castel qui souligne combien elles changent «un impératif de morale provisoire en programme permanent»[75]. Comme le dit Beaud, la diffusion de la culture psychologique «témoigne du succès d'une idéologie dont les prétentions hégémoniques se fondent sur une approche purement technique des problèmes sociaux : *le psychologisme est le complément naturel de l'économisme*»[76]. Aussi après avoir réglé le «facteur humain» dans l'entreprise, on cherchera à entreprendre la gestion du quotidien.

On ne s'étonnera pas de voir se conjuguer à l'humanisme le plus abstrait, parfois le plus mystique, un pragmatisme des plus concrets. On sait en effet le formidable «épanouissement» de la théorie de Maslow au sein des entreprises, où on ne peut pourtant pas dire que les «besoins fondamentaux» des êtres humains soient toujours satisfaits[77]. A la révolution systémique correspond étroitement ce que Watzlawick appelerait un «toujours plus de la même chose»! Déceler les besoins avant même qu'ils soient, pour mieux les satisfaire, c'est là le travail désormais dévolu à l'encadrement qui suivra à cet effet une formation adéquate.

Mais sitôt sorti du contexte de la thérapie, l'outil AT ressemble assez à ce discours du management qui prône (dans son contenu et dans la relation) une communication franche, ouverte et efficace entre partenaires/collaborateurs : il est le plus souvent *transmis* dans un rapport d'autorité (relation d'expertise autant que d'enseignement) lui-même masqué et effacé comme tel. D'où l'intérêt de l'aspect «hermétique» du modèle qui le rend indiscutable puisqu'il énonce en fin de compte des «évidences» reconnaissables *naturellement* par chacun; la transmission peut dès lors prendre des allures de «partage du savoir». Mais le savoir partagé a préalablement été anesthésié de tout ce qui pouvait poser les problèmes autrement qu'en termes de «petits conflits dans le travail»: l'Enfant Libre n'est jamais autant libre de faire et dire ce qu'il veut que... lorsqu'il est muselé dans l'expression de toute colère et de toute contestation. Il est alors d'autant plus vrai, comme le dit Beillerot, que c'est «par la transmission (qu')est transmise en fin de compte la croyance à la légitimité d'un ordre existant; ordre qui se définit comme le partage de la plus-value sociale et économique; du prestige et du pouvoir de façon inégale et pourtant légitime»[78].

L'intervenant, formé à l'approche «révolutionnaire» qu'est l'analyse systémique, veillera donc à... ne pas déranger l'ordre établi! Les travaux d'application des modèles systémiques à l'entreprise aboutissent parfois à un programme fort déroutant par sa clarté et son conservatisme; quelques «bons conseils» suffiront ici à s'en convaincre[79]. «Le psychologue, est-il écrit, devra circonscrire sa propre autorité à des sous-systèmes opérationnellement accessibles». Plus précisément encore, on est prévenu que «(...) le psychologue ne peut envisager d'intervenir non seulement explicitement (...) sur les sommets de l'organisation, ni sur le sous-système de ceux qui sont placés sur le même niveau hiérarchique»; tout ceci parce que, aux dires des auteurs, pour pouvoir intervenir sur un sous-système le psychologue doit se placer, vis-à-vis de celui-ci, dans une position «dominante»...

Mais que masque une telle vision, au demeurant très assurée d'elle-même[80], des modalités les plus efficaces dans l'intervention de l'agent de changement dans l'organisation? En premier lieu et de façon implicite, apparaissent l'inéluctabilité et l'importance du rapport social pré-existant qui structure l'inégalité fondamentale des acteurs et qui les hiérarchise de façon évidente. En second lieu et de façon plus explicite, en évacuant toute réflexion à ce propos, on légitime de manière pragmatique le rôle de l'intervenant-expert, sa fonction et les limites «naturelles» de son action. En un mot, on dit à l'expert de *tirer profit du rapport social en vigueur* et de s'abstenir de tout autre tentative. La légitimation est pragmatique, mais elle redouble, on s'en doute, l'idéologie la plus technocratique.

On aboutit là encore, d'une certaine manière, à travailler au perfectionnement du rapport social préétabli, en s'y installant et en l'utilisant, tout en en refusant l'idée; c'est là manifestement que se révèle au mieux la dimension d'«opérateur idéologique» du système! Les modèles systémiques font sans doute plus que de véhiculer un discours compatible avec celui de l'entreprise; peut-être constituent-ils en une certaine mesure la théorisation plus ou moins ajustée du fonctionnement de ce qui leur a servi pendant tout un temps de «modèle», c'est-à-dire l'entreprise elle-même!

Après «l'homme-machine» de Taylor, (ou dans la version behavioriste de Watson, «l'homme-comportement»), «l'homme-cœur» de Rogers[81], voici venu le temps de «l'homme-stratégique» des systémiciens[82]. Après la mobilité géographique, après la mobilité sociale et comportementale (ajustement à la fonction et aux commandes de la machine), voici le temps où la «mobilité psychique» est exigée des individus au travail! «De nos jours, écrit Lasch, l'élimination des compétences, tant au bureau qu'à l'usine, a créé des conditions telles que la puissance de travail se mesure en termes de personnalité, plutôt que de force ou d'intelligence. Les hommes comme les femmes doivent donner une image plaisante d'eux-mêmes et devenir à la fois acteurs et connaisseurs avertis de leur propre prestation»[83]. Le discours du «management» va consister à faire prendre conscience aux salariés de l'entreprise qu'ils ne sont chefs que par délégation d'une parcelle de l'autorité et que cette parcelle peut leur être ôtée d'un jour à l'autre[84]; ainsi reconnaît-on leur qualité de responsable tout en montrant les limites de leur responsabilité extra-déterminée.

Derrière ce «nouvel ordre», deux exigences prioritaires et complémentaires : l'une de rationalité, d'efficacité dans le respect des hiérarchies, l'autre d'imagination, d'intelligence, d'initiative et de créativité. Mais c'est la souplesse qui est en fait l'objectif ultime, les sciences humaines servant à acquérir le «style relationnel» dont les caractéristiques essentielles sont l'efficacité et la décontraction; lors de stages de formation aux relations humaines, les cadres apprennent à être respectueux de la hiérarchie tout en manifestant leurs désaccords, à être sérieux tout en étant décontractés, ouverts en étant rigoureux, soucieux des normes en étant inventifs et audacieux, etc. La formation offre à chacun la possibilité de devenir gestionnaire de soi-même pour devenir un véritable gestionnaire de sa parcelle d'entreprise. Ceci passe par différentes reconnaissances fondamentales : tout d'abord prendre en compte le caractère fécond des contraintes qu'elles soient hiérarchiques ou directement organisationnelles, et ensuite se tenir pour responsable et pour subordonné dans les limites de sa délégation de pouvoir.

Il est donc normal que l'aboutissement de l'application des lectures systémiques soit d'enseigner la créativité encadrée, la répression tolérante, l'expression auto-disciplinée : C'est la conformité aux rapports sociaux tels qu'ils existent qui demeure l'axe autour duquel elles s'articulent. D'ailleurs, à partir du moment où l'individu (ou le groupe) reconnaît le caractère interactionniste de la situation sociale dans laquelle il vit, comment pourrait-il encore prétendre à une remise en cause quelque peu radicale de celle-ci? Lui-même, tout autant que les autres, n'est-il pas responsable de cette situation? D'ailleurs, n'a-t-il pas tout autant de pouvoir, d'influence, de maîtrise que l'ensemble de ses congénères? Sous prétexte de montrer les multiples interactions entre acteurs, de dévoiler «l'autonomie limitée» de chacun des «partenaires», l'«outil systémique» efface toutes les différences de degré dans l'usage qu'ont les uns et les autres de leur «liberté» et de leur responsabilité.

Dans l'entreprise, l'Analyse Transactionnelle s'offre comme un réservoir de modèles opératoires pour le travail du management. Ainsi le modèle des «états du Moi», importé de la clinique mais épuré de ses références trop «pesantes» à l'inconscient, devient un excellent outil d'entraînement à la «mobilisation psychique». Apporter une «connaissance de soi» aux individus, c'est explorer les multiples facettes de ses «états du Moi», développer son «potentiel humain», s'entraîner à repérer les issues possibles et bénéfiques de toute «situation sociale» apparemment rigidifiée, apprendre «l'affirmation de soi», savoir commander, etc. L'outil transactionnel en se présentant soi-même comme outil humaniste et systémique, se modifie, en fonction des besoins à court terme. L'oubli de la rébellion naturelle de l'être humain condamné à se voir exclu de toute décision et responsabilité, privé de toute autre identité que de celle de «facteur humain» passe à travers la coloration négative des états du moi impliqués. On évoquera par contre un Enfant Créatif, ou même Manipulateur pour légitimer toutes sortes de pratiques sociales fort discutables. Bien plus, l'idéal étant l'expression de soi-même «avec l'Adulte aux commandes», l'auto-discipline règne de fait et la contestation se trouve là réprimée par l'individu lui-même.

Insidieusement, les pratiques «humanistes» et «révolutionnaires» investissent le champ du quotidien, utilisant pour ce faire la dissémination de l'entreprise qui doit conquérir les marchés, fidéliser les clients, transformer le moindre individu en consommateur potentiel.

On ne répétera pas ici des analyses déjà menées sur le sens et les enjeux du refus des idées de solidarité, d'intersubjectivité, d'éthique, sur le sens et les enjeux de l'effacement des rapports sociaux et de la disparition du sujet compris comme autre chose qu'un «pigeon». Pour bien rendre compte de l'amalgame du bon sentiment, de l'éthique humaniste et d'un pragmatisme sans vergogne, donnons par exemple un extrait du livre récent de G. Laborde dont le titre est en lui-même évocateur : «Influencer avec intégrité». L'auteur enseigne aux vendeurs (qui ne vendent selon elle pas un produit, mais du rêve) comment ils doivent tout d'abord absolument établir le rapport avec le client, par des propos rituels[85] : «tant que le rapport n'est pas établi, écrit-elle, ne dévoilez pas votre objectif, n'entrez pas dans le vif du sujet. Trouvez les moyens d'obtenir sa confiance, faute de quoi les techniques permettant de créer le rapport ne marcheront pas. Et sans le rapport, vous n'arriverez à rien. Pour vérifier que le contact a bien été établi, grâce à la synchronisation, vous pouvez utiliser la *technique qui consiste à conduire*; il s'agit d'effectuer un autre geste, ou de modifier quelque chose dans votre attitude actuelle; si le contact est établi, l'autre fera tout naturellement la même chose que vous; cela se produit si rapidement qu'*il est parfois difficile de dire quel est celui qui se synchronise, et quel est celui qui conduit*. Ceci est d'une grande utilité en matière de vente *si vous avez la certitude* que l'objectif de votre client est compatible avec le vôtre. Pour le savoir, évaluez votre acheteur; découvrez son objectif, sachez s'il est en mesure de payer, ou d'utiliser, votre service, produit ou idée. *Faites également en sorte que votre position personnelle dans cette transaction soit très claire. Il s'agit de traiter d'égal à égal.* Mettez vous dans la peau d'un commerçant : vous allez échanger votre service, votre produit ou votre idée pour quelque chose de valeur moindre, ou de valeur égale. *Vous êtes aussi un éducateur : votre rôle est d'apprendre à votre client ce qui peut satisfaire son objectif.* Pour cela, vous devez l'aider à exprimer son objectif le plus tôt possible»[86].

Que cet auteur soit une élève de Grinder, fondateur avec Bandler de la Programmation Neuro-Linguistique, est certes intéressant : outre le fait que les références soient parfois communes avec celles de l'AT ou de Palo-Alto (cf. à ce propos l'influence décisive de Milton Erikson, par exemple), la PNL se donne comme l'aboutissement extrême du glissement systémique vers l'idéologie.

Moins il y a d'importance accordée à la durée et donc d'investissement dans la durée, plus la rencontre prend l'allure d'une expérience structurée par des stratégies et des tactiques; moins il y a d'histoire et de partage de cette histoire et plus les stratégies pour entrer en communication doivent être élaborées et efficaces; aussi peut-on envisager les «portes d'entrée» et les «portes piégées» dans la relation à l'autre, tout comme on s'essaiera à dire selon les normes et à n'entendre que ce qui est dit selon les bons usages.

Revenons un instant à cet axiome de la communication selon lequel, dans toute communication, il y aurait deux niveaux dont l'un (la relation) donne le sens de l'autre (le contenu). Qu'en comprend-t-on le plus souvent si ce n'est que le «comment on s'exprime» est plus important que ce qu'on dit? Ce qui signifie que c'est à celui qui parle de «s'arranger pour» se faire entendre; celui à qui s'adresse la communication est ainsi censé évaluer le message sous l'angle normatif et pratique de l'efficacité en le mettant en rapport avec les seuls moyens de l'émetteur. C'est très clairement le point de vue de l'ingénieur, qui ne prend en compte que les problèmes techniques, préoccupé non des fins mais des moyens, non des contenus mais de leurs formes. Aussi peut-on s'interroger sur cette vaste entreprise de «technologisation» des rapports humains qui réprime le sens même des paroles si elles n'ont pas trouvé le code approprié, le «canal de communication» le plus adapté afin de se faire entendre.

On peut se demander si cette manière d'envisager la relation ne participe pas à cette vaste entreprise de «tolérance répressive» qu'évoquait Marcuse: celui qui *veut* dire sans pour autant avoir disponibles en lui les *moyens* pour le faire efficacement (du fait d'une pauvreté langagière, d'«une tension intérieure» ou plus simplement du fait de la réalité de sa subjectivité qui n'en fait pas forcément en tout temps et en tout lieu un «ingénieur») se tait. Et s'il parle malgré tout (par exemple malgré le fait d'être débordé par une colère *un peu trop dé-mesurée*, affaibli par une tristesse *un peu trop dé-contextualisée*, etc.) alors son entourage, habité d'axiomes systémiques, se référera surtout au «comment» de sa parole pour rabattre celle-ci sur l'émetteur, en la dépouillant du même coup de tout son intérêt. La raison, qui cherche à saisir par delà les oripeaux momentanés du langage, l'intention de vérité disparaît donc devant le rationnel et le raisonnable. Le modèle transactionnel en vient ainsi à «recadrer» le sens et la portée de la parole d'autrui et, en rabattant celle-ci sur les «états du Moi» dont elle provient, en vient à jauger sa légitimité et sa «valeur»?

Pour mieux saisir les risques que développe l'expansion des modèles systémiques dans le vécu des relations quotidiennes, prenons l'exemple (réel) de deux personnes amies qui conversent sur leur lieu de travail. A l'un qui demande s'il peut emprunter une des nombreuses revues qui sont sur le bureau, le second répond d'un air détaché que «bien sûr elle peut en prendre une, ces revues étant d'ailleurs périmées». Le premier rétorque, quelque peu décontenancé et offusqué que si les revues sont périmées, il ne comprend plus pourquoi l'autre les lui offre, et lui demande de s'expliquer sur ce qu'il veut dire, etc. Gêné, (sentant qu'il devrait se sentir) quelque peu coupable d'avoir dit de tels mots, ce dernier demande énervé que l'autre cesse de «toujours tout compliquer». Et la relation s'envenime davantage...

Il est important dans cette situation d'en considérer les deux compréhensions possibles : l'une chercherait à décoder des jeux transactionnels (l'un joue sans doute le nigaud et l'autre le juge irrité), l'autre chercherait à comprendre de quoi est fait un tel malentendu. L'une met en avant une lecture en termes de stratégies, et l'autre d'intersubjectivité. L'analyse des jeux a de fortes chances d'être elle-même un jeu qui tourne aussi mal; on peut dire que, dans le meilleur des cas, chacun se limitant à reconnaître une part de responsabilité personnelle dans une telle relation jugée dysfonctionnelle, il restera fidèle à l'amitié de l'autre *malgré* cet épisode malheureux.

Si on accepte par contre de prendre en compte l'intentionnalité de l'acte et non seulement ses effets pragmatiques, on est alors amené à une autre compréhension qui s'appuie sur la volonté de saisir cet étrange comportement («prends les, elles sont périmées!») non à partir de ce que l'autre a fait, mais du lien préexistant, de l'amitié. On découvrira alors peut-être le sous-bassement culturel de ce qui n'est plus alors qu'un malentendu. En explicitant le caractère périmé des revues, l'individu peut en effet avoir eu une autre intention que de «faire perdre la face» à son ami : dans certaines régions autrefois assez pauvres, donner mettait à mal les ressources fragiles du donateur, qui devait alors, pour vraiment permettre au débiteur d'accepter son présent, le lui signaler comme une offrande n'exigeant aucun retour, aucun contre-don, parce que ne le privant en rien. La compréhension en termes culturels permet une ouverture à l'histoire sociale du sujet; l'histoire étant sociale non pas seulement au sens où le sujet se socialise, mais au sens où il cherche à devenir le sujet d'une histoire où les déterminations tant sociales que psychologiques se mêlent inextricablement. Et confrontant leurs propres histoires, les chances sont grandes que se confirment leur amitié et leur solidarité, et ce, à travers leurs différences. Le malentendu sera source d'approfondissement de la relation, non pas parenthèse douloureuse qu'il faut taire, non pas matériau pour une prochaine revanche[87].

Le sens d'une parole échappe en fin de compte à l'ici/maintenant; il n'est ni seulement dans la forme que la parole emploie pour se dire, ni seulement dans le contenu qu'elle cherche à porter en elle. Le sens d'une parole réside à ce qui l'oblige à se donner comme telle et les conditions de la production de la parole sont présentes (potentiellement, car elles nécessitent une certaine disponibilité à l'autre pour qu'elles se découvrent) à l'intérieur même de la parole.

Par delà les divergences doctrinales, psychanalystes et néo-freudiens seraient sans doute d'accord pour dire, eux, qu'écouter l'autre, c'est se situer en attente et en tension; c'est mettre en avant la durée et l'histoire, revendiquer l'irréductible altérité de l'un et de l'autre en même temps que leur fondamentale solidarité. Les modèles systémiques, humanistes, stratégiques, prônent une communication «claire» et dissolvent, en même temps que le lien interhumain, toute expérience de la solidarité.

En un certain sens, agir et s'exprimer en jouant de ses «états du Moi», avec l'«Adulte aux commandes», c'est bien réguler par avance les risques de la rencontre, en cherchant à accrocher l'autre là où justement c'est le plus pertinent. Mais qui décide des critères utiles à ce jugement, ou à ce préjugé? Et puis, «fonctionner» avec l'«Adulte aux commandes», c'est bien aussi se réguler soi-même en fonction de ce qu'on sait de la préstructuration de la situation de ses enjeux et de ses risques. Bertalanffy s'interrogeant lui-même sur le devenir de «l'homme libre» dans un système ultra-perfectionné, soulignait que, le cas échéant, «ou bien il faut l'éliminer et le remplacer par le hardware des calculateurs (...) ou bien il doit être rendu aussi sûr que possible, c'est-à-dire mécanisé, conformisé, contrôlé et normalisé»[88]. Or, ces qualités ne peuvent être celles du robot ou celle de l'automate des siècles passés; quoi de moins fiable qu'un ensemble de mécanismes lorsque l'environnement est imprévisible et complexe?

Cet individu «rendu sûr» n'a rien à voir avec le robot; par contre il semble que Lefebvre en ait bien tracé le portrait en le désignant sous le nom de «cybernanthrope»: «il n'a pas du tout l'allure d'un automate, au sens périmé d'un mécanisme. Il n'est pas rigide, mais au contraire souple, d'une souplesse contrôlée. Il va décontracté. Le cybernanthrope se décèle à sa manière *de réduire* ce qu'il touche et d'abord les contradictions. Il y met la plus grande ténacité. C'est sa méthode de pensée et d'action. Il ne croit absolument pas à la fécondité des conflits (...). C'est un homme installé (dans la quotidienneté et le discours quotidien); c'est un homme institué, institutionnalisé, structuralisé»[89], en un mot «systémisé»[90].

La notion même de «système» (et les ambiguïtés constitutives de l'épistémologie au sein de laquelle il opère) permet de travailler avec un véritable «opérateur idéologique»; Guedj souligne en effet que ce dernier «concilie en une même vision des contradictions insurmontables qu'il s'agit de désarmer pour éviter leur dépassement», et qu'il «substitue à ces contradictions (susceptibles de déboucher sur une prise de conscience et sur une action politique) une ambivalence sans perspective»[91].

NOTES

[1] MAUSS M., *Sociologie et anthropologie*, Paris, PUF, 1985, p. 16.
[2] A se limiter aux idées et à la socio-culture en effet, on retrouve en grande partie des auto-légitimations du type de celles que fournissent les thèses connues d'une révolution épistémologique et d'une révolution socio-culturelle des mentalités...
[3] BERTALANFFY L. Von, *Des robots, des esprits et des hommes, op. cit.*, p. 28.
[4] POITOU J.-P., *La dynamique des groupes; une idéologie au travail, op. cit.*, p. 55.
[5] HEURTEAUX M., «Freud à l'usine», Journal *Le monde dimanche*, 9 mai 1982.
[6] Il s'agit là de la vulgarisation de la psychologie, de la psychanalyse qu'«on retrouve, au premier degré, dans mille émissions et articles de presse où les psychomédiologues de plus ou moins grand renom font commerce de conseils et de thérapie collective à distance et où cohabitent sans gêne héritiers de Freud et de Salut les copains. Elle envahit aussi, plus ou moins évidemment, l'actualité, le commentaire politique, les rubriques culturelles ou sportives.» P. BEAUD, *La société de connivence*, Aubier Montaigne, Paris, 1984, p. 305.
[7] Les psychologues sociaux, même s'ils se réfèrent à la psychanalyse, contestent la pertinence du transfert de ses concepts et de son point de vue au dehors de son contexte d'élaboration et de travail légitime. cf à ce propos les travaux d'A. LEVY, d'E. ENRIQUEZ, de J. BARUS MICHEL, ou ceux des sociopsychanalystes de l'équipe de G. MENDEL, etc.
[8] CASTEL R., *La gestion des risques, op. cit.*, p. 155.
[9] *Ibid.*, p. 184.
[10] SCHEFLEN A., «Systèmes de la communication humaine» in *La Nouvelle Communication, op. cit.*, p. 157.
[11] BATESON G., RUESCH J., *Communication et société*, préface WATZLAWICK P., Seuil, 1988, p. 28.
[12] *Ibid.*, p. 28. «Une situation sociale s'établit quand des personnes entrent en communication interpersonnelle».
[13] GOFFMAN E., «La ritualisation de la féminité» in *Actes de la Recherche en Sciences Sociales*, n° 14, avril 1977, pp. 34-50, p. 37.
[14] BIRDWHISTELL R., «Entretien avec R. Birdwhistell» par R. MAC DERMOTT, in *La nouvelle communication, op. cit.*, pp. 292-301, pp. 294-295.
[15] Dans la façon dont il pose le rapport entre individu et collectif, entre biologie et histoire, Birdwhistell semble reprendre le vieux débat de la période comtienne : entre une biologie qui s'intéresse à «l'homme de nature» et une sociologie qui se penche, elle, sur «l'homme de culture», y-a-t-il place pour une véritable psychologie ? Il semble bien que non !
[16] POITOU J.-P., *La dynamique des groupes : une idéologie au travail, op. cit.*, p. 91.
[17] POITOU J.-P., *La dynamique des groupes : une idéologie au travail, op. cit.*, p. 91.
[18] *Ibid.*, p. 92, souligné par nous.
[19] Rappelons ce qu'écrit ROSNAY dans les premières lignes de son ouvrage, référence obligée de tout apprentissage d'une lecture systémique. «L'atome, la molécule, la cellule, l'organisme, la société s'emboîtent les uns dans les autres comme un jeu de poupées russes. La plus grande de ces poupées a la dimension de la planète, etc.». *Le Macroscope, op. cit.*
[20] Comme l'exprime bien STEINER, cité par POITOU, «il est *évident* (sic) que la conduite collective de l'homme peut être considérée à chacun de ces trois niveaux : le groupe, l'organisation, la société. Les distinctions conceptuelles entre ces trois genres d'unité sociale sont souvent floues et artificielles, mais il est commode de considérer le groupe comme des ensembles d'individus mutuellement réactifs, de concevoir les organisations comme des collections de groupes mutuellement réactifs et de voir dans la société des organisations mutuellement réactives». Précisons qu'il ne s'agit pas là de C. STEINER, analyste transactionnel, dont nous avons parlé précédemment.

[21] On se reportera à ce propos à l'article de RUESCH & BATESON «Individu, groupe et culture» in *Communication et société, op. cit.*, pp. 309-328. Les auteurs donnent une spécification des «réseaux de communication» aux quatre niveaux intrapersonnel, interpersonnel, groupal et culturel.

[22] BEAUD P., *La société de connivence, op. cit.*, p. 62.

[23] C'est le même modèle qui servit de fondement à l'étude psychologique du langage et de la communication; le sujet parlant s'efface alors derrière le locuteur-auditeur idéal. Comme le dit B. RIME, «Inspiré par les machines, ce modèle conduira à négliger le fait que la source et le destinataire sont des êtres humains et qu'il s'établit entre eux, dans la communication, un rapport psycho-social» «Langage et communication», in MOSCOVICI S., *Psychologie sociale, op. cit.*, pp. 415-446, p. 416. Et il faudra bien du temps pour qu'à une linguistique de la langue, conçue elle-même dans sa seule fonction de communication, on adjoigne enfin une linguistique de la parole Cf. CALVET L.-S., *Langue, corps, société*, Payot, Paris, 1979, p. 45 et sq.

[24] WINKIN Y., in *La nouvelle communication, op. cit.*

[25] POSTIC M., *La relation éducative*, Paris, PUF, 1979, p. 143. Le terme de «transaction» fut développé à la suite des travaux des psychologues américains, dans les années 1960, sur la «norme de réciprocité». Cf les recherches à ce propos, de A.-W. GOULDNER, de J.-W. THIBAULT & H.-H. KELLEY, et de G.-H. HOMANS.

[26] *Ibid.*

[27] POITOU indique bien comment cette idée d'un échange réciproque et satisfaisant pour les deux parties est liée à l'idéologie développée au XVIIIe siècle sous la forme de l'utilitarisme. *La dynamique des groupes : une idéologie au travail, op. cit.*, p. 79.

[28] TOURAINE A., *Le retour de l'acteur*, Paris, Fayard, 1984, p. 111.

[29] *Ibid.*

[30] GOFFMAN E., *Les rites d'interaction, op. cit.*, p. 8.

[31] Dans la présentation de son ouvrage *Les rites d'interaction*, GOFFMAN avertit le lecteur ainsi : «Nous n'éviterons pas la psychologie, mais une psychologie dépouillée et étriquée, qui convient à l'étude des conversations, des rencontres de hasard, des banquets, des procès, des flâneries».

[32] GOFFMAN E., *Les rites d'interaction*, p. 9.

[33] Nous avons précédemment montré les divergences entre freudiens et néo-freudiens sur cette question du fondement de la relation interpersonnelle; les psychanalystes ne voient au niveau le plus fondamental qu'une relation de possession entre un sujet et un «objet»; mais Pagès, lui, conçoit un niveau plus profond encore où la relation se fonde sur l'expérience de la solidarité humaine et de la souffrance qui l'accompagne nécessairement du fait de la peur de la séparation.

[34] MASLOW différencie par exemple l'existentialisme du «oui» et l'existentialisme du«non». Et P. Tap s'interrogeant sur «les enjeux de l'intersubjectivité» montre bien par ailleurs comment à la vision de Sartre qui conclut à l'impossible rencontre des sujets (chacun cherchant à défendre son existence en niant l'autre dans son authenticité) s'oppose celle de Mounier qui soutient l'hypothèse d'une «inter-subjectivité primaire, antérieure à la conscience de soi et d'autrui». Car, pour Mounier, s'il y a échec dans la communication, c'est que le sujet est indisponible, c'est-à-dire qu'«il est occupé de soi» (Mounier). Personnalisation et intersubjectivité in *Connexions* n° 47, 1986, pp. 149-164, p. 160.

[35] Titre d'un ouvrage de P. WATZLAWICK, par ailleurs responsable de la publication d'un ouvrage collectif sur «*L'invention de la réalité*» où il s'affirme comme «constructiviste radical».

[36] ROQUEPLO P., *Penser la technique, op. cit.*, pp. 73-74 (les italiques sont de nous).

[37] Certains d'ailleurs le laissent entendre : «et si tout n'était que processus?». Les physiciens du début du siècle ne leur donnent-ils pas raison d'ailleurs? C'est là toute la question

fondamentale, philosophique, des rapports entre pensée et matière. S'il est impossible de la traiter ici, rappelons seulement que les affirmations qui font disparaître l'idée de la matière (réduite à des processus, des vibrations, des ondes, etc.) confondent les contenus du concept scientifique de matière (variant selon les développements de la connaissance) et la catégorie gnoséologique de la matière qui confère comme unique propriété à la matière le fait d'exister, en tant que telle (en dehors de l'idée qu'on peut s'en faire)!

[38] GOLDMANN L., *Sciences humaines et philosophie*, Paris, Gonthier, 1966, p. 72.

[39] BEAUD P., *La société de connivence*, op. cit., p. 60. Les phrases entre guillemets sont de C. COOLEY, que l'auteur critique avec vigueur.

[40] L'affirmation donnée ici est de C. LEVI-STRAUSS in *Anthropologie structurale*, op. cit., p. 326. On voit bien là comment structuralisme et systémisme se rejoignent par delà leurs différences!

[41] FOUGEYROLLAS P., *Contre Lévi-Strauss, Althusser, et Lacan*, op. cit., p. 60.

[42] MARX K., *Manuscrits de 1857-1858*, Ed. Sociales, 1980, tome 1, p. 205.

[43] Cf. CASTORIADIS C., «Science moderne et interrogation philosophiques in *Encyclopédie Universalis*, volume 17, pp. 43-73.

[44] Est-ce utile de rappeler par exemple que la Nouvelle Division Internationale du Travail s'est structurée autour des productions spécifiques des marchandises : à certains pays la gestion des «*matières premières*», à d'autres la transformation de ces matières par un travail mobilisant beaucoup d'«*énergie*», aux autres enfin la production de l'«*information*», du «soft-ware»?

[45] CAZENEUVE J., «Sociologie de la communication» in *Encyclopédia Universalis*, article Communication, vol. 4, 1976.

[46] Ces analyses du contenu sémantique du concept de «communication» emprunte beaucoup à WINKIN Y., dans son introduction aux textes des auteurs de l'Ecole de Palo-Alto, in *La nouvelle communication*, op. cit.

[47] Selon l'expression de Ph. ROQUEPLO, *Penser la technique*, Paris, Seuil, 1983, chap. III.

[48] La clarification qu'il apporte à la compréhension de la dynamique des relations humaines s'accroît d'ailleurs du fait de la nécessité de le resituer dans son articulation aux autres axiomes : ainsi, les êtres humains usent dans leurs relations de deux modes de communication (digital et analogique) et que «selon toute probabilité, le contenu sera transmis sur le mode digital, alors que la relation sera essentiellement de nature analogique». Il semble par ailleurs que la «clarté» qu'apportent ces axiomes est, pour une part au moins, du même type que celle introduite par l'application de «la théorie des types logiques» et que nous avons déjà critiquée lorsqu'elle tentait de penser soit les rapports entre individu et système, soit la question du changement 1 ou 2 etc. Car en fin de compte, on ne peut ni différencier vraiment deux modes de communication, ni même deux niveaux de communication. La classification contenu/relation est tout à fait discutable : lorsque deux personnes s'échangent des signes de très loin, que va être par exemple le «contenu» du message? Et les mots qu'une personne emploie plutôt que d'autres pour traduire sa pensée, dans leurs connotations particulières, laissent penser qu'il y a de la relation dans le contenu... L'idée d'un «langage non-verbal» voire même d'un «langage du corps» a été très vite critiquée parce qu'en général «ce qu'on appelle communication non verbale ne repose que sur des inférences du partenaire» à partir de l'activité corporelle de celui qui s'adresse à lui» cf. B. RIME «Langage et communication» in MOSCOVICI S. (Dir.) *Psychologie sociale*, PUF, 1984, pp. 415-416, p. 424 et sq. L'auteur y oppose précisément les perspectives de WATZLAWICK et de BIRDWHISTELL à celles de MOSCOVICI, WIENER, etc.

[49] WATZLAWICK P., HELMICK BEAVIN J. et DON JAKSON D., *Une logique de la communication*, op. cit., p. 52.

[50] Qu'il soit clair qu'il ne s'agit pas pour nous de situer l'approche goffmanienne comme partie prenante des modèles systémiques (GOFFMAN mène des analyses extrêmement inté-

ressantes pour le psychologue) : on notera toutefois d'abord qu'il opère, lui, en connaissance de cause un réductionnisme méthodologique (s'intéresser aux seules redondances) et que ses analyses doivent ne pas donner lieu à des généralisations sur la relation humaine, et ensuite que sa perspective interactionniste le conduit à des analyses qui souffrent parfois des mêmes défauts que celle de Palo-Alto.

[51] GOFFMAN E., La ritualisation de la féminité in *Actes de la Recherche en Sciences Sociales*, Paris, Minuit, avril 1977, pp. 34-50.

[52] *Ibid.*, p. 37.

[53] «Neutralisation» qui nécessite évidemment qu'on exclue toute recherche à propos de leurs fonctions véritables, de leurs effets à court et moyen terme.

[54] GUIBERT B., «Les raffinements du capital» in *Le Nouvel Ordre Intérieur*, Paris, A. Moreau, 1980, pp. 52-58, p. 55.

[55] CARRINO L., in *Pratiques de la folie*, tome 2, op. cit., p. 174.

[56] ROQUEPLO P., *Penser la technique, op. cit.*, p. 42, les sous-lignés sont de l'auteur.

[57] Les publicitaires parvenant à offrir leur «idéologie professionnelle» comme légitimation de leurs pratiques.

[58] Car, «malgré ce caractère massif, immédiat, résistant compulsivement à l'exercice de tout soupçon, ces évidences, du fait même qu'elles résultent d'un processus de construction progressive, constituent des enjeux sociaux primordiaux car elles servent de fondement et de justification aux normes qui légifèrent les rapports sociaux d'une société déterminée, en particulier les rapports de production et les conditions de reproduction de ces rapports». Et si «la capacité de "dire le réel" sans discussion possible et de l'inculquer constitue une des formes majeures de la domination sociale», elle est aussi une forme majeure de restructuration des instances socio-culturelles à l'intérieur desquelles l'individu peut avec plus ou moins de facilités se réaliser comme personne humaine ou se désagréger dans l'isolement de la folie. Car «l'essentiel, comme l'écrit ROQUEPLO, est de comprendre que ce que nous tenons pour acquis *nous tient*, et nous tient précisément parce que nous le tenons *pour acquis*; de comprendre que, derrière ce phénomène (de façon consciente ou inconsciente, volontaire ou non) des forces sociales s'expriment» ROQUEPLO Ph., *Penser la technique, op. cit.*, pp. 45-46.

[59] Cité par POITOU J.-P., *La dynamique des groupes. Une idéologie au travail, op. cit.*, p. 55.

[60] BRAVERMAN H., *Travail et capitalisme monopoliste. La dégradation du travail au XXe siècle*, Paris, Maspéro, 1974, chapitre 4 «La révolution technologique», p. 141.

[61] Outre l'ouvrage de BRAVERMAN, cf. l'article de ROSE H. et ROSE S., L'enrôlement de la science in *L'idéologie de/dans la science, op. cit.*, pp. 37-61.

[62] MONTMOLLIN M., *Le taylorisme à visage humain*, Paris, PUF, 1981.

[63] Rappelons le sens précis de kubernèsis : «action» de manœuvrer un bateau et son sens figuré : «action de diriger, de manœuvrer». Rappelons également le titre de l'ouvrage de référence (celui de N. Wiener) *Cybernetics or Control and Communication in the Animal and the Machine*, 1948.

[64] Disons seulement qu'il s'agit d'une fraction des classes moyennes. Comme le souligne P. BEAUD, la diffusion de la culture psychologique de masse est plus qu'une mode, plus qu'une simple «traduction de l'individualisme petit-bourgeois. Elle est (...) tentative d'expliquer la société par les représentations qu'une couche sociale en position de médiation se fait de sa propre trajectoire», p. 306.

[65] Il s'agit d'un «prospectus» envoyé par la poste en 1990 par un centre parisien à un ensemble ciblé de clients potentiels.

[66] Les analyses menées ici s'inspirent pour beaucoup du travail effectué par P. ROQUEPLO dans *Penser la technique*.

[67] MARCUSE H., *L'homme unidimensionnel*, Paris, Minuit, 1968, p. 127.

[68] *Ibid.*
[69] *Ibid.*
[70] L'échec patent des tentatives de «confrontation constructive» entre spécialistes de la famille d'obédience, soit psychanalytique, soit systémique tient certainement pour une part à cet état de fait.
[71] MARCUSE H., *L'homme unidimensionnel, op. cit.*, p. 127.
[72] Y-a-t-il cependant des axiomes en psychanalyse? J. GOLDBERG, dans son ouvrage *La culpabilité, axiome de la psychanalyse*, Paris, PUF, 1985 cherche à fonder la culpabilité comme «principe d'intelligibilité» de la théorie et de la pratique psychanalytique... alors qu'au sens strict l'axiome est justement une vérité évidente par elle-même, reconnue par tout le monde! En fait, s'il y avait bien des axiomes en psychanalyse, ce serait plus du fait de la *dégradation* du caractère dialectique de la théorie en «modèles de pensée» que de celui du travail conceptuel et théorique véritable : Ainsi l'idée du risque de résurgence inéluctable et dangereuse du symptôme dans le cas d'une thérapie limitée à son traitement et délaissant le conflit psychique sous-jacent s'est peu à peu transformée en un axiome (dont l'évidence n'apparaît qu'aux yeux des psychanalystes!)
[73] Inutile de s'étonner en effet que plus qu'un simple «effet rhétorique», cette invalidation de tout soupçon et par contre-coup cette légitimation de l'efficace, se retrouvent dans les endroits où les mêmes problèmes et les mêmes enjeux risquent de se poser et où ce sont les mêmes personnes qui donnent les réponses. cf la référence à la hache dans l'ouvrage de G. LABORDE, *Influencer avec intégrité*, Paris, Intereditions, 1987.
[74] Nul besoin d'être anthropologue pour savoir que l'outil porte en lui-même un rapport social, MARX le disait voici un siècle déjà.
[75] CASTEL R., *La gestion des risques, op. cit.*, p. 189.
[76] BEAUD P., *La société de connivence, op. cit.*, p. 306.
[77] Comme le dit MONTMOLLIN, si les approches humanistes des relations humaines n'ont pu être réellement validées, «on ne peut nier leur caractère *puissamment* opératoire». *Le taylorisme à visage humain, op. cit.*, p. 127.
[78] BEILLEROT J., *La société pédagogique*, Paris, PUF, 1982, p. 197. L'auteur développe ses analyses au niveau de l'ensemble social, mais elles trouvent ici leur écho amplifié dans le «turn over» incessant des «modèles-produits de consommation» de l'entreprise. Car, comme il l'affirme avec clarté, «la pédagogie à outrance devient le soutien le plus manifeste de l'ordre économiste au moment où savoir et connaissance peuvent être contestés comme absolus idéologiques. Mais on continue à croire à l'éducation, même si l'on croit moins à ce qui est enseigné; simplement la pédagogie est moins faite pour enseigner les savoirs que pour transmettre la norme et la marchandise». Là encore, le médium est le message!
[79] UGAZIO V., «Le psychologue et le problème des niveaux hiérarchiques» in *Dans les coulisses de l'organisation, op. cit.*, pp. 189-201, p. 193. Valéria Ugazio parle ici au nom du groupe de chercheurs et énonce les «conclusions» auxquelles il a abouti.
[80] Là encore, à la différence du discours du scientifique toujours en proie au soupçon sur ses propres limites, l'assertivité du discours «systémique» évoque aisément celle du discours du management; peut-être est-ce d'ailleurs là un élément de leur opérativité?
[81] PETIT F. présente l'idéologie particulière du courant des Relations Humaines en la caractérisant par deux traits : «Le travailleur est vu comme une affectivité, un cœur, réagissant aux stimuli de son environnement immédiat. L'organisation est représentée comme une sorte de *famille heureuse* se devant d'apporter à ses membres un bonheur qui seul permettrait d'augmenter la productivité». «Psychologie sociale appliquée à la formation adulte et changement dans les organisations» *Bulletin de Psychologie*, Tome XXXVII, n° 365, 1983-84, pp. 655-659.

[82] Cf. Seron X., «Psychologie scientifique et droits de l'homme, un voisinage obligé?» in *Les sciences humaines et les droits de l'homme*, sous la direction de R. Bruyer, Bruxelles, Mardaga, 1984, pp. 81-97.
«Pour certains, écrit Seron, l'homme-mental serait occupé à remplacer l'homme-comportement et ce changement de paradigme serait de nature idéologique. L'argumentation proposée est la suivante : alors que le behaviorisme a fourni à la bourgeoisie du début de ce siècle un discours adéquat lui permettant à la fois de contrôler les vastes migrations de populations du secteur rural vers le milieu urbain et de garantir l'adaptation des ouvriers au travail en usine, aujourd'hui les nouveaux enjeux pour la domination économique passent par de nouvelles pratiques au sein desquelles la maîtrise de l'information devient un atout capital de domination. Parallèlement à cette évolution, la psychologie scientifique changerait de paradigme : entre le stimulus et la réponse, elle remplirait la «boîte noire» qui prend assez logiquement l'allure d'un gigantesque ordinateur». Selon nous néanmoins, l'homme des systémiciens n'est pas réductible à cet «homo computans» des cognitivistes!
[83] Lasch C., *Le complexe de Narcisse. La nouvelle sensibilité américaine*, Paris, Laffont, 1981, p. 132.
[84] Boltanski L., «América, américa, le plan Marshall et l'importation du management», in *Actes de la Recherche en Sciences Sociales*, mai 1981.
[85] On ne peut s'empêcher de relever ici le titre de l'ouvrage d'E. Berne, *Que dites-vous après avoir dit bonjour?* : à l'opposé des pratiques commerciales, mais dont les perspectives, pour autant qu'elles soient corrigées dans le sens voulu, ouvrent néanmoins sur leur «raffinement».
[86] Laborde G., *Influencer avec intégrité*, op. cit., p. 148. Les italiques sont de nous-mêmes.
[87] Y-a-t-il ou non, en définitive, un jeu (au sens bernien du terme)dans cette situation plusieurs fois observée. Nous ne le pensons pas, du moins dans les premiers termes de la rencontre. De toute façon, l'essentiel est ailleurs : si la seule «grille» que je dispose est celle de l'existence d'un «jeu» chaque fois que je ressens un certain malaise, il n'y aura plus que des jeux et... quelques relations normalisées.. C'est Goffman qui écrivait que «nous appuyant alors sur les anticipations, nous les transformons en attente normative, en exigences présentées à bon droit» : si l'anticipation fait de l'homme un grand communicateur, alors...
[88] Bertalanffy L. Von., *Théorie générale des systèmes*.
[89] Lefebvre H., *Vers le Cybernanthrope*, Paris, Denoël-Gonthier, 1967-1971.
[90] Il serait à ce propos fort instructif de s'interroger sur les modalités d'usages spécifiques de tel ou tel «modèle» par des individus engagés dans des situations variées (par exemple l'usage effectué du «triangle dramatique» pour décoder des situations sociales). Si le modèle, dans son opérationnalité, ne porte en lui-même a priori aucune valeur, aucune vision du monde, il s'offre néanmoins comme un «outil» dont l'«activation» par le sujet aboutit à donner du sens à la situation elle-même et au sujet dans ses rapports avec celle-ci. Aussi serait-il fort intéressant de vérifier lequel des modèles, expérimentés au préalable par le sujet et «stockés» en lui-même, («modèles» ici considérés en quelque sorte comme des «logiciels» de traitement de données; les sujets pouvant «choisir» le type de logiciel, les «données» pertinentes à traiter et la façon de les entrer dans le système) est interpellé plus ou moins consciemment par l'individu aux prises avec des difficultés relationnelles? Les modalités selon lesquelles un même modèle peut-être sollicité de façon différente seraient, elles aussi, fort instructives de la vision du monde et de l'engagement concret des «usagers»!
[91] Cité par Poitou J.-P., in *La dynamique des groupes, Une idéologie au travail*, op. cit., p. 16.

En guise de post-face

Même si les usages sont fréquents d'une utilisation réductrice de l'approche systémique, il convient de ne pas y voir seulement des fourvoiements malheureux de la part des praticiens et des chercheurs; ou bien alors, il faut ajouter qu'ils sont «normaux» et «naturels». Et il n'est pas surprenant par exemple que Onnis, interpellant ses collègues sur la trop grande fréquence des usages illégitimes de l'approche systémique, dénonce le «réductionnisme cybernétique», le «réductionnisme familial» et le «mythe du modèle» : ces trois usages sont directement en rapport avec ce que nous avons nommé les «ambiguïtés constitutives» de l'approche systémique.

Cependant, les difficiles questions qui surgissent à un niveau épistémologique ne rendent pas compte, à elles seules, de l'ambiguïté des références au système; il faut encore en effet y associer celles qui surgissent dans certaines pratiques sociales, qui ne prennent leur sens que dans le contexte socio-historique présent.

Ainsi, en une certaine mesure, on peut dire qu'on ne s'est jamais tant intéressé à la famille que depuis qu'elle n'existe déjà plus comme telle[1].

Les interventions auprès des familles répondent, c'est évident, à des besoins actuels, à de véritables souffrances, elles se constituent bien comme des pratiques tendant à éviter le «grand enfermement» des uns et des autres. Mais dans le même temps, ces mêmes interventions posent des questions inquiétantes aux travailleurs sociaux.

S'«il est incontestablement légitime, par exemple, de venir en aide sur le mode systémique, à une famille décontenancée par le stress que représente le chômage d'un parent ou de deux», il ne faudrait pas que «cela permette aux pouvoirs en place de se sentir autorisés à ne pas se pencher sur la question du chômage»[2], soulignent ensemble Maisondieu et Métayer. C'est vrai, évidemment. Mais le danger est sans doute ailleurs, avec ces stratégies de «pénétration» au sein des familles, qu'elles soient ou non volontaires.

Avec le développement de telles pratiques pourrait être en effet traquée, comme l'écrit Castel, «cette sorte d'opacité familiale qui est le lien du «familialisme» et la terre natale d'une pathologie spécifique, mais qui représente aussi un des derniers noyaux dont l'homme, la femme et les enfants en Occident, peuvent encore disposer pour cultiver des relations non marchandes et résister aux conditionnements sociaux»[3]. D'un côté, ces interventions luttent contre les pratiques de contrôle et d'enfermement, et de l'autre, elles se constituent peut-être aussi comme de véritables «instruments de technicisation» des relations au sein même de la famille. Castel a bien raison de s'interroger sur «la thérapie familiale comme symptôme»[4]. On a essayé nous-mêmes de tracer quelques lignes à propos de la fonctionnalité des modèles systémiques au sein de notre socio-culture et dans leur articulation aux rapports sociaux.

Soulignons par exemple l'un des effets pervers de l'idée «systémique» selon laquelle il serait nécessaire pour tout changement systémique (de type 2!) de recourir à un «tiers non engagé dans le système» placé à un méta-niveau à partir duquel il pourra aider couple, famille, à s'aider eux-mêmes : ce recours obligé, «naturel» à l'expert neutre, désimpliqué, stratégique, participe d'une certaine démobilisation des uns et des autres dans la vie quotidienne. Se vivant, s'éprouvant comme «pris dans les rêts du système», ceux qui côtoient la souffrance des uns n'y peuvent plus rien sinon les inviter à rencontrer l'Expert. Impossibilité en effet de «s'en sortir» par soi-même ou avec l'aide de personnes amies, trop impliquées déjà dans le système. «Pour contrôler un système donné, disait le cybernéticien Ashby, il faut disposer d'un contrôle dont la variété est au moins égale à la variété de ce système»[5]. Mais cette «loi de la variété requise» s'applique-t-elle à l'être humain (et à plus forte raison à une famille), dont la variété n'est pas dénombrable comme peut l'être celle d'une machine?

Le «tiers non engagé», c'est toujours le «tiers payé», c'est souvent, dans le cas de certains modèles systémiques, le «tiers Expert»! Aussi, en même temps qu'est suscité la démobilisation/la désolidarisation des individus, «l'éventualité existe dès lors que la technicisation livre la famille au regard du spécialiste pour l'étaler dans l'espace, la décomposer en mécanismes clairs, objectifs scientifiquement interprétables, et se prêtant à manipulations efficaces »[6].

On sait par ailleurs que la symptomatologie actuelle met en évidence avec insistance le rôle déstructurant de l'anxiété diffuse, de l'insécurité narcissique continuelle[7]. Le «look», en tant que significatif, par delà le terme et la mode, d'une organisation socio-mentale et d'un vécu psychique spécifiques, s'est sans doute constitué comme une réponse au stress dépersonnalisant de certains groupes influencés par une socio-culture tissée par les actuels rapports sociaux (mobilité géographique, sociale et psychologique, omniprésence des techniques de «pénétration» du marketing, de la publicité, etc.). Mais on peut se demander la fiabilité d'une telle défense qui, se jetant avec ivresse dans «l'exploitation publique du moi» met l'accent plus sur «le geste de dévoilement, le symbole par opposition à la substance »[8].

En forçant l'autre à tenir compte de son image («look»!) et, partant, en s'ingéniant soi-même à se changer superficiellement pour pouvoir mieux «se vendre», l'individu certes survit et se défend contre le «vide intérieur» et contre cet «exil extérieur»[9] propre à notre socio-culture. Mais, paradoxalement, il se renforce dans un fonctionnement psychique déstructuré et déstructurant du fait de la mise à l'écart de son histoire, tant sociale que personnelle. La visée interactionniste perd sa fonction critique (qu'elle a sans doute en tant que sociologie) lorsqu'elle ne considère plus comme un point de vue méthodologique, mais comme un reflet de la réalité, cette idée que le Moi n'est en grande partie qu'«un objet cérémonial et sacré, qu'il convient de traiter avec le soin rituel qui s'impose et que l'on doit présenter aux autres sous un jour convenable»[10]. La «contemplation béate de son moi» (comme dans l'humanisme abstrait et religieux de certains courants) converge alors avec la presque-transparence de l'identité du sujet réduite à n'être qu'un assemblage des reflets du regard de l'autre sur lui, ou qu'une surface d'identités sociales intériorisées. En fin de compte, on aboutit paradoxalement au même résultat, celui d'une exclusion tant de l'histoire (et donc de la réalité du sujet) que du sujet de l'histoire (et donc de la réalité).

«La psychothérapie, souligne Pagès, vise à libérer, non à asservir. Elle cherche, à travers l'appropriation par l'individu de son histoire, à réduire le poids des dépendances inconscientes, à lui permettre progressivement de se passer de mythes protecteurs, d'autorités tutélaires, à affronter sa solitude existentielle, à devenir capable d'effectuer des choix plus personnels. Dans la mesure où les psychothérapies prennent une voie idéologique, religieuse ou autoritaire, elles perdent la fonction thérapeutique et scientifique qu'elles prétendent assumer »[11].

Ce n'est sans doute pas avec cette « philosophie » de l'« après moi le déluge », et avec l'usage des pratiques (et des techniques qui s'y associent naturellement) que les choses iront mieux... Le psychologue, dont on peut dire avec Hameline qu'il est « un agent double toujours en passe d'être doublé » doit sans aucun doute faire preuve d'une vigilance d'autant plus grande que ses interventions quittent l'espace privé du cabinet de consultation, et d'un soupçon d'autant plus critique que ses référents conceptuels et théoriques portent en eux-mêmes les germes de leur « technicisation » et de leur récupération marchande.

En tout état de cause, il ne semble pas que c'est dans la confrérie des « hommes de communication » (qu'ils soient de la publicité ou bien du management) que le psychologue gagnerait à chercher des repères identificatoires, voire même des cautions de scientificité et de légitimité tant de son travail pratique que théorique.

NOTES

[1] LASCH C., *Le complexe de Narcisse*, p. 23 : « la famille perd non seulement ses fonctions de production, mais même certains aspects de sa fonction de reproduction; homme et femme ne parviennent même plus à élever leurs enfants sans l'aide d'experts ». Ainsi, comme le dit J.-C BENOIT, Le « besoin d'informations systémiques va de pair avec deux « faits de civilisation » : 1) la crise de la famille en tant que cellule humaine de base, 2) la complexification croissante des rapports sociaux marginalisant et protégeant en même temps un nombre toujours accru de nos concitoyens » Thérapie familiale, bilan et prospectives » in *Thérapie familiale*, Genève, 1985, vol 6, n° 1, pp. 1-31.
[2] MAISONDIEU J. et METAYER L., *Les thérapies familiales*, Paris, PUF, Que sais-je? p. 123.
[3] CASTEL R., La thérapie familiale comme symptôme? art. cit. p. 86.
[4] CASTEL R., « La thérapie familiale comme symptôme? » art. cit.
[5] Cité par D. DURAND, *La systémique*, Paris, PUF, Que sais-je? 1983, p. 22.
[6] CASTEL R., La thérapie familiale comme symptôme? art. cit., p. 86.
[7] LASCH dresse de la manière suivante le portrait de « l'homme psychologique » de la société américaine contemporaine : Assailli par l'anxiété, la dépression, un mécontentement vague et un sentiment de vide intérieur, l'« homme psychologique » ne cherche plus vraiment ni son propre développement, ni une transcendance spirituelle, mais la paix de l'esprit, dans des conditions de plus en plus défavorables. Ses principaux alliés, la lutte pour atteindre l'équilibre personnel, ne sont ni les prêtres, ni les apôtres de l'autonomie, ni des modèles de réussite type unitaire, ce sont les thérapeutes. Il se tourne vers cet équivalent moderne du salut : la « santé mentale », *Le complexe de Narcisse*, p. 28.
[8] DOMMERGUES P., « Deux axes de consentement » in *Le Nouvel Ordre Intérieur*, *op. cit.*, pp. 125-132.
[9] JACCARD R., *L'exil intérieur*, Paris, Seuil.
[10] GOFFMAN E., *Les rites d'interaction*, *op. cit.*, p. 81.
[11] PAGES M., « Une nouvelle religion : la psychothérapie » in *Le Monde*, 30-9-1979.

Bibliographie

ADLER A., *Le sens de la vie*, Paris, Payot, 1979.
ALLPORT G.-W., *Structure et développement de la personnalité*, Neuchatel, Delachaux et Niestlé, 1970.
ALLPORT G.-W., FEIFFEL H., MASLOW A. & al., *Psychologie existentielle*, Paris, EPI, 1971.
ANCELIN-SCHÜTZENBERGER A., *Vouloir guérir*, Paris, ERES, 1985.
ASSOUN P.-L., *Introduction à l'épistémologie freudienne*, Paris, Payot, 1981.
BADIOU A., *Le concept de modèle*, Paris, Maspéro, 1972.
BATESON G., *La cérémonie du Naven*, Paris, Minuit, 1971.
BATESON G., *La nature et la pensée*, Paris, Seuil, 1984.
BATESON G. & RUESCH J., *Communication et société*, Paris, Seuil, 1988.
BEAUD P., *La société de connivence. Média, médiations et classes sociales*, Paris, Aubier-Montaigne, 1984.
BEILLEROT J., *La société pédagogique. Action pédagogique et contrôle social*, Paris, PUF, 1982.
BERNBAUM J., *Etude systémique des actions de formation*, Paris, Puf, 1982.
BERNE E., *Intuition and Egostates*, San Francisco, Transactionnal Analysis Press, 1977.
BERNE E., *Analyse transactionnelle et psychothérapie*, Paris, Payot, 1977.
BERNE E., *Psychiatrie et psychanalyse à la portée de tous*, Paris, Stock, 1975.
BERNE E., *Des jeux et des hommes*, Paris, Stock, 1976.
BERNE E., *Que dites-vous après avoir dit bonjour?*, Paris, Tchou, 1979.
BERNE E., *Principles of group treatement*, Oxford University Press, 1966.
BERTALANFFY L. Von., *La théorie générale des systèmes*, Paris, Dunod, 1973.
BERTALANFFY L. Von., *Des robots, des esprits et des hommes*, Paris, ESF, 1982.
BIEREMS de HAAN B., *Dictionnaire critique de la psychiatrie*, Paris, Le Hameau, 1973.
BOAL A., *Méthode Boal de théâtre et de thérapie*, Paris, Ramsay, 1990.
BOURDIEU P., CHAMBOREDON J.-C. et PASSERON J.-C., *Le métier de sociologue*, Paris, Mouton, 1968.
BOURGUIGNON O., «Transdisciplinarité de l'approche de l'objet et articulation du psychologique et du social» in *Bulletin de psychologie*, tome XXXVI, n° 360, pp. 559-563.
BOWEN M., *La différenciation du soi*, Paris, ESF, 1984.

BRAVERMAN H., *Travail et capitalisme monopoliste. La dégradation du travail au xxe siècle*, Paris, Maspéro, 1974.
BRES Y., *Freud et la psychanalyse américaine. Karen Horney*, Paris, Vrin, 1970.
BRES Y., *Critique des raisons psychanalytiques*, Paris, PUF, 1985.
BRES Y., *L'Etre et la faute*, Paris, PUF, 1988.
BRILLEAUD J., «Qu'est-ce qu'un état du moi?» in *Bulletin de l'IFAT*, Paris, 1978, n° 4 & 5.
BRISSE-MAGERAND F., *Fondements et fonction des nouvelles thérapies dans la société d'aujourd'hui*, Thèse de doctorat, Paris V, 1983.
BRODEUR C., «Pour une thérapie familiale psychanalytique», in *Bulletin de psychologie*, Paris, Tome XXXVII, n° 363, pp. 21-27.
BRODEUR C., «Peut-on éviter de passer par l'inconscient?» in *Thérapie familiale*, Genève, 1980, vol. 1, n°, pp. 109-116.
CAILLE Ph., «Affrontements de modèles» in Analogies, *Revue du CEFA*, Paris.
CALVET L.-J., *Langue, corps, société*, Paris, Payot, 1979.
CAPLOW T., *Deux contre un. Les coalitions dans les triades*, Paris, ESF, 1984.
CARDON A., *Jeux pédagogiques et Analyse Transactionnelle*, Paris, Editions d'Organisation, 1981.
CARDON A. & MERMET L., *Vocabulaire de l'Analyse Transactionnelle*, Paris, Editions d'Organisation, 1982.
CASSIERS L., «Thérapie familiale, bilan et prospectives» in *Thérapie familiale*, Genève, 1985, vol. 61, n° 1, pp. 1-31.
CASTEL R., *Le psychanalysme*, Paris, Maspéro, 1973.
CASTEL R., *La gestion des risques*, Paris, Minuit, 1981.
CASTEL R. & LOWELL A., *La société psychiatrique avancée*, Paris, Grasset, 1979.
CAUFFMAN L. & IGODT P., «Quelques développements récents dans la théorie des systèmes : la contribution de Maturama et de Varela» in *Thérapie familiale*, Genève, 1985, vol. 5, n° 3, pp. 211-25.
CEGOS-IPPSOS., *Analyse Transactionnelle et relations de travail*, Paris, ESF, 1979.
CHALTIEL P., «Analyse, lyse et catalyse» in Pratique, théorie de la pratique, *Revue du CEFA*, Paris, 1982, pp. 21-27.
CHALVIN D., *L'entreprise négociatrice*, Paris, Dunod, 1979.
CHALVIN M.-J., *Comment réussir avec ses élèves?*, Paris, ESF, 1982.
CHAUDEZON G. & LANCESTRE A., *L'analyse transactionnelle*, Paris, PUF, Que sais-je?, 1983.
CHAZAUD J., *Les contestations actuelles de la psychanalyse*, Toulouse, Privat, 1974.
COUFFIGNAL L., *La cybernétique*, Paris, PUF, Que sais-je?, 1978.
COSNIER J., *Nouvelles clefs pour la psychologie*, Lyon, PUL, 1981.
COTTRAUX J., *Les thérapies comportementales*, Paris, Masson, 1984.
CROZIER M. & FRIEDBERG E., *L'acteur et le système*, Paris, Seuil, 1977.
CURIE J., «M Crozier ou le changement sans fins» in Ph. Malrieu (dir) *Dynamiques sociales et changements personnels*, Paris, Ed CNRS, 1989.
DEBUYST C., «Le concept de dangerosité et un de ses éléments constitutifs : la personnalité criminelle» in *Déviance et société*, Genève, 1977, Vol 1, n° 4, pp. 363-387.
DELATTRE P., *Théorie des systèmes et épistémologie*, Paris, Maloine, 1979.
DEVEREUX G., *Essais d'ethnopsychiatrie générale*, Paris, Gallimard, 1979.
DEVEREUX G., *De l'angoisse à la méthode dans les sciences du comportement*, Paris, Flammarion, 1980.
DREYFUS C., *Les groupes de rencontre*, Paris, Retz, 1978.
D'UNRUG M.-C., *Les techniques psycho-sociologiques dans la formation, usages et abus*, Paris, ESF, 1978.
DURAND G., *La systémique*, Paris, PUF, Que sais-je?, 1985.
EIGUER A., *La thérapie familiale psychanalytique*, Paris, Dunod, 1981.
ERSKINE R., «Structure du moi, fonction intra-psychique et mécanismes de défense : les concepts originels de Berne» in *Actualités en AT*, vol 14, n° 53, pp. 16-22.
EVEQUOZ G., *Le contexte scolaire et ses otages*, Paris, ESF, 198.
EY H., *L'inconscient*, (Colloque de Bonneval), Bruxelles, Desclée de Brower, 1966.

FADDA S., « Thérapie familiale et/ou thérapie individuelle » in *Evolution psychiatrique*, 1982, 47-3, pp. 731-741.
FEDERN P., *La psychologie du moi et les psychoses*, Paris, PUF, 1979.
FEYERABEND P., *Contre la méthode. Pour une théorie anarchiste de la connaissance*, Paris, Seuil, 1979.
FOUGEYROLLAS P., *Sciences sociales et marxisme*, Paris, Payot, 1979.
FOUGEYROLLAS P., *Contre Lévi-Strauss, Lacan et Althusser. Trois essais sur l'obscurantisme contemporain*, Savelli, 1976.
FRAISSE P., *Psychologie de demain*, Paris, PUF, 1982.
FREUD S., *Cinq psychanalyses*, Paris, PUF, 1967.
FREUD S., *Nouvelles conférences sur la psychanalyse*, Paris, Gallimard 1936.
FREUD S., *La technique psychanalytique*, Paris, PUF, 1979.
FREUD S., *Essais de psychanalyse*, Paris, Payot, 1973.
FREUD S., *L'intérêt de la psychanalyse*, Paris, Retz, 1980.
FREUD S., *Lettres à Fliess. Notes et plans 1887-1902*, Paris, PUF, 1956.
FREUD S. & WEISS E., *Lettres sur la pratique psychanalytique*, Toulouse, Privat, 1979.
FREUD S., *Malaise dans la civilisation*, Paris, PUF, 1971.
FROMM E., *La crise de la psychanalyse*, Paris, Denoël, 1971.
FROMM E., *Grandeur et limites de la pensée freudienne*, Paris, Laffont, 1980.
GANRY G., « Théorie de la communication, théorie des systèmes et structuralisme » in *Thérapie Familiale*, Genève, 1980, vol 1, n° 1, pp. 29-42.
GAULEJAC V. de., « Pour une sociologie clinique : recherche sur la névrose de classe » in *Bulletin de psychologie*, Tome XXXIX, n° 377.
GENZ J.-M., *Mauvaises pensées d'un travailleur social*, Paris, Seuil, 1977.
GENTIS R., *Leçons du corps*, Paris, Flammarion, 1980.
GILLIERON E., *Aux confins de la psychanalyse*, Paris, Payot, 1983.
GOFFMAN E., *Les rites d'interaction*, Paris, Minuit, 1974.
GOFFMAN E., « La ritualisation de la féminité », in *Actes de la recherche en sciences sociales*, Paris, Minuit, n° 14, avril 1977, pp. 34-50.
GOLDMANN L., *Sciences humaines et philosophie*, Paris, Gonthier, 1966.
GOLDMANN L., *Marxisme et sciences humaines*, Paris, Gallimard, 1979.
GOUTAL M., *Du fantasme au système*, Paris, ESF, 1985.
GRAWITZ M., *Méthode des sciences sociales*, Paris, Dalloz, 1972.
GRODDECK G., *Le livre du Ca*, Paris, Gallimard, 1978.
GUGGENBÜHL-GRAIG A., *Pouvoir et relation d'aide*, Bruxelles, Mardaga, 1985.
GUNTERN G., « La révolution copernicienne en psychothérapie : le tournant du paradigme psychanalytique au paradigme systémique » in *Thérapie familiale*, Genève, 1982, vol. 3, pp. 21-64.
GUILLAUMIN J., « L'avenir d'une illusion. Propos sur les contradictions internes de la psychologie clinique et sur les deux sources du savoir psychologique » in *Connexions*, n° 40, 1983, pp. 57-64.
GULOTTA G., *Comédies et drames du mariage*, Paris, ESF, 1985.
HALEY J., *Tacticiens du pouvoir : Jésus Christ, le psychanalyste et quelques autres*, Paris, ESF, 1984.
HALEY J., *Nouvelles stratégies en thérapie familiale*, Paris, Delarge, 1979.
HALL E., *Le langage silencieux*, Paris, Mame, 1973.
HALL E., *La dimension cachée*, Paris, Seuil, 1971.
HARRIS T., *D'accord avec soi et les autres*, Paris, EPI, 1978.
HOSTY R., *Analyse Transactionnelle : l'âge adulte. Sur les traces d'E Berne vingt ans après*, Paris, Interéditions, 1987.
HUTEAU M., *Les conceptions cognitives de la personnalité*, Paris, PUF, 1985.
JACQUES F., « La réciprocité interpersonnelle » in *Connexions*, Paris, EPI, n° 46, 1986, pp. 109-136.
JAMES M., *The OK Boss*, Reading, Addison-Welsey, 1975.
JAMES M., *Naître gagnant. L'analyse transactionnelle dans la vie quotidienne*, Paris, Interéditions, 1978.
JAOUI H., *Créatprat*, Paris, EPI, 1979.
KUHN T., *La structure des révolutions scientifiques*, Paris, Flammarion, 1972.

LABORDE G., *Influencer avec intégrité*, Paris, Interéditions, 1987.
LASCH C., *Le complexe de Narcisse. La nouvelle sensibilité américaine*, Paris, Laffont, 1981.
LECLERC M., « Nazisme, systémisme et manque institutionnel », in *L'intendant*, n° 11, pp. 113-132.
LEFEBVRE H., *Vers le cybernanthrope*, Paris, Denoël, 1971.
LEFEBVRE H., *L'idéologie structuraliste*, Paris, Points 1975.
LEGRAND M., *Psychanalyse, science et société*, Bruxelles, Mardaga, 1983.
LE MOIGNE J.-L., *Théorie du système général*, Paris, PUF, 1977.
LENHARDT V., *L'analyse transactionnelle*, Paris, Retz, 1980.
LERBET G., *Approche systémique et production du savoir*. Ed. Universitaires, UNMFREO, 1984.
LERBET G., *Une nouvelle voie personnaliste : le système-personne*, Ed. Résonnance, Maurecourt, 1978.
LEYENS J. Ph., *Sommes nous tous des psychologues ?*, Bruxelles, Mardaga, 1983.
MAC DOUGALL J., *Plaidoyer pour une certaine anormalité*, Paris, Gallimard, 1978.
MARC E. & PICARD D., *L'Ecole de Palo-Alto*, Paris, Retz, 1983.
MARCUSE H., *L'homme unidimensionnel*, Paris, Minuit, 1968.
MARUANI L. & WATZLAWICK P., éd., *L'interaction en médecine et en psychiatrie*, en hommage à G. Bateson, Paris, Génitif, 1982.
MARX K., ENGELS F., *La Sainte Famille*, Paris, Editions sociales, 1969.
MARX K., *Manuscrits de 1857-1858*, Paris, Editions Sociales, tome 1, 1980.
MASLOW A., *Vers une psychologie de l'être*, Paris, Fayard, 1972.
MAUSS M., *Sociologie et anthropologie*, Paris, PUF, 1985.
MEAD G.-H., *L'Esprit, le Soi et la Société*, Paris, PUF, 1963.
MENDEL G., « La crise de la psychanalyse » in *Pouvoirs*, Paris, n° 11, 1979, pp. 89-104.
MINUCHIN S., *Familles en thérapie*, Paris, Delarge, 1979.
MONTMOLLIN M. de., *Le taylorisme à visage humain*, Paris, PUF, 1981.
MORIN E., *La méthode*, Tome 1, Paris, Seuil, 1977.
MORIN E., *Science sans conscience*, Paris, Fayard, 1982.
NAPIER A. & WHITAKER C., *Le creuset familial*, Paris, Laffont, 1979.
NEUBURGER R., *L'autre demande. Psychanalyse et thérapie familiale systémique*, Paris, ESF, 1984.
ONNIS L., « La thérapie familiale dans les institutions et dans les services territoriaux : utilités et limites » in *Cahiers critiques de thérapie familiale et de pratiques de réseaux*, 1980, 2, pp. 39-49.
PAGES M. et al., *L'emprise de l'organisation*, Paris, PUF 1980.
PAGES M., « Systèmes socio-mentaux » in *Bulletin de psychologie*, tome XXXIV, n° 350, pp. 589-601.
PALMADE G., *Interdisciplinarités et idéologies*, Paris, Anthropos, 1977.
PARAIN-VIAL J., *Philosophie des sciences de la nature*, Paris, Klincksieck, 1983.
PARAIN-VIAL J., *Analyses structurales et idéologies structuralistes*, Toulouse, privat, 1969.
PERRIN E., *Cultes du corps*, Paris, Favre, 1985.
PERRON R., *Genèse de la personne*, Paris, PUF, 1985.
PIAGET J., *Epistémologie des sciences de l'homme*, Paris, Gallimard, 1970.
PIAGET J., *Le structuralisme*, Paris, PUF, Que sais-je ?, 1983.
POITOU J.-P., *La dynamique des groupes, une idéologie au travail*, Paris, Ed. du CNRS, 1978.
POLITZER G., *Critique des fondements de la psychologie*, Paris, PUF, 1968.
POSTIC M., *La relation éducative*, Paris, PUF, 1979.
PRIGOGINE J. & STENGHERS I., *La nouvelle alliance*, Paris, Gallimard, 1980.
PRIGOGINE I., GUATTARI F. & ELKAIM M., « Ouvertures » in *Cahiers critiques de thérapie familiale et de pratiques de réseaux*, 1982, n° 3, pp. 7-17.
RACAMIER P.-C., *Le psychanalyste sans divan*, Paris, Payot, 1973.
RICHELLE M., *Skinner ou le péril behavioriste*, Bruxelles, Mardaga, 1977.
ROCHAT F., « Changement et discontinuité : l'apport de R. Thom » in *Thérapie familiale*, Genève, 1982, vol 3, n° 4, pp. 335-340.
ROGERS C., *Le développement de la personne*, Paris, Dunod, 1968.

ROGERS C., *Un manifeste personnaliste*, Paris, Dunod, 1979.
ROQUEPLO P., *Penser la technique*, Paris, Seuil, 1983.
ROSE H. & ROSE S. et al, *L'idéologie de/dans la science*, Paris, Seuil, 1977.
ROSNAY J. De. *Le macroscope*, Paris, Seuil, 1975.
ROUCHY J.-C., in *Connexions*, Paris, EPI, n° 44.
RUFFIOT A., « La thérapie familiale psychanalytiqe : un traitement efficace du terrain psychotique » in *Bulletin de psychologie*, tome XXXVI, n° 360, pp. 677-683.
RUYER R., *La gnose de Princeton*, Paris, Fayard, 1977.
SATIR V., *Thérapie du couple et de la famille*, Paris, EPI, 1971.
SEARLES H., *L'effort pour rendre l'autre fou*, Paris, Gallimard, 1977.
SELVINI M., *Mara Selvini, histoire d'une recherche*, Paris, ESF, 1987.
SELVINI-PELAZZOLI M. et al., *Paradoxe et contre-paradoxe. Un nouveau mode thérapeutique face aux familles à transactions schizophréniques*, Paris, ESF, 1978.
SELVINI-PELAZZOLI M. et al., *Le magicien sans magie. Ou comment changer la condition paradoxale du psychologue dans l'école*, Paris, ESF, 1980.
SELVINI-PELAZZOLI M. et al., *Dans les coulisses de l'organisation*, Paris, ESF, 1984.
SEVE L., *Introduction à la philosophie marxiste*, Paris, Editions sociales, 1980.
STEINER C., *Des scénarios et des hommes*, Paris, EPI, 1984.
TAP P., « Personnalisation et intersubjectivité » in *Connexions*, Paris, n° 47, 1986.
TOMAN W., *Constellations fraternelles et structures familiales. Leurs effets sur la personnalité et le comportement*, Paris, ESF, 1987.
TOURAINE A., *Le retour de l'acteur*, Paris, Fayard, 1984.
TRAUTMANN R. & ERSKINE R., « Modèles et analyse des états du moi », in *Actualités en AT*, vol 6, n° 22, 1982, pp. 60-66.
WALLISER B., *Systèmes et modèles*, Paris, Seuil, 1967.
WALLON H., « Le rôle de la conscience de l'autre dans la conscience de soi » in *Enfance*, 1959, 3-4, pp. 279-286.
WATZLAWICK P., HELMICK BEAVIN J. & JACKSON D.-D., *Une logique de la communication*, Paris, Seuil, 1972.
WATZLAWICK P., WEAKLAND J. & FISCH H., *Changements : paradoxes et psychothérapie*, Paris, Seuil, 1976.
WATZLAWICK P., *La réalité de la réalité*, Paris, Seuil, 1978.
WATZLAWICK P., *Le langage du changement*, Paris, Seuil, 1980.
WATZLAWICK P., *Faites vous mêmes votre malheur*, Paris, Seuil, 1984.
WINKIN Y. (resp.) *La nouvelle communication*, Paris, Seuil, 1981.

Table des matières

Avant-propos 5

Chapitre 1
L'APPROCHE SYTÉMIQUE : PRÉTENTIONS ET AMBIGUÏTÉS 17
L'idée du système, prétentions et limites 18
   Une nouvelle catégorie d'intelligibilité... 18
   Un paradigme scientifique et une nouvelle culture 23
Les ambiguïtés constitutives.. 29
   La propension conciliatoire 30
   La stratégie modèlisatrice.. 34
   De la problématique à l'idéologie systémique 36

Chapitre 2
L'ORIENTATION SYSTÉMIQUE ET LA PSYCHOLOGIE CLINIQUE. 45
L'entreprise de systémisation.. 46
   Vers une psychanalyse systémique ? 47
   L'attraction du formalisme logico-mathématique 51
Les approches systémiques ; par delà psychanalyse et behaviorisme 55
   La réorientation bertalanffyenne de la psychologie 55
   L'exigence de la preuve.. 58
   L'exigence de l'humanisme 63
   Les systémiciens post-freudiens et anti-freudiens 64

Chapitre 3
PALO-ALTO OU LE DÉTERMINISME DU SYSTÈME 73
Le saut de l'individu au système 74
   Les groupes de Palo-Alto 74
   Une épistémologie de la communication... 77
   Une méthodologie de l'observable.. 81
Les avancées critiques dans le contexte de la thérapie 82
   Par rapport à la psychanalyse... 83
   Par rapport au behaviorisme.. 84
   La dimension pragmatique, heuristique et critique 86
Une épistémologie abusivement durcie 89
   Du refus de la conscience-substance à l'exclusion du sujet 89
   Le statut de congénère... 92
   Le formalisme d'une anthropo-logique.. 95

Chapitre 4
PALO-ALTO : DE LA LOGIQUE À LA PRATIQUE 105
De la pensée logique aux principes d'action... 105
   La confrontation du système au réel... 106
   De la connaissance à l'action... 108
Les enjeux pratiques du modèle... 111
   Le risque d'auto-satisfaction 111
   Le risque du contrôle... 114
Le statut du sujet et la question du changement..................................... 123

Le retour du sujet	124
L'individu et le changement du système	127

Chapitre 5
L'ANALYSE TRANSACTIONNELLE : ENTRE SYSTÈME ET INCONSCIENT 135

Le grain de l'analyse et le terreau systémique	136
Entre la relation et l'interaction : la transaction	137
Les exigences pragmatique, humaniste et scientifique	140
Le cadre épistémologique	142
La psychanalyse des états du moi	145
Le morcellement du moi et sa réalité phénoménologique	145
La découverte bernienne des états du moi	147
L'opérationnalisation de la psychanalyse	150
Le modèle des trois états du moi	152
La légitimité des trois états du moi	152
Les états du moi comme système	155
L'analyse transactionnelle et l'approche palo-altiste	158

Chapitre 6
MODÈLE TRANSACTIONNEL ET IDÉOLOGIE SYSTÉMIQUE 165

Les fausses querelles	165
Théorie ou gadget ?	166
Un activisme thérapeutique ?	170
Face à l'AT, une métaphysique de l'inconscient	173
Une entreprise d'aliénation	175
L'usage idéologique du modèle	179
Vers l'humanisme systémique	181
Le glissement discursif	183
Le glissement orthopédique	185

Chapitre 7
LES MODÈLES SYSTÈMIQUES : DES IDÉOLOGIE PRTAIQUES 197

La convergence des modèles systèmiques	200
Le point d'appui behavioriste	201
La logique de l'échange marchand	203
Le champ de manœuvres : stratégie et tactiques	204
De la révolution systémique aux rapports sociaux	207
Des idéologies pratiques	213
Les vendeurs	214
Le produit	215
Les stratégies du marketing	218

En guise de post-face	233
Bibliographie	237
Table des matières	243